TRUST
トラスト・ファクター
FACTOR

最強の組織をつくる新しいマネジメント

The Science of Creating High-Performance Companies

ポール・J・ザック

白川部君江［訳］

Paul J. Zak

キノブックス

まえがき

科学者による実践的アプローチに満ちた本だからこそ信頼できる！

「自由に考えることはすばらしい。しかし、正しく考えることはもっとすばらしい」

これはスウェーデンの名門ウプサラ大学に掲げられているモットーで、私自身が信条としている言葉でもある。とかく科学者というものは、「正しさ」にこだわる傾向があり、それは高名な神経経済学者が著した本書も例外ではない。

平たく言うと本書は、「正しく」組織を前に進ませるにはどうしたらいいか、極めて明快な指針を示したものである。そのような意味で、**本書は、組織運営に関わるすべての人に読んでいただきたい教科書**といってもいいだろう。具体的には、次のような問いに対して、科学的かつ実践的な回答を示している。

問い：成功をおさめる組織と、そうでない組織の違いは?

答え：「信頼の文化」が醸成されているか否か

ただ、唐突にそういわれても、「そうかもしれないが、私もそうじゃないかと薄々感づいていたよ」と思われる方もいるかもしれない。そこでご登場願うのが、著者のポール・ザック教授だ。

〰

本書は、たとえていえば『曖昧でとらえどころのないもの』を正しく理解するための技術的な入門書です。

〰

そう、科学者という職業は、一般の人が「なんとなく」捉えているものを具体的に突き止めようと努力している人たちなのだ。具体的に言うと、「組織の成功には信頼が大事である」と科学者が主張する際は、次の3つの条件を満たしていなければならない。

条件1：「信頼」が客観的に測定可能であること

条件2：「信頼」を上げるための要因が分かっていること

条件3：「信頼」を上げた結果として、組織に成功が訪れること

つまり逆に言えば、上記を満たしていないコンセプトは、単なる机上の空論でしかなく、真剣な科学の対象とはなりえない。そのような意味で本書は、おそらく組織の運営に携わるすべての人が興味を持っているであろう、「醸成すべき組織文化とは何か？」という問いに対して、本質的かつ実際的なアドバイスに満ちた本になっている。

先に概要を述べると、本書は次のような構成になっている。

第1章 → 信頼をどう客観的に測定するか？
第2〜9章 → 信頼を上げるための要因は何か？
第10章 → 喜びをもって仕事をするために重要な、信頼以外の要因とは？
第11章 → 信頼を上げると組織にどのような成功が訪れるのか？

こう書くと本書は一見、（科学的な）ノウハウ本に見えがちだが、「人間の本質とは何か？」という深い問いかけにも答えている。たとえば、著者のポール・ザック教授は、次のように述べている。

脳の解剖学的構造は、他者との感情的な結びつきはが私たちの生存にとってなくてはならないことを明らかにしてくれます。仲間を気遣うことで快感を生じさせるオキシトシン受容体は、古くから人間の脳にあります。ということは、私たちは太古の昔から人間性の一部として「思いやり」を必要としてきたのです。

このような「人間とは何か？　組織とは何か？」という洞察が、本書のいたるところにちりばめられており、読者は著者の卓越した見識に痺れること間違いないだろう。

さて、前置きはこれくらいで十分だろう。

深く、実践的な本書を、さっそく堪能していただきたい！

石川善樹（予防医学研究者）

現代の組織は、
上司と部下の組織ではない。
それはチームである

ピーター・ドラッカー

Peter F. Drucker

目次

TRUST FACTOR

トラスト・ファクター

最強の組織をつくる新しいマネジメント

The Science of Creating High-Performance Companies

ポール・J・ザック

白川部君江［訳］

Paul J. Zak

序文

パプアニューギニアのマルケ村に到着した私は、実験のために持ち込んだ機材の準備に取り掛かりました。熱帯雨林の奥地にある人口1000人ほどのこの村で、組織文化の成り立ちを調べるための前例のない実験を行うのです。本番までは3日しかありません。信頼の文化が良い結果につながることは、これまで私が自分の研究室や米国の企業で実施してきた実験結果から既に明らかになっていました。信頼があれば、どんな場所でも高い成果を出せるのか。これから、その真偽を確かめる実験を手助けしてくれるのが、この陸の孤島に暮らす部族の人たちなのです。果たして、熱帯雨林を舞台に神経科学実験は成功するのだろうか。私はプレッシャーを感じていました。しかも、日本のテレビ局のＮＨＫが実験の様子を撮影することになっていたのです。

ところが、実験の神様は意地悪です。

マルケ村には電気も水道もありません。私は必要な物資はすべて持ち込みました。米国外に持ち出す際の許可は得ていましたが、スーツケースの中身が大量の消毒済注射針に採血管、ゴム手袋、それに小型の遠心分離機とくれば、パプアニューギニアの税関職員が血相を変えるのも無理はありません。首都ポートモレスビーでは、遠心分離機を作動させるためのレンタル発電機と、日本から空輸した液体窒素を受け取りました。液体窒素は血液サンプルを冷凍し、カリフォルニアにある私の研究室に持ち帰るために必要です。

私は、小型飛行機で西部山岳州に向かい、そこから四輪駆動車に乗り継ぎ、ぬかるみの中をなんとか走り抜け、マルケ村までたどり着きました。車から荷物を下ろし、採血用の医療テントを設置し、早速装置のテストに取り掛かります。ふと気づくと、遠心分離機から焦げ臭いにおいがします。原因は可搬式の電圧レギュレータだと分かりましたが、1週間はもつと言われていたはずの液体窒素まで揮発してしまいました。こんなジャングルの奥深くですから、市場に行っても手に入るのは村の人が普段口にする食料品だけ。それ以外は何から何までリサイクルで賄うしかありません。

頼みの綱は、Digicel《デジセル》の携帯電話でした。Digicelは、アイルランド人起業家が運営し、ジャマイカに本拠を置く格安携帯電話会社です。この携帯を使えば、海抜7000フィート（約2130メートル）の場所からでも、オーストラリアや日本とつながります。液体窒素を扱うどこかの供給業者をつかまえて、ここまで配送してもらえるようにお願いしてみよう。そう思って私は草むらに腰をおろし、電話をかけ始めました。私は動揺し、落胆していました。

すると、村人たちがすぐそばに来て次々と座り始めました。20分後、私は30～40人ほどの人たちに囲まれていました。携帯電話をしまうと、子どもたちがニコニコしながら私の手を取ります。わざとしかめっ面をしてみせると、皆が笑い出しました。村長のエドワードがやって来て、私の肩に両手を置き、ニューギニア式に「ハイオゥ」とあいさつしました。私も、「ハイオゥ」と返します。こうして1時間もしないうちに、村人の一員のように接してもらっていました。村人が次々に私をわらぶき屋根の家屋に招き入れ、続いて離れへと案内します。そこは男たちが彼らの先祖を祀る儀式を執り行う場所です。彼らの歓待を受けてリラックスした私は、さっきまでのトラブルも気にならなくなっていました。

これから収集するデータに興味をかき立てられながら熱帯雨林で体験したことは、私にとって人生を変える出来事になりました。私は彼らの組織の中に温かく受け入れてもらい、コミュニケーションもままならぬ彼らと一緒に過ごしました。彼らはなぜ私のことを信頼し、私も彼らを信頼したのでしょう?

軽視されてきた組織の文化

人類が組織をつくって「行動する」ようになったのは、おそらく100万年も前のことだと言われています。私たちの祖先は部族を形成することで大きな獲物を仕留め、連帯して子育てをしていました。私たちは男性も女性も、この上なく善良な組織の一員です。にもかかわらず、安全で魅力的で、かつ生産的で革新的な文化をつくろうと、いまだに苦心しているのです。文化とは、社会的な生き物である私たちが取るべき行動や、自分たちが大切にしている価値観を伝達するための手段と言えるでしょう。文化は、仕事の場でどう振る舞うかはもちろん、私たちの行動に大きな影響を及ぼすものなのです。

私たちは文化を生み出し、文化に参加し、文化を変えています。ところが、そうした行動の多くは無意識に行われているため、私たちはそのことに気付かずにいます。私が10年ほど前、仕事中の脳活動を測定する取り組みを始めたのも、組織の文化が仕事の成果にどのような影響を及ぼすのか理解するためでした。

職場で文化が見落とされている理由の1つは、文化は私たちが無意識につくり出すものだからです。労せずして得られるので、その事実に気付くことはほとんどありません。人類学者は観察を通じて文化の属性を測定します。それに対して、私の研究チームでは異なる手法を取り入れてきました。[1] 神経科学者として私が抱いた疑問は、「社会的な脳に関する知見に基づいて、エンゲージメントの高い文化を構築することは可能なのだろうか」ということでした。社会神経科学による最新の調査結果は――その多くは私の研究室が携わったものですが――世の中にはなぜ、成功を収める組織とそうでない組織が存在するのかを解明する新たな知見を与えてくれます。私たちは、このような手法で組織を設計することを「ニューロマネジメント」と呼んでいます。[2] 本書では、10年間におよぶ実験結果によって導き出したことを詳しく解説します。これらの中には、企業で実施した現場実験の他、私が営利・非営利企業や政府機関を対象に実施したコンサルティングの成果も含まれます。

組織のリーダーは、文化を測定の対象とすることを苦手としてきました。さまざまな理由がありますが、真っ先に挙げられるのは、従業員を管理するということは一種の技能であって科学ではないという見方です。20世紀初頭の社会学者フレデリック・ウィンズロー・テイラーをはじめとする、科学をマネジメント理論に応用した研究者は、作業を細分化することで管理者を監視役に仕立てるという過ちを犯しました。殊にテイラーの場合、組織とは同じ文化で結ばれた人々だという認識に至ることはありませんでした。やがて20世紀後半になると、学者たちは「文化＝従業員」という視点から企業という組織を理解するようになります。しかし、彼らが人間社会を対象とする神経科学的な知見に触れることはありませんでした。なぜなら、神経科学は21世紀になって花開いた分野だからです。ですからそれ以前は、フロイトやユング、スキナーといった各時代を代表する心理学、あるいは、シックス・シグマ〔製品やサービスの品質を高く一定に保つことで顧客満足度を高めるための経営手法〕、経済付加価値、組織の行動経済学といった最新の経済学や経営学が次々に取り入れられてきたのです。[3] ただし、これらの手法は、ネズミにひたすらパン屑をやるように報酬を与えるやり方が主流で、従業員の受けはよくありませんでした。

最大限の利得を得るための人的資源として従業員を管理した結果、生み出された職場は、「労働が不効用をもたらす」という経済学者らの主張をそのまま裏付けるものでした。彼らの言葉を借りると、「仕事とは最悪のもの」だったのです。

もちろん、ときにはそうでない場合もありました。従業員が自分の仕事を愛し、職業としても個人としてもやっている内容に満足し、自分のキャリアのすべてを注ぎ込んでいる、そんな組織もあるのです。本書では、組織の文化に神経科学的にアプローチするとともに、仕事が充実しているだけでなく、楽しくもある組織の例をいくつか紹介します。これらの組織では、仕事の不効用はほとんど見当たりません。本書で解説する、文化に対する実践的アプローチは、科学を根拠としたものであり、実在の組織でテストしたものです。

信頼とオキシトシンの関係

そもそも、私は文化の専門家になるつもりはありませんでした。私は25人のメンバーを抱える神経科学研究所を運営するとともに、経済学者、さらには神経科学者として研鑽を積み、神経経済学という分野を確立する手助けをしてきました。神経経済学では、人間が決断するときの脳活動を測定します。そして、人がなぜそのようなことを行うのか説明します。その際に、「理不尽な」といったネガティブなニュアンスを含む言葉は用いません。おそらく指摘しておくべきことは、私がエンジニアの息子だということでしょう。私の神経科学実験の目的は、生身の人間が直面する現実の問題に対して解決策を設計することなのです。

私は「ヴァンパイア経済学者」と呼ばれています。それというのも、自分の職業人生の大半を、進んでボランティアになってくれる人たちから血液を採取することに費やしているからです。人が何かを決断する前後の神経化学物質の変化を測定することが目的です。ちょうど、パプアニューギニアでやっていたようなことです。人は信頼されると脳内で神経伝達物質のオキシトシンを合成します。オキシトシンが分泌されることで、私たちは受けた信頼に応えようとする――その仕組みを最初に明らかにした科学者が私というわけです。本当は、オキシトシンはずっと多くの仕事をしています。人はいかにして社会的に振る舞うのか、社会はどのようにして体系化されるのか。それらの仕組みにオキシトシンが極めて大きな影響を与えているのです。そのことは、拙著『経済は「競争」では繁栄しない――信頼ホルモン「オキシトシン」が解き明かす愛と共感の神経経済学』（柴田裕之訳、ダイヤモンド社、2013年）で記したとおりです。私はこの実験に10年を超える歳月を費やし、健康な人、精神障害や神経障害を抱える患者、さらにはサイコパスの人を検査し、オキシトシンの分泌を促したり、妨げたりする要因が何であるかを調べてきました。とりわけ、私が最初に取り組んだ信頼に関する研究は、多くの注目を集めたようです。

私は2001年に発表した論文で、繁栄する国家とそうでない国家が存在する理由を説明する最も重要な予測因子こそ、信頼の文化であることを指摘しました。それは経済学史上、最大級の発見といえるものです。信頼できる人が多い国は、そうでない国と比べ、社会的な交流がより活発で、そのことがさらに活発な経済取引につながり、さらなる富を生み出します。信頼は、経済的な潤滑剤として機能し、経済活動に内在する摩擦を減らす役割を果たすのです。[4] 私は研究によって、信頼できる人を増やし、経済成長を促すために政策担当者が操作可能な因子を突き止めました。[5] 脳内でそれがどのようにして起きるかを、オキシトシンの研究で明らかにしたのです。

私の研究室には、何人もの企業幹部が信頼について教えを請おうと訪ねてきました。従来の代表的な社会科学的手法では、仕事に関わろうとする従業員は生まれなかったのです。組織にとって信頼関係を築くことの大切さを確信した彼らは、私が取り組んでいた神経科学的なアプローチが、信頼の文化をつくり出す上で役に立つかもしれないと考えていました。事の重大さを確信した私は、神経経済学のレンズを組織に向けることにしたのです。

まずは、人と人との信頼に基づく相互作用を数式化することから始めました。次に、信頼を育む神経伝達物質、オキシトシンの実験から得られた知見を加えました。さらに、社会的な関わりに脳がどのように反応するかを解明した神経科学者や心理学者たちの研究を調べ、文化をモデル化しました。そして、このモデルの予測因子と、企業で実際に起きている事象を比較したのです。[6]

その結果、優れた業績を上げる組織には、従業員同士の信頼と、仕事へのモチベーションが高い文化があることが分かりました。このような文化が優れていることは、客観的なデータを見ても明らかです。米調査会社ギャラップによると、仕事に熱心な従業員を抱える企業は、従業員が終業時間を気にしてばかりいる企業と比べ、収益性が22%高いことが分かったのです[7]。

グーグルの元人事担当上級副社長ラズロ・ボックは、次のように書いています。「グーグルのあらゆる活動は、文化に支えられている」[8]。「文化」という言葉は、米大手出版社メリアム・ウェブスターが選ぶ2014年の流行語大賞にもなりました。世界最大の経営コンサルティング会社アクセンチュアは2015年、組織が取り組むべき主要な課題として「生産性を重視した組織構造の最適化」を挙げています[9]。言い換えれば、文化を語ることは極めて重要なのです。

一方、文化を語るのはいいとして、現実はどうでしょうか。500社以上、約20万人の従業員を対象に実施したある調査では、「文化の信頼度が低い」と評価された企業が71%に上ります[10]。

私の研究で明らかになったのは、組織の業績に多大な影響を及ぼす文化とは、他でもない信頼の文化そのものだということです。

米国人材マネジメント協会が2015年に実施した「従業員の仕事満足度およびエンゲージメント調査」によると、満足度を高める要因として、「あらゆる従業員への敬意ある対応」が「上司への信頼度」を上回りました[11]。また、グーグルの「プロジェクト・アリストテレス」が社内180チームを対象に調査したところ、高業績を予測する最も確実な方法は、そのチームに信頼の文化が育まれているかどうかを見ることだと分かったのです[12]。

さらに多くのCEOが、組織の信頼度の低さは成長を阻害すると考えていることも分かりました[13]。それでも、ほとんどの企業は、信頼に対する理想と現実のギャップを埋める努力を怠ってきました。「何をすればいいか見当もつかない」というのがその理由です[14]。

信頼の高さが従業員に与える効果

本書では、組織が成功しようとするなら、互いに信頼し合う文化を構築することが何より重要だという前提に立ち、ビジネスケース〔経営学で事業投資の判断や根拠を記した資料のこと〕を作成します。最後の章では、高信頼性組織が従業員にとってどのような恩恵があるのか、さまざまなデータを使って示します。たとえば、高信頼性組織の従業員は、低信頼性組織の従業員よりも生産性が大きく上回り、仕事により熱心に取り組み、勤続年数が長いだけでなく、家族や友人に自分の職場を勧め、高いイノベーション能力を発揮するのです。加えて、高信頼性組織で働く人は、同僚とより効率的に協力し合い、慢性的なストレスが少なく、心身ともにより健康です。さらに、高信頼性組織のほうが従業員に給与を多く支払っているのです。競争的な労働市場でこのような事象が起こり得るとすれば、それは、高信頼性組織の従業員が低信頼性組織の従業員よりも高い生産性を上げているからに他なりません。

また、相互に信頼し合う文化の構築に向けたビジネスケースでは、私が過去に協力した企業の中でも、見事に方向転換をやり遂げた企業をモデルにしています。これらの企業のデータから、文化の刷新によって、従業員のエンゲージメントの度合いや、いくつかのビジネス関連の達成度に良い効果があることが分かります。また、従業員が互いに協力し、より効率的に作業するためには、文化を体系的にアップグレードするにはどうすればいいかを示します。さらに、私が勤務中の従業員に対して行った神経科学実験のデータも公開します。これらは、信頼が脳活動や集中力にどのように影響するかだけでなく、組織の目標を達成しようと献身的に取り組む姿勢がどのように育まれるのかも明らかにしてくれます。信頼の文化は、正しく実現すれば、人間の振る舞いを適切に変える力強い手段となるのです。

本書には、気分が前向きになる話題が数多く盛り込まれています。もしも、私の実験結果が、あなた自身の仕事や人生に対する価値観にピタリと当てはまると感じられるとしたら、私にとってそれ以上の喜びはありません。一方で、あなたの会社に10億ドルの内部留保があり、やりたいことは何でもできる余裕があれば別ですが、企業の競争優位性を維持する上で、人間を中心に据えた高信頼の組織文化が必要なのは言うまでもありません。本書の最後の章で取り上げるデータが、そのことを証明してくれるでしょう。

信頼は、効果的なチームワークと内発的な動機付けの基盤をもたらし、それによって組織の業績を見違えるほど成長させます。信頼があれば、従業員は最適な方法で個別の目標を達成でき、同時に組織全体としての目標に向けて全力を尽くせるようになります。信頼があれば、一緒に仕事をしている従業員を人的資本の一部などではなく、1人の独立した意思を持つ人間として捉えることができます。その結果、高信頼性組織では、従業員が優れた職務遂行能力を発揮するだけでなく、プライベートではよき親、よき配偶者、よき市民として過ごすことができ、人生に対する満足度も高まります。信頼は、生活の質にもかなりの効果を及ぼします。カナダの経済学者ジョン・ヘリウェルが同僚とともに行った研究によると、職場のリーダーに対する信頼が10%上昇すると、従業員の生活満足度も向上し、結果として、給与が36%上昇するのと同じ効果があることが明らかになっています。[15]信頼の文化を生み出すということは、良い行動と優れた成果を共存させることなのです。

信頼は優秀な人材の確保にも役立つ

本書をぜひ読んでもらいたい理由がもう1つ。これからは、最良の人材を採用し、手放さないことがますます競争力のカギを握る、熾烈な人材争奪戦の時代がやってきます。先進国の人口増加率は軒並み鈍化し、労働供給力は限界が見えています。既に、即戦力となる技術者を求める需要はかつてなく高まっています。[16]そうした状況は、数字にも表れています。たとえば、2020年までにドイツでは240万人の労働力が不足し、フランス、イタリア、イギリスでもその数はそれぞれ100万人を上回ることが予想されています。米国では移民の受け入れにより、2030年までは余剰労働力状態が続く見通しですが、既にエンジニア、コンピュータサイエンティスト、データサイエンティストといった人材は不足しています。中国やブラジルでさえ、2030年までに労働力不足に直面することが予想されています。

ビジネスリーダーはこれまで、従業員は給料を稼ぐため仕事をする必要があると考えてきました。しかし、どういうわけか「文化」のことは不問にされてきたのです。今日では、従来とは違った新しいやり方で生計を立てる人が増えています。たとえば、オンラインサイトのEtsy《エッツィ》に手作り品を出品したり、イーベイで品物を販売したりする人。Airbnb《エアビーアンドビー》で自分の部屋を貸す人。配車サービスのウーバーやリフトの運転手をする人もいます。Upwork《アップワーク》やTopcoder《トップコーダー》〔いずれもフリーランスとクライアントを仲介するクラウドソーシングサービス〕、スタック・オーバーフロー〔プログラミング技術に関するQ&Aサイト〕に登録すれば、フリーランスとして在宅で仕事をすることもできます。LinkedIn《リンクトイン》のおかげで、職探しは以前よりずっと楽になり、ヘッドハンターも外部の人材をスカウトしやすくなっています。人材獲得競争は今後も熾烈化する一方です。そんな中、人事コンサルタントの人たちは、企業が最良の人材を引きつけ手放さないようにするには、文化がカギを握っていることに気付いています。[17]

本書では、なぜ信頼の文化が、最良の人材を引き寄せ、採用した人材を手放さないための効果的な方法なのかを説明します。特に、自分自身が信頼できる企業や、個性を尊重してもらえる企業で働くことを望むミレニアル世代〔米国の20代から30代の人々〕やジェネレーションX世代

〔ケネディ政権時代からベトナム戦争終結までに生まれた40代から50代の年齢層。個人の自由を尊重し、組織への忠誠心が低いとされる〕の人々に当てはまります。彼らは未来の労働者の姿であり、現に今、実質的な当事者でもあります。[18] 医療機器メーカー、メドトロニックの前会長兼ＣＥＯのビル・ジョージは、次のように記しています。「ビジネスでは信頼がすべてだ[19]」

確かにその通り。だからこそ、組織文化が重要です。

では、組織文化をどのようにして生み出せばいいのでしょう？

本書では、信頼とアカウンタビリティ（説明責任）のある環境づくりを通して、従業員のエンゲージメントを高める文化を構築し、モニタリングし、管理する方法を説明します。高い成果をもたらす文化には信頼が不可欠です。なぜなら信頼は、従業員にとって素晴らしいコミュニティ、利益を増やせるコミュニティ、力強いコミュニティの３つの成果を生み出すからです。その点についても学びましょう。

組織の目標を共有する

組織のパフォーマンスは、工学的な関係式で表すことができ、３つの構成要素を使って算出します。これらの構成要素を、「People（人）」「Organization（組織）」「Purpose（目標）」の頭文字をとって「ＰＯＰ」と表します。組織が目標にふさわしい人材を選ぶ、という意味です。人材の採用方法については、既にたくさんの本が出版されています。ここで、それらの内容を焼き直すつもりはありませんが、本書の最後に参考文献のリストを作成し、本文中に参照番号を記載しました。[20] 要するに、組織の文化にふさわしい人材を採用することが非常に重要なのです。

オンライン小売サイト、ザッポス・ドットコムのCEO、トニー・シェイは、同社では文化が非常に重要であり、学歴や職歴で従業員を採用することはないと話しています。それどころか、ザッポスの文化に馴染まなければ、辞めてもらっているというのです。[21] ザッポスでは、従業員が文化に馴染むかどうかを重要視し、入社2週間後の従業員が職場の文化に合わないと感じていれば、2500ドルの退職金を渡して退職してもらうのです。たとえ、周りの従業員からは職場に馴染んでいるように見えたとしても、あくまで本人の主観を重視します。以降の章で分かるように、私がザッポスの従業員とともに取り組んだ調査では、こうした文化に馴染むことの重要性が実証されました。

本書の大半は、組織について言及しています。言い換えれば、従業員を引き付ける魅力あふれる組織文化を構築することが目的です。せっかくふさわしい人材を採用しても、機能不全に陥っている職場やストレスだらけの文化では、本来の能力を発揮することはできません。それが企業の破綻につながることさえあります。エンロンやワールドコムを思い浮かべてみてください。客観的にみて好ましくない文化の例は他にもたくさんあります。反対に、客観的にみて良い文化もあります。本書では一貫して、高いエンゲージメントをもたらす組織文化のさまざまな側面を神経科学的見地から詳しく解説します。したがって、これを読めば、何にどのように取り組めばいいかが分かるでしょう。

第10章では、関係式POPの最後の要素、すなわち「目標」について取り上げます。私の神経科学的実験や、他の多くの研究室が行った実験では、明確な目的意識を持つ個人が集まったグループは強い絆を形成するとともに、高い能力を発揮することが分かっています。たとえば、米軍ではメンバーがどのようにして「目標」を達成しているのか考えてみます。包容力のある魅力的な文化は、「目標」を達成する決意を生み、その決意を持続させます。私の行った研究では、「目標」において最も重要な側面だけでなく、「目標」を効果的に伝達する方法が明らかになりました。

POPは、リーダーが制御することが可能で、組織の業績向上につながる構成要素を特定します。科学的な知見からは、信頼と「目標」が相乗的に作用することで、組織の業績が向上することが分かっており、それは私自身が企業で行った実験でも裏付けられています。信頼と「目標」意識が他者との協力を促す脳の領域に同時に作用し、組織の目標達成に不可欠な行動が強化されるのです。つまり、信頼と「目標」意識を育むには、周囲の文化を意識してデザインすることが必要なのです。

そのために、エンゲージメント調査をやってみるのはどうでしょう？　エンゲージメント調査には、いろいろな選択肢があります。ただし、結果は大半が眉唾もの。ですから注意が必要です。エンゲージメント調査では、あなたの「好み」や「自発的な取り組み」といった漠然とした質問をします。また、従業員を対象にした最新のエンゲージメントプログラム（それ自体は、流行りの心理学的知見に基づいている可能性が高い）の導入を評価する狙いがあることもしばしばです。こういったプログラムは、報酬を増やすことなく自分たちをもっと働かせるためにあるのですから、従業員もお見通しです。結局、「割に合わない」、「とんだ食わせものだ」ということになります。従業員のエンゲージメントプログラムによくある致命的な欠陥は、「人間」ではなく「人材」に焦点を合わせていることです。人材だと考えれば、もっと働かせることも可能ですが、そうしたプレッシャーに耐えなければならないのは人間なのです。従業員は人であり、機械ではありません。

エンゲージメント調査には別の問題もあります。相関関係と因果関係の区別がつきにくいことです。多くの調査や私自身の実験からも明らかになっていることですが、物事が万事うまくいっているとき、人はいつも以上に仕事に精を出し、より幸せになります。[22] 仕事のパフォーマンスが上がると気分もいっそう良くなり、より仕事に打ち込めるようになるのです。[23]

本書は、組織の目標を追求するため、従業員が認知と情動の両面から自発的に仕事に打ち込める文化を生み出す方法を示します。従業員が仕事に満足して取り組んでいるとき、笑顔も増え、素晴らしい顧客サービスを提供し、革新的な仕事に取り組み、長期にわたってその組織に定着するようになります。

各章の最後に、あなたが職場で実行する項目のリストを掲載しました。私のかつての同僚、故ピーター・ドラッカーは、自分のクライアントにこんなことを言っていました。「面白かったで終わりにしないでください。月曜の朝に何をどうするかをおっしゃってください」。この本で私が提唱するエンジニアリング的な手法に則り、さらにピーター・ドラッカーに敬意を表して、各章末のまとめを「月曜の朝のリスト」と呼ぶことにします。

万国共通のオキシトシン効果

マルケ村の話に戻りましょう。私の実験に救いの手を差し伸べてくれたのはNHKのプロデューサーでした。彼は寛大にも、現地に向かうスタッフに託して、東京からオーストラリアのケアンズを経由し、パプアニューギニアまではるばる新しい液体窒素を届けてくれたのです。しかも、撮影隊は、作動する電圧レギュレータまで見つけてくれました。これで装置の準備は整いました。

マルケ村の人たちは医者や歯医者に診てもらったことがありません。ましてや、自分の血が試験管に吸い込まれていくところなど見たこともありませんでした。熱帯雨林に暮らす人でも、慣れない環境に身を置くのは不安で何かと落ち着かないものです。生まれて初めての採血のためにやってきたのは、20人ほどのボランティアの男性たち。私は、彼らから採取した血液サンプルから、オキシトシンとストレスホルモンそれぞれの基準値を割り出しました。

それが終わると、今度は男性たちに村の文化を実際に披露してくれるようにお願いしました。彼らは、伝統的なヤシの葉のコシミノに動物の毛皮をまとい、エネルギッシュな戦いの踊りを披露してくれました。先祖の霊を呼び寄せて力と勇気をもらうための踊りです。本書で説明しますが、儀式は信頼を強化するのに有効な方法なのです。20分後、1人ずつ次々に医療テントに連れて行き、2度目の採血に取り掛かりました。私は試験管を遠心分離器にかけ、ピペットで血漿を抜き取り、2ミリリットルのポリエチレン製小型試験管に移し替え、それらを丁寧に液体窒素の入った冷凍保存容器にしまいました。

分析結果から、男性の大半が、村の儀式の間にオキシトシンを分泌していたことが分かりました。しかも、これまでオキシトシンの分泌を促すための実験に参加した多数の被験者と同様、儀式を終えた村の男たちは、共同体のために身を捧げたいという思いがより強くなり、また、周囲の人に対する親近感が一層高まったと答えたのです。これは、マルケ村のような無階級社会ではとても大切なことです。

ところで村長のエドワードは、村でいちばんの年長者でも、力が強いわけでもありませんが、最も有能な人物なのです。村人の多くが現地の学校に1~2年間通いますが、エドワードは5年生の課程を修了しています。英語も片言ですが話します。普段は、西部山岳州の州都マウントハーゲンまで働きに行きます。そこで、地元でつくった食材や編みかごを古着や道具、たばこなどと交換しているのです。がっしりした四輪駆動車を運転し、トラベルガイドにも認定されています。彼の村人に対する思いやりが深いことは明らかです。彼は、観光事業や教育の振興を通じて村人のために雇用の機会をつくり出そうと努めているのです。村人の中には、町で働くことを選ぶ人もいます。しかし、多くは慌ただしい町の暮らしに疲れ、再びこの村に戻ってきます。ここでは、1日1時間の農作業で必要な食料すべてを賄うことができます。ある村人から通訳を介して話を聞いたところ、彼はこう言っていました。「マルケには仕事というものはありません」。マルケ村の住民は、他人に指示されたり、干渉されたりすることなく、自分がやりたいことを選択するのです。

　エドワードは、村人に強制して何かをやらせることはありません。彼らはみな、村の行事に自発的に参加します。農作業ができない人は、自分たちが食べていけるように、親戚や友人に土地の一画を耕してもらっています。そのことに文句を言う人は誰もいません。年中行事では、季節の節目や豊作を祝います。

　現代のビジネスも似ています。私たちは自発的に出勤し、自分の時間や創造的なエネルギーを仕事に投じ、会社のために睡眠を削ってまでして、解決が必要な問題について思いめぐらせるのですから。確かに、投じた労力に対する報酬は受けているとはいえ、つまるところ、従業員は皆、ボランティアなのです。本来なら、どこか別の場所で働くことも、放浪生活を送ることも、あるいは学生に戻ることも自由です。お金には人をやる気にさせる力がありますが、文化が及ぼす力には到底及びません。それは、数々の調査や私の実験からも明らかです。[24] ピーター・ドラッカーは次のように記しています。「マネジメントは文化と無縁たりえない。それは社会的な機能である。したがって、文化に根づき、社会において責任を果たすものでなければならない」[25]

私たちチームは、レンタカーの四輪駆動車数台に荷物を積み込み、村から遠く離れたマウントハーゲンに向かいます。私は血液サンプルを持って、そこから飛行機で研究所に戻らなければなりません。ちょうどそのとき、エドワードが手を上げて、私に待つように言いました。それまで私は彼の組織に加わっていたわけですから、彼は私のボスです。だから、言われたとおりに待ちました。村の男たちが別れの踊りを披露してくれた後、エドワードから包みを手渡されました。使い古しの包装紙をテープで継ぎ足し、カードも添えられています。そこには、誰かの手書きの英語で、こんなメッセージが書かれていました。「われわれの村ではリーダーが自ら土地を耕し、村人を養うためのシャベルを持っています。あなたはリーダーだから、シャベルが必要です。あなたが養う人たちのために賢くお使いなさい」。今も研究室に置いてあるこのシャベルを目にするたびに、共に働く人たちを力づけよ、という村長の教えを思い出します。

組織とは普遍的なもの。人とのふれあいでオキシトシンが分泌されるのも万国共通です。組織とオキシトシン、この2つの強力な要素を結び付けることは、生産性の高い組織を生み出す秘訣です。

月曜の朝のリスト

- あなたの組織が従業員を人としてではなく、リソースとして扱うことはありますか？　あなたが変えられると思うことを1つ挙げてください。
- 組織の創設者の個性が現在の文化に反映されているかどうかを調べてみましょう。それについて良い面と、そうでない面を具体的に挙げてください。
- あなたの組織を唯一無二の組織にしている要因は何ですか？
- あなたの組織は部門別に縦割りになっていますか？　すべての従業員が組織の重要な目標を把握しているかどうかを測定する方法を考えてみましょう。
- あなたの職場のマネージャーはどのくらい信頼できる人かを7段階評価で採点してください。

・信頼できる人とは、約束した仕事を最後まで終わらせる人であり、無理な場合は段取りを変更できるように事前にあなたに知らせてくれる人です。

第1章

The Science of Culture

あなたの組織の文化を科学する

北インドにある「サンガネール・キャンプ」。ここは外界から塀で隔離された収容所です。塀といっても高さは2フィート（約60センチ）ほど。子どもでも十分乗り越えられる高さです。サンガネール・キャンプは受刑者とその家族170世帯が暮らす開放型の刑務所村で、看守は3人だけ。ここに収容されている受刑者は皆、殺人の罪で終身刑を宣告された人たちなのです。

受刑者は全員が男性です。彼らは午後6時から翌朝午前6時までの間、キャンプの外に出ることはできません。ただし、それ以外の時間帯は近くの村で働くことが許されています。彼らは家族とともに暮らし、家族を養うために働いているのです。過去10年間に、ここから脱走した受刑者はわずか6人。しかも、この50年間の再犯率はゼロです。インドにはサンガネール・キャンプの他にも同じような刑務所村がいくつかありますが、いずれもマハトマ・ガンジーが提唱した理念に基づき設立されました。ガンジーは、囚人といえども第2の人生が与えられるべきと考えたのです。ここでは家族の存在が重視され、受刑者の多くが起業家でもあります。つまり、彼らは自分の家族を養うために商売を始めるのです。[1] サンガネール・キャンプでは、「信頼は信頼を生む」というフレーズがマントラ（合言葉）になっています。

見ず知らずの人に送金する実験

実は、この「信頼は信頼を生む」という言葉は、私たちの脳の仕組みそのものです。私が2001年から始めた実験では、人は見知らぬ他人から信頼を目に見える形で示されると、脳が神経伝達物質のオキシトシンを合成することが明らかになりました。相手から信頼されればされるほど、脳が分泌するオキシトシンの量も増えることが分かったのです。

実験では、一方の被験者が自分の口座からお金を引き出し、もう一方の被験者に送金する額で信頼の度合いを測定します。このとき、送金先である相手の姿を見ることも話しかけることもできませんが、同じ実験の参加者同士であることは分かっています。このように、被験者が見ず知らずの相手に送金しようとするのは、わけがあります。この実験では、相手が受け取る金額が3倍になる仕組みなのです。興味深いのはここからです。見知らぬ人から送金という形で信頼を受けた被験者の脳でオキシトシンが分泌されます。そのオキシトシンの量で、送り手に返礼する金額が予測できるのです。受け手に返礼の義務はなく、まったく送り返さなくても構いません。

この実験結果は、従来の経済学の考え方に風穴をあけました。見知らぬ他人を信頼してお金を渡すなんて、カモにされているのも同然。なぜなら、信頼のお返しにお金がもらえるなんてことはあり得ない、そう考えられていました。ところが、私たちの実験では、数百人もの被験者の実に95%が、信頼を示す送金を受けた結果、オキシトシンを分泌したのです。お金を受け取った人は、わざわざ自分に送金してくれた匿名の相手にお金を送り返すことで、信頼に応えようとします。この事実は、人間性というものをよく表しています。信頼はオキシトシンを生み、オキシトシンはさらなる信頼を引き出すのです。もしあなたが、私にやさしくしてくれたとします。すると私の脳内でオキシトシンが生成され、オキシトシンは私に「この人のそばにいたい」というシグナルを送ります。その結果、私もあなたにやさしくします。このような人間関係の黄金律を支える生物学的な根拠がオキシトシンです。信頼は、人類が進化の過程で身に付けた原初的な社会的行動のひとつなのです。

では、こうした仕組みが正しいかどうかを知るには、どうすればいいのでしょう？　私の実験室では、さまざまな状況下でオキシトシンの量を測定するため、被験者が相手から信頼を受ける直前、そして信頼を受けた直後の血液を大急ぎで採取しました。

しかし、人間の脳は同時に多くのことをこなしています。そこで、オキシトシンによる因果関係を証明するために、私たちはある方法を開発しました。合成されたオキシトシンを生身の人間の脳に注入するのです。といっても、鼻腔に注入するというういたって安全な方法です。実際にこの方法でオキシトシンを吸入した被験者は、偽薬《プラシーボ》を吸入した被験者よりも、相手に対する信頼感が増し、送金額も増えました。また、所持金を全額送金することで相手に最大限の信頼を示した人のうち、オキシトシンを投与された人がプラシーボを投与された人の2倍以上に上りました。

オキシトシンは共感力を生む

企業の行動原理を理解する上で、信頼とオキシトシンの関係を発見するまでのストーリーや、オキシトシンが人間性や人間社会について新たな洞察を与えていることを知るのは、本質的なことではありません。何より重要なのは、脳のネットワークを活性化させることでオキシトシンが作用し、私たちは共感をより深められるという事実です。

人間のように集団で暮らす社会的な生き物にとって、他者への共感は大切なスキルといえます。大抵の人は6歳を過ぎると、相手が何をしようとしているのか、その人の立場になって客観的に予測できるようになります（これを発達心理学では「心の理論を獲得する」と呼びます）。この認知的能力のおかげで、私たちは他者がどのように行動するかを理解することができるのです。他者に共感することで、他にもいろいろな情報が得られます。たとえば、そのときどきの状況で相手がどんな気持ちなのか、次にこんなことを感じるのではないだろうか、といったことです。そうやって、私たちは相手がなぜそのように行動するのか察知するのです。

私はオキシトシンを「モラル分子」と呼んでいます。その理由は、脳がオキシトシンを分泌すると、私たちはちょうど自分の家族に対してそうするように、他者のことを大切にするからです。オキシトシンによって共感が刺激されるというのは、つまりこういうことです。仮に誰かを痛い目に遭わせるとしたら？　きっと相手の苦痛を自分のことのように感じるでしょう。でも、本当は痛い思いはしたくないので、私たちは共感によって社会的・道徳的にふさわしい行動をとろうとするのです。共感は私たち人間を、より効率的な生き方をする社会的存在に変えてきました。だからこそ、私たちは共感する能力が高度に発達しているわけです。

人から信頼されるように振る舞うといった社会的な行動は、さまざまな人々が集まるコミュニティや組織の中で暮らしていくために必要なこと。人は社会的な生き物である以上、集団の一員として生きていくしかありません。私たちは神経科学的な共感能力を手に入れたことで、適切な社会的行動について理解を深め、生き残る可能性を高めてきました。もっと素晴らしいことに、オキシトシンのおかげで組織に属していることが気持ちよく感じるのです。人間の脳は、他者と協力したり、他者を大事にしたりすることで報酬を与えてくれます。他者から信頼されると、その信頼に応じようとするのはそのためです。信頼は信頼を生むのです。

神経科学が本当に面白くなるのは、「人間の脳が平均を超えたとき」（これは、科学者たちが好んで使うフレーズです）であり、人間のさまざまな行動パターンがどこから生まれるのかを解明するときでもあります。この10年間に私が行ったオキシトシンに関する調査（そのために数百万ドルを費やしました）の大部分は、オキシトシンの分泌を促したり、抑制したりする物質は何かを突き止めることでした。もちろん、それがいちばん重要です。

昇進した同僚がとんでもないヤツに豹変するのはなぜなのか？　同僚の小さい娘さんの具合が悪いことを知り、その同僚に帰宅するよう諭すとき、普段は「数字がすべて」というスタンスをとっている自分が態度を和らげるのはなぜなのか？

私たちが持つ社会的な脳は、その行動を変えることで自分の周りの人たちと協調したり、そのときどきの生理学的状態に適応したりするのを手助けしているのです。つまり、あなたという人がどんなに良い人でも、ときには配偶者に向かって怒鳴ったり、買い物をしているときに店員に不機嫌な態度をとったりすることもあるでしょう。ですが、脳科学の視点から言えば、周りの人たちに思いやりをもって接することは、いつもそうとは限らないにせよ、大抵の場合、正しい反応であることは間違いありません。

オキシトシンを抑制するもの

さて、ここからが科学の出番です。高いレベルのストレスは、オキシトシンの分泌を抑制します。既にご存じでしょうが、ストレスを感じているとき、あなたは最高のコンディションとは言えません。こういった一時的な不調があることはほとんど誰もが理解していることですし、それを言い訳にすることは簡単です。私たち人間は6歳か7歳ごろまでに、社会的に「してもいいこと」「してはいけないこと」の区別がつくようになります。自分のとった行動が適切かどうか、周りの人たちがさりげなく伝えてくれることもあれば、あからさまに返されることもあります。オキシトシンとそれによって活性化する脳の回路は、道徳的なコンパスとして機能し、その社会的集団が考える善と悪について教えてくれるのです。それぞれの集団はさまざまな社会規範を集め、それらを文化として確立します。私たちはそれらを物語《ストーリー》にするなどしてグループのメンバーに明示的に伝達したり、あるいは表情や具体的な行動によって相手にフィードバックを返したりするのです。

オキシトシンを抑制する因子は他にもあります。脳の活動をがらりと変える化学物質、テストステロンです。私がグループを対象に行った実験では、合成テストステロンを投与された男性は利己的になるだけでなく、権利意識も強くなることが分かっています。つまり、テストステロンの量が多い男性は、他者と分け合う可能性が低く、一方、他者に分け前を要求する確率は高まったのです。[2] これこそが、テストステロンの作用に他なりません。

もうお分かりですね。この世でいちばん共感力が低いのは若い男性というわけです。男性は、女性よりテストステロンの分泌量が5〜10倍多いわけですが（そのぶん喧嘩っ早く、向こう見ずで、犯罪をおこす確率が高くなることもあります）、競争やステータスがテストステロンの増加に影響するのは男女共通です。昇進？　テストステロンの量が増えます。新しい恋人ができた？　もちろん増えます。今年、２００万ドルのボーナスを手にした人は、思慮深く振る舞わないと、とんでもない愚か者に成り下がってしまうかもしれません。テストステロンは私たちの脳に、「ソーシャルなくじに当たったよ」とささやき、まるで神の化身にでもなったかのように傍若無人な振る舞いをさせるのですから。テストステロンはまた、性的衝動を高める分子でもあります。世のCEOや大統領、それに映画スターたちの浮気話がニュースになるのも今に始まったことではないのです。

しかし、自然界は、こうした攻撃的な振る舞いが度を過ぎないように調整してくれます。30歳を過ぎると、男性のテストステロンの量は年齢とともに減少していきます。ありがたいことに、男性の場合、社会性のある行動をとる能力は年齢とともに高くなるのが一般的です。社会的行動の初期設定を変えることでオキシトシンの分泌を積極的に促し、その結果、高い信頼に基づいた対人関係を築き、健康な体をつくるなどの恩恵を得られるようになるのです。私の研究では、相手とふれあうことでオキシトシンが生成されることが明らかになっています。ハグは「ブレイン・ハック」、すなわち、一時的ではあれ、相手の人に対する愛着を促す効果があります。

以降の章でわかるように、本書の目的は、テストステロンから得られる高いモチベーションや意欲、そしてオキシトシンを分泌することによる協調とチームワークのバランスを見つけることにあります。

オキシトシンの分泌を促すもの

それでは、脳の活動中に神経系が繰り出す驚きのパフォーマンスについて説明しましょう。そのために、私が過去にラグビーチームに対して行った実験についてお話しします。[3]

ラグビーにはビジネスと同じように、組織内での協力と組織間の競争が要求されます。ラグビーチームの選手を試合前のウォームアップの前後に採血したところ、ウォームアップによってオキシトシンとテストステロン、そして即効性のストレスホルモンが増加することが分かったのです。特に興味深いのは、ウォームアップ前は選手のオキシトシンレベルはまちまちでしたが、ウォームアップ後は類似性が高まったのです。選手たちが試合に向けて明らかに士気を高めていたことは、テストステロンとストレスホルモンが増加したことで裏付けられました。とはいえ、試合に勝つためにはチームで力を合わせなければなりません。そこで彼らの脳は、チームメートとライバルとを区別していたのです。これこそが、効果的な文化がもたらす作用なのです。つまり競争に勝つために、仲間を一致団結させるのです。チームワークの効果を最大化するために、オキシトシンと相互作用する神経化学物質を私たちは利用できるのです。

脳やその他の生物学的システムはどれも、経済システムと通じるところがあります。脳は私たちの生存と繁栄を手助けするために、与えられた有限のリソースを効率的に使おうとします。脳はオキシトシンの分泌を促す刺激を受けない限り、カロリーを燃焼せずにオキシトシンを合成します（実際は、脳のシステムを継続的に作動させるため、常に微量のオキシトシンは生成されているのですが、それが社会的行動に影響することはありません）。たとえば、同僚に微笑みかけたり、不意に「すごいね！」と声をかけたりすると、オキシトシンが小さく上昇し、それに伴って一層協力的になることがあります。

一方、グループの一員として感じる適度なストレスは、オキシトシンの分泌を促す効果的な刺激になります。チームが大きなプロジェクトに取り組んでいるときは、メンバー同士で団結し、物事をやり遂げなければいけません。メンバーのちょっとしたミスや性格的な癖なども、チームワークが優位になることでかすんでしまうもの。オキシトシンは相手を信頼し、協力しようとする意識を高めるだけでなく、寛容さを増すことも分かっています。ですから、チームが一丸となって協力するとき、過去の失敗を謝罪しやすくなるのです。

私はこれまで、寝室から重役会議室、果てはビバーク（登山中に緊急避難的に野宿すること）の現場と、いろいろな場所でオキシトシンの分泌の有無を検証してきました。オキシトシンはどこにいても分泌されるもの。私はこれまでの実験で、オキシトシンの分泌を促す方法をいくつも特定してきました。その数は十数種類になります。条件としては、ストレスやテストステロンが強すぎない、ポジティブな社会的交流があればいいのです。言ってみれば、オキシトシンは、私たちを人間らしくする分子なのかもしれません。少なくとも思いやりの心を生み出す分子であることは確かです。[4] オキシトシンの神経科学的作用をほんの少し理解することで、思いやりを仕事に生かすことができるのです。嘘ではありません。組織で働く従業員には思いやりが必要なのです。

給料は万能薬ではない

この章から得られる1つの洞察は、「文化」は不変ではなく、組織を構成する人々や目的が変われば、それに応じて変化するということです。特に重要なポイントですが、文化を管理し、継続的に改善していけば、従業員の自発的な貢献意欲《エンゲージメント》を高められるのです。そこで、組織の文化をより素晴らしいものにするために、私の神経科学的実験の成果をどのように適用すればいいかを説明します。

職場のエンゲージメントを維持する方法として、ポジティブな社会的交流を通じてオキシトシンが分泌される文化にすることが挙げられます。もちろん、他にもいろいろな方法があります。多くの組織では、恐怖に基づいた管理法が採用されています。これは「X理論」と呼ばれてきた手法です。[5] 恐怖に基づいた管理法は、社員がすぐに恐怖心に慣れてしまうため、効果はさほど期待できません。部下に恐怖心を抱かせるリーダーは、生産性を上げるためにその都度、脅威を増やさなければなりません。しかし、1人のリーダーが使える脅威には限界があります。

恐怖に基づいた管理法は、人材を入れ替え可能な資本として扱い、文化の役割を無視するという大きなマイナス面があります。特に顕著なのは、機能不全に陥った職場から従業員が次々に辞めていくことによる離職率の高さです。辞めた従業員の代わりに別の従業員を配置するのに、1人あたりの年俸の20～200％に相当するコストがかかります。ですから、社員の勤続を促すためには職場に魅力的な文化を創り出すことが必要です。[6]

このX理論から派生した別の管理法が、恐怖の代わりにお金を与えることで社員をやる気にさせようという考え方です。この考え方を世に浸透させるきっかけをつくったのが、フレデリック・ウィンズロー・テイラー〔米国の経営学者・エンジニア。1856～1915〕による「科学的管理法」というアプローチでした。

テイラーが提唱したのは、仕事をいくつかの小さなタスクに分割し、一つひとつのタスクが完了するごとに報酬を与える手法です。[7]ところが、調査が繰り返された結果、組織の業績を向上させる上で、お金は強い動機付けにならないことが判明したのです。それは最新のメタ分析〔独立した複数の研究結果をいろいろな見地から統合・分析する手法〕でも裏付けられています。[8]もしも、あなたが「金の鳥かご」〔高給の例え〕で従業員をやる気にさせることに賭けるなら、あなたはその賭けに負けるでしょう。このアプローチから生まれるのは、熱意あるボランティアではなく、契約に縛られた使用人なのですから。誰もが平均以上の報酬を受けられるわけではなく、若手の従業員は概ね平均以下の手取りしかもらえません。したがって、彼らは頻繁に残業してでも、なんとか金の鳥かごに入ろうと頑張ります。しかし、このような従業員は、一度目的を達成してしまうと仕事に身が入らず、燃え尽きてしまうことも多いのです。

私たちは仕事の対価として賃金を受け取ります。とはいえ、長い目で見れば、職場にいると自然にやる気が湧いてくるような雰囲気づくりをすること〔これを「内発的動機付け」と言う〕こそ、優れた業績を達成するための最良の方法です。[9] 分かりやすく言えば、賃金が支払われているかどうか以前に、従業員が仕事をしに職場に向かいたくなるような文化を組織内につくり出すということになります。内発的動機で成功する職場とは、そのような職場です。

たとえば、「午前3時のルール」というテストがあります。内発的動機が強い従業員なら、真夜中に電子メールを送ることもあるでしょう。彼らは、仕事で解決が必要な問題を抱えていて、そのことで頭がいっぱいなのです。もし、夜中の3時にメールを受けたことがないという上司がいたら、その上司は内発的動機が弱いか、プライベートな時間を使って思いめぐらすほど組織の目標に魅力を感じていないかのどちらかでしょう。

実は、外発的な動機付けから内発的な動機付けへと簡単にシフトできる方法があります。一緒に仕事をする従業員のことを「雇用者」とか、「人的資源」とか、さらには「人材」といった言葉で表現しないようにするのです。わざわざ職場にやって来て、組織の目標達成のために力になってくれる人たちなのですから、彼らを一人の人間と見なすべきです。それに、職場にいる人たちは誰もが、それぞれの目標や希望、情動、私生活、スキルを持ち、さまざまな選択肢を与えられた人たちです。私は一緒に仕事をする人のことを好んで

「同僚・仲間」と呼んでいます。ですから、本書でも一貫してこの呼び方を使うことにします。また、「人事部」という名称をやめ、「人間開発部」と呼ぶアイデアも提唱しています。このような名称変更は、従業員に適度なワーク・ライフ・インテグレーション（仕事と生活を柔軟に高い次元で統合し、双方を充実したものにすること）を維持しながら仕事に打ち込んでもらえるよう、組織として注力していることの意思表示になります。

信頼を高める方法

本書では、次頁の図に示す「文化と業績モデル」に基づいて話を展開していきます。神経科学的経営学の課題は、組織でオキシトシンを活用する文化を設計することにあります。言い換えれば、ポジティブな社会的交流によって1日のうちに何度でもオキシトシンを分泌させる文化です。私は、オキシトシンによって脳の神経回路が活性化される仕組みを解明しました。その上で、人々の信頼を支え、維持する組織文化の構築に向けた、一連の実用的な方法を突き止めたのです。信頼を構築し、パフォーマンスを引き出す際に、このモデルが有効なことは、これまでの実験結果によって裏付けられています。

実は、信頼を生むマネジメントポリシーを構成する一つひとつの要素を簡単に覚えら

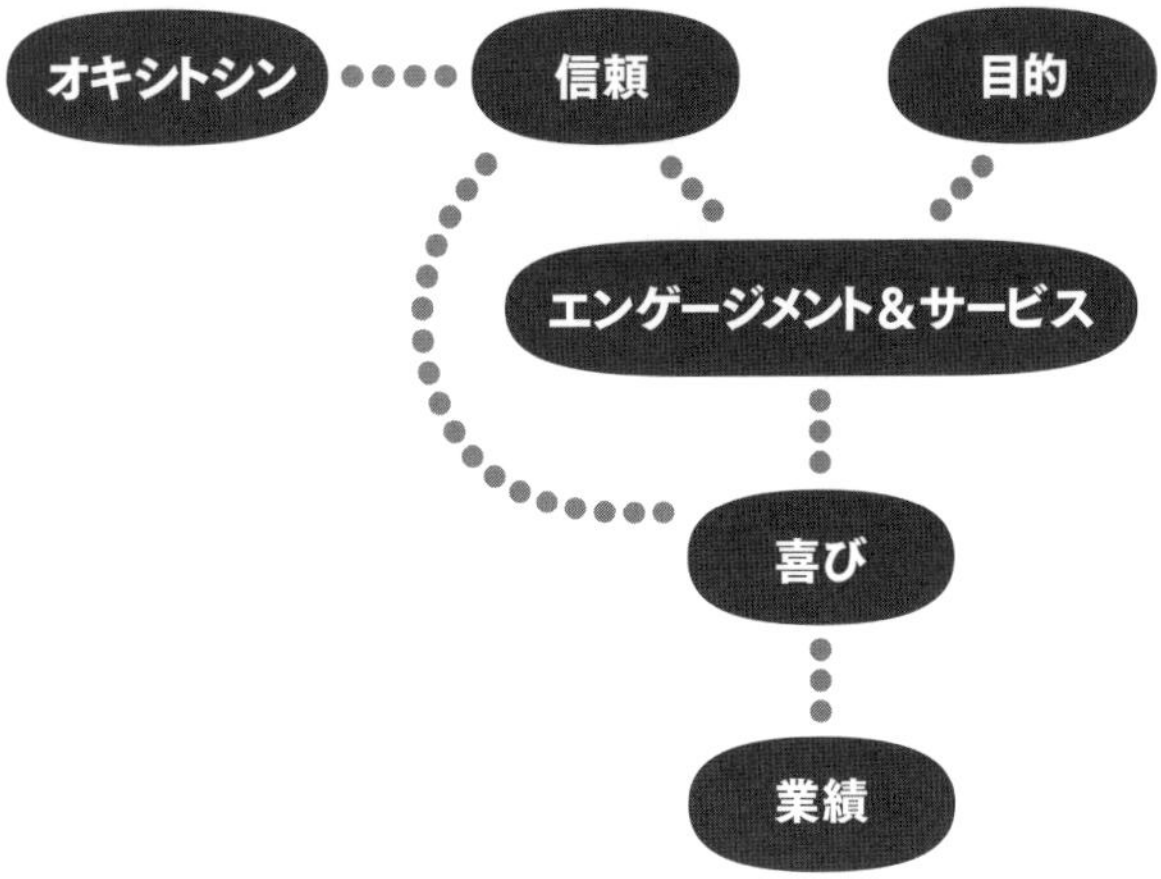

図「文化と業績モデル」。オキシトシンは信頼を生み出し、やる気を高め、組織の業績を向上させます。

れる方法があります。神経科学で実証されている8つの因子「オベーション（**O**vation）」「期待（e**X**pectation）」「委任（**Y**ield）」「委譲（**T**ransfer）」「オープン化（**O**penness）」「思いやり（**C**aring）」「投資（**I**nvest）」「自然体（**N**atural）」の頭文字をとって、その名もズバリ「**OXYTOCIN**」と名付けました。これらの因子は私の研究室や他の研究室での実験で突き止められたものです。実験の成果はそれだけではありません。**OXYTOCIN**ポリシーを導入し、脳や行動に最大限の効果を及ぼせるよう、正確な処方箋も揃いました。営利・非営利のさまざまな組織において、このモデルを使った実験的テストを行った結果、組織の信頼における変動はこの**OXYTOCIN**の8つの因子で完全に説明できることが分かりました。よって、これらの8つの因子以外に、信頼に影響を及ぼす要素は存在しません。

このモデルが示唆するのは、OXYTOCIN因子を活用することで組織の信頼を高めることが可能だということです。信頼は、組織の崇高な目標と相まって、エンゲージメントの高い文化を生み出します。熱意あふれる従業員は、惜しみないサービスを提供することで顧客を喜ばせます。顧客はそれに感謝し、喜びを言葉にして従業員に返します。それを受けて、従業員は仕事の喜びを実感するのです。従業員がこのようなポジティブなフィードバックを受けると、組織は高いパフォーマンスを維持します。

この後の章では、各因子を定義し、組織の信頼にそれぞれどのような役割を果たしているのか説明するとともに、文化的な介入を実施してパフォーマンスの向上を図ってきた組織の例をいくつか紹介します。

各OXYTOCIN因子が組織の信頼に占める割合は、51～84％のばらつきがあります。これらのデータは、私が考案した「Ofactor調査」に参加した米国内の就労者をサンプル対象として収集したもので、米国全体を代表するデータです。それぞれのOXYTOCIN因子は統計学的に独立したものではなく（組織の信頼に対する各因子の寄与率は部分的に重複する関係にあります）、したがって、個々の変動係数を合計すると1より大きい数値になります。

ここで少しの間、あなたの組織の信頼度とOXYTOCIN因子を測定するために、

Ofactor調査に回答してみてください。質問は16問。所要時間も短くなるように抑えてあります。この後の章に進む前にこのアンケートに回答することで、組織の中で最も低い**OXYTOCIN**因子をあぶりだすことができます。これらは、チームワークや業績を高めるために真っ先に介入する必要のある因子です。

Ofactor調査→ofactor.com/book

具体的にどう改善していくか

信頼に影響を及ぼすマネジメントポリシーは、どれも新しいものではありません。産業革命以降、マネージャーたちは仕事の成果に影響するありとあらゆる方法を試してきました。近年新たに登場したマネジメントポリシーの特徴は、内発的動機が文化によってどのような影響を受けるのかを理解するために、神経科学による枠組みを採用していることです。これによって、ポリシーを節操なく変更することはなくなります。同じくらい重要なことですが、神経科学は、マネジメントポリシーの影響を最適化するための方法も示唆します。これらのポリシーが信頼の度合いを左右することでパフォーマンスの向上に弾みがつくのです。

マネジメントを、小規模で制御可能な一連の実験群だと考えてみてください。この章では、マネジメントポリシーの変更を通じて文化を向上させるための方法を体系立てて説明します。

ピーター・ドラッカーは、次のように記しています。「リーダーとして最初にやるべき仕事は、まず自分自身のエネルギーをコントロールし、その上で周囲のエネルギーを調和させていくことである」。しかし、大半のリーダーは仕事に忙殺されてしまい、チームを活性化するためのリソースはほとんど持ち合わせていません。チームの活性化は、組織の文化を手直しすることで、より効率的に実現することができ、それにより、従業員はより多くのエネルギーをプロジェクトに投入できるようになります。文化が改善されると、リーダーは自分が最も得意なことに、より多くの時間とエネルギーを注ぐことができます。時速30マイル（約48キロメートル）で走行していたのを、時速100マイル（約160キロメートル）まで一気に加速させる必要はありません。むしろ、タイヤを脱落させずに安全に時速100マイルに到達するには、ゆっくりと着実にアクセルを踏むべきです。

どのような実験でも、まず測定から始まります。組織の文化で改良したい点が多いほど、測定すべき対象も増えます。もちろん、基準値を知るのは重要ですが、文化の周期的な変動を把握するのも同じように重要です。月曜日になると、従業員が仕事に身が入らないことはありませんか？　四半期末になると、期限に追われてストレスを受けることはありませんか？　在宅勤務が信頼を強めたり、弱めたりすることはありませんか？　これらの問いに対する答えは組織によってまちまちでしょう。文化を改善する方法を知るには、まずは測定です。

2番目のステップは、テストしたい介入因子を特定することです。ここでは、「テスト」がキーワードです。リーダーだからといって、パフォーマンスを改良する方法について神様のように何でも知っているわけではありません。魅力的な文化を創り出す方法を理解する枠組みができたら、次にテストしたい介入因子を選択しなければなりません。マネジメント実験では、これらの介入が実際にうまくいくか確認するために厳密なテストを行います。

「トライアンドテスト」メソッドという地道なマネジメント手法があります。周りにいる人たちから意見を聞き、あなたが何をしようとしているのかを相手に明確に伝え、そこから生じた変更点を段階的に展開していくやり方です。この手法が従来のトップダウン型の「上司に言われたからやる」手法と比べ、従業員のエンゲージメントをはるかに高くするのはなぜでしょうか？　本書でその理由を説明します。

医学で「介入」と言えば、患者に新薬を投与する臨床試験などが考えられます。一方、経営学での「介入」とはポリシーの変更を意味します。たとえば、本書では、休暇ポリシーの導入がなぜ好ましくないのか説明します。マネジメントポリシーの変更には、従業員への説明が伴うもの。なぜ組織が休暇の日数を固定するのをやめ、代わりに従業員が自らスケジュールを決められるようにするのか、できれば本人に直接その理由を説明することが重要です。

3番目は、具体的に影響を及ぼしたい成果指標を特定することです。売上高ですか？医療費？　利益？　それとも従業員の離職率ですか？　おそらくこういったことでしょう。ここでカギを握るのは具体性です。具体的な影響を評価する場合は、次のポリシーに変更する前に成果を測定し、変更が反映されるまでの十分な期間を設定することです。それから、再び測定します。もしも、ポリシーを変えたことで成果の測定値に改善が認められれば、そのポリシーを継続します。反対に、改善が認められない場合は、いつでも現状に戻すことが可能です。いずれにせよ、次にテストしたい介入を選び、一連のサイクルを繰り返してください。文化は継続して管理することが必要です。そうしないと、組織のメンバーが入れ替わったり、任務が変わったりすることで、文化がその都度、違った変化を遂げてしまうからです。

マネジメント実験は、「PDCA（Plan計画、Do実行、Check検証、Act改善）サイクル」、すなわち「デミングサイクル」に関連しています。デミングサイクルは、フランシス・ベーコン（1561～1626）が記した科学的手法に基づいています。これは、シックス・シグマのDMAIC（Define定義、Measure測定、Analyze分析、Improve改善、Control管理）とも似た手法です。生産プロセスやサプライチェーンを最適化するためにあなたが既に実践していることを、今度は組織の文化に適用してみます。

ピーター・ドラッカーはこう言いました。「正しい応用とは、絶えざる改良や削減、適合、試行、調整が必要だ。最終的なコミットメントに至るまでは、常に現実と照らし合わせてみなければならない」。万が一、経営者による積極的介入で成果の測定値が改善されない場合は、いつでも別の介入方法を試すことができます。これはあくまでも実験に過ぎません。したがって、同僚にもそのことをはっきりと伝えます。そうすれば、彼らもきっとあなたの話に乗ってくれるはずです。なぜなら、すべての介入は人を中心に据えています。つまり、あなたの同僚の生活を良くするだけでなく、組織の業績を改善することが目的なのです。

ここまでの話をまとめると、マネジメントにおける実験の手順は次のようになります。

1 変更したいポリシーの基本データ（基準値）、およびそのポリシーの影響を受けることが考えられる主な成果指標を取得する。

2 ポリシーを変更する理由、変更予定日、テスト期間などを同僚に伝える。

3 テスト期間の最後に、変更しようとしていたポリシーが本当に変更されているかどうか確認し、成果指標を測定する。

4 ポリシー変更後の成果指標にプラスの効果があった場合は、そのポリシーを続行する。そうでない場合は、現状のポリシーに戻すことを検討する。

5 石鹸を泡立てては洗い流すように、上記の手順を繰り返す。

本書の目的

本書は、たとえていえば「曖昧でとらえどころのないもの」を正しく理解するための技術的な入門書です。これからご紹介する8つの章では、マネジメントポリシーに対する介入を実施してビジネスに直結する成果を改善する方法について説明していきます。そのために、まず科学について説明し、信頼を向上させるポリシーに出合い、導入している企業の例を取り上げます。これらはあなたの組織が準拠できるガイドラインです。

大胆不敵にも、本書では、最適な組織の文化についてまったく触れていません。経済理論を重視する人たちが大好きな、仮説に基づいた世界とは違って、あなたの組織の文化は、創設者の人間的な魅力や業界標準、現場の幹部といった、たくさんの制約要因に依存しています。そう考えると、そもそも、最適な結果にたどり着けるわけがないのです。あくまで目標は、文化の継続的な向上のために設定すべきです。完璧さを求め、分析に夢中になりすぎると身動きがとれなくなります。完全な誤りより、おおむね正しい方を取ればいいのです。

マネジメントは文字通り、人間的な営みです。それでも、科学のレンズを通して理解することも可能です。人間性と（神経）科学を融合させたマネジメントこそ、最も効果的である、というのが私なりの見方です。それは1つのプロセスであって、終着点ではないのです。グーグルの元人事担当上級副社長ラズロ・ボックはこう語っています。「偉大な文化や環境をつくるには、絶えず学び、実験し、刷新し続けることが必要だ。ただし、やるだけの価値はある」

月曜の朝のリスト

- Ofactor調査に答えて、あなたの組織の信頼度と、信頼を生む8つの因子を測定してみましょう。「目標」と「喜び」に関するデータも取得します。
- 組織の文化が影響すると思われる成果指標を3~5個書き出してください。それらの指標を客観的に評価する方法を検討してみましょう。
- 効果的に運営している部署や部門を挙げてください。それらの職場がそのように十分な成果を挙げているのはなぜでしょうか？　あなたが考える理由を3つ書き出しましょう。

・あなたの同僚に、組織の中で変えたいことはあるか質問し、あれば具体例を1つ挙げてもらいます。集まった項目について信頼がどのような影響を及ぼすと思いますか？

・職場で信頼を高めるには具体的にどのようにすればいいか、同僚と話をしてみましょう。

第2章

Ovation

あなたは同僚の成果を称賛していますか？

「オベーション」とは、組織の成功に貢献した人を称賛することです。組織の信頼の67％は「オベーション」で説明できます。

「オベーション」の好例

米国発の大手小売業者The Container Storeでは、盛大で華やかな「オベーション」と、ささやかな「オベーション」があります。チョコレートを贈ることもあります。「オベーション」は常に、同社の企業文化に組み込まれてきました。そんな同社も、リーマン・ショック前後の世界的不況の時期に経営を維持するのは容易ではありませんでした。同社がダラスの本社で毎年開催しているスタッフミーティングを中止にしたのも、経費削減の一環としてやむを得ない措置でした。例年、このスタッフミーティングには、全米各地のチェーン店から総勢３００〜３５０人ほどの中堅社員が集まり、次年度の戦略や製品展開、プログラムについて議論が行われていました。

２０１１年に入り財務状況が好転すると、このスタッフミーティングも再開できるようになりました。その年のテーマは、「人とのつながり、コミュニケーション、コミュニティ」でした。インスピレーションスピーカー（聴衆にモチベーションを与えたり、鼓舞したりする目的で話をする人のこと。「モチベーショナル・スピーカー」とも呼ばれる）には、米広告代理店GSD&Mの創設者ロイ・スペンスやホールフーズ創設者ジョン・マッケイ氏の他、アパレル企業Life is Goodの共同創設者であるジェイコブス兄弟の弟、バート・ジェイコブス氏らが名を連ねました。私も、The Container Storeの創設者キップ・ティンデル氏からスピーカーとして招かれていました。

The Container Storeの本社ビルに足を踏み入れたとき、私は偶然、同社で最初の社員となった人物と出会いました。32年前に入社して以来、ずっとそこで働いてきた女性です。実は、社長のメリッサ・ライフ氏から聞いた話によると、店舗従業員の離職率は、年平均で10%なのだそうです。小売業界におけるパートタイム従業員の離職率が業界平均で27%であることからも、同社の離職率が極めて低いことが分かります。[1] その主な理由は、「オベーション」にあります。

The Container Storeの本社ビルに入ったとき、まず目にするのが、「ウォール・オブ・フェイム（名誉の壁）」のコーナーです。そこには、勤続10年以上の従業員一人ひとりの名前が刻まれたガラス製の盾がずらりと並んでいます。従業員はその後、満5年勤務するごとに新たに盾が贈られる他、その都度、配偶者も一緒に飛行機でダラスに招待され、本社ビルで上級幹部から歓待を受けるのです。週末はフォーシーズンズホテルで過ごし、しかも豪華な食事付きです。このような「オベーション」は、会社や顧客に対する奉仕の見返りとして従業員に与えられるものなのです。

The Container Storeの本社を訪ねたときに、私は同社の「オベーション」がどういったものなのか肌で感じることができました。私は皆と握手ではなく、ハグであいさつをしました。相手を抱きしめることでオキシトシンは分泌されます。一般の従業員から経営幹部まで、誰もが皆喜んで私と抱擁を交わしてくれました。従業員が互いに気遣う気持ちがひしひしと伝わってきます。ミーティングは全体を通じて、喜びと祝福に包まれていました。不況を乗り越え、再び成長軌道に乗り始めた企業の姿がそこにありました。

The Container Storeが専門家である私の協力を得て、「オペーション」という文化を確固たるものにしようと取り組み始めたのが、「従業員を大切にする日」というイベントです。バレンタインデーに、従業員一人ひとりにギフトバスケットを手渡すのです。その中には、創業者からの「愛のメッセージ」とともに、Tシャツやチョコレートなど、面白いアイテムが詰め込まれています。2010年は、本社ビル屋上の5万平方フィート（約4600平方メートル）のスペースに、従業員に向けた「愛のメッセージ」をペイントしました。先日も飛行機でダラスに行きましたが、そのメッセージはまだ屋上に残されていました。他にも、『ニューヨーク・タイムズ』や『ダラス・モーニング・ニュース』に、「私たちは当社の従業員を愛しています！」というメッセージとともに全面広告を打ったこともあります。店内でラブソングが流れている間、顧客に同社のウェブサイトにアクセスするよう呼びかけ、お気に入りの従業員に感謝の意を表して「愛のメッセージ」を書き込んでもらう、といったキャンペーンも展開しています。

私が気付いたのは、The Container Storeでは、従業員を祝福するだけではなく、顧客にも同じことを実践しているということでした。私は同社での講演の謝礼に商品券も受け取っていました。数カ月後、その商品券で買い物をしようと、娘を連れて車で1時間ほどの、カリフォルニア州パサデナにある店へ行きました。すると、5分もしないうちに、あのときダラスに来ていた従業員たちや、私のプレゼンを映像で見たという従業員たちがハグであいさつしようと寄って来たのです。私は彼らに店内を案内してもらい、まるでセレブのような気分でした。もちろん、たくさん買い物をしたのは言うまでもありません。

驚いたことに、ダラスでの講演から1年後、メリッサ・ライフ氏から1通のメールが届きました。そこには、こんな文章が書かれていました。

多くの従業員が、あなたのプレゼンに言及したり、あなたが一人ひとりに語り掛けた言葉を引き合いに出したりしています。私がそうした話を耳にしない週はありません。あのときの教えは、今も彼らの考え方や行動に影響を与え続けています。彼らは、以前より意識的に他の従業員をリードしています。自分の気付きをより強く自覚するようになり、地域のコミュニティとより積極的に関わるようになりました。より自分らしいやり方で同僚や顧客とつながりを持てるようになり、個人的にもより深い人間関係が築けるようになっています。私のもとには何百件という反響が寄せられました。信じられないでしょうが、あなたのプレゼンはとりわけ大きな効果がありました。ここにほんの一部ですが、あなたと共有したいと思った感想をいくつかご紹介します。

彼女のメールには、6人の従業員による私のプレゼンに対する称賛のコメントが含まれていました。彼女の優しい気遣いには正直驚きました。6000人もの従業員を抱え、10億ドル近い年間売上高を誇る企業経営者が、そんなことまでしてくれるとは。スタッフミーティングでの講演料は既に支払われていたわけですから、彼女と私とのやりとりはそこで終わっていたとしても不思議はありません。それなのに、こうして1年後にわざわざ感謝のメールを送ってくれたのです。私は、The Container Storeの成長は「オベーション」という文化があるからなのだと実感しました。「オベーション」は同社の企業文化に組み込まれ、いつのまにか、隅々に根を下ろしていたのです。

米調査会社Maritzによる最近の調査では、勤務先企業の表彰プログラムに十分満足していると答えた人は従業員の10%にすぎないことが分かりました。[2] しかし、同じ調査対象者のうち、「オベーション」を受けたおかげで仕事の成果が上がったと認めた従業員は55%に上ったのです。ここには、かなりの意識の差があります。また、10万人の従業員を対象にしたある世界的調査では、仕事を辞めた主な理由に「(職場から従業員に対する)感謝の気持ちが欠如していたから」と答えた人は79%にも上りました。[3] 表彰プログラムを少なくとも1つ設けている組織は、「オベーション」を実施していない企業より離職率が低いことも分かりました。ある試算によると、従業員の定着率が5%上がると、企業の収益性が25~85%向上するといいます。[4]「セグウェイ」をはじめ、数々の独創的な製品を生み出すことで有名な発明家のディーン・ケーメンは、グーグルのある開発者向けカンファレンスで私にこう言いました。「人を祝福すれば、自分にも見返りがあるんだ」[5]

本書の最終章では、「Ofactor」調査について具体的に説明します。この調査は、あなたの組織で「オベーション」がどの程度実践されているかを把握するためのものです。こ

ここからは、あなたの「オベーション」能力が向上するティップスをご紹介します。

Tips1 予想外のタイミングで具体的で個人的に

「オベーション」の効果を最大限にするには、神経科学が具体的かつ実行可能な手段になります。

「オベーション」が脳に作用し、モチベーションやチームワークに影響を与えるまでの経路は2種類あります。1つは、「オベーション」により脳内で神経伝達物質のドーパミンが分泌される場合です。これは、私たちが報酬を期待するとき起こります。ドーパミンは集中力やエネルギーを高め、一気に良い気分にさせます。ポーカーをやったことがある人なら、たとえ掛け金が少額でも、このような感覚は身に覚えがあるでしょう。たとえば今、あなたはポットの掛け金を手に入れたいとします。すると脳はオッズを計算し、戦略を練り、他のプレーヤーの「思惑」を読み取ることだけに意識を集中させます。あなたがもし勝てば、最高の気分が味わえます。「オベーション」は、社員を仕事に関与させるために、これと同じ神経科学的メカニズムを使っているのです。

ドーパミンの効果が最も高くなるのは、予想外のタイミングで具体的なものを個人的に贈る場合です。「オベーション」は、仕事ぶりに対する評価と達成した目標を関連付け、チームの成功に貢献したことによる内発的報酬を促すのです。重要なのは、あくまで個人に向けたものにすること。「オベーション」を受けるメンバーがチョコレート好きなら、チョコレートの詰め合わせを用意するのです。そして、次の全員ミーティングか、プロジェクトが完了したその日に、用意したプレゼントを渡しましょう。報酬を有形なものにして渡せば、受け取った本人は「オベーション」を受けた後もその報酬を目にしたり、同僚や配偶者に見せたりすることになります。その結果、成果と報酬を結び付ける神経経路も強化されるのです。

ドーパミンの分泌を促すもう1つの方法は、予想外のタイミングで報酬を渡すこと。脳はサプライズが大好きです。何か新しいことが起きたことが分かると、意識がそのことに集中するからです。ちなみに、「オベーション」を送るのはサプライズだからといって、前もって計画してはいけないわけではありません。「オベーション」を受ける従業員、あるいはチームに、予定や内容を知られないようにすればいいのです。

Tips 2 間隔を開けず、一貫したやり方で

「オベーション」を成功させる秘訣は、目標を達成した直後か、あまり間隔を開けずに実施することです。数週間、あるいは数カ月経ってから「オベーション」を行っても、か

えってつまらなくなるばかりか、「やった！」という成果と「認められた！」という報酬が脳内でしっかり結び付かない可能性があります。したがって、「オベーション」は一貫したやり方で、すぐに実行する必要があります。ドーパミンは、脳を覚醒させる神経伝達物質の1つです。したがって、脳の活性化を促すには、参加する人がわくわくするような「オベーション」を企画すればいいのです。たとえば、大きなプロジェクトが完了したら、チームをスカイダイビングに連れて行くのはどうでしょう？　ディズニーリゾートのチケットを渡すのもいいですね。ぜひ、やってみてください。

経験的に言えることですが、「オベーション」は課題を完了してから1週間以内に行います。そして、いろいろな場所でやってみます。ただし、目標を達成するたびに「オベーション」を実行すると、その効果が下がってしまうので、特に重要な目標を達成したタイミングで行う必要があります。多くの場合、小さな目標を達成したときは、全体ミーティングでささやかな感謝を送るので十分です。小さな成果に対する「オベーション」は実はとても重要で、組織の中で定期的に実施すべきです。ボランティア精神を持つ従業員は、常に感謝されることが必要です。

Tips 3

皆の前でオープンに

「オベーション」によってオキシトシンの分泌を促進するには、大勢の人がいる前で表彰します。「オベーション」は、特に仲間や顧客から送られると、チームのメンバーに対する愛着心が湧き、仕事がより楽しいものになります。家族や友人に参加してもらうのもいいでしょう。そうすることで、組織の従業員に目標を達成することの大切さをより強く印象付けることにもなります。実は、合成オキシトシンを投与すると、脳でドーパミンの分泌が誘発されることが分かっています。つまり、「オベーション」を予想外のタイミングで、なおかつ皆の前でオープンに行うことで、私たちの脳はオキシトシンとドーパミンが同時に分泌されるという2重の効果が得られるのです。

仲間同士で褒め合うことは、定期的に「オベーション」を実行する上で効果的な方法です。実際に、同僚が互いに認め合えるようなシステムを検討してみましょう。たとえば、同僚にポイントを贈り、そのポイントを使って商品と交換したり、旅行したりできるシステムです。

ザッポスでは、アンケートに答えたり、自発的に作業を手伝ってくれたりした従業員に謝礼として「ザッポス・ドル（Zappos dollar）」、略して「ゾラー（Zollar）」を贈ります。ゾラーは、ギフトと交換したり、別の同僚に譲ったり、ドルに換算して慈善活動に寄付したりすることが可能です。大切なのは、ゾラーは贈り主からのメッセージとともに贈られる点です。そこには、贈られた理由が書かれており、受け取る喜びをより一層特別なものにしています。このように、仲間同士の「オベーション」は、誰もが気軽に同僚が成し遂げた成果を称賛できる方法です。

「オベーション」はどういう効果を生むか

ここで紹介したアイデアの多くは、私が指揮を執っている25人所帯の神経科学研究所で最初にテストされたものです。月曜日の全体ミーティングで「オベーション」を送る習慣を始めたのも私です。チームの中に素晴らしい業績を達成した人がいたら、その人に向けて感謝の言葉を述べてもらうことにしたのです。私も普段、チームの誰かの業績を1つか2つ取り上げて感謝の気持ちを述べてから、皆の前でその人にギフトを贈っています。ときには25ドル分のコーヒー券や、その人がもっと喜んでくれそうなギフトを手渡します。ギフトを手渡された人は、自分が目標を達成し、問題を解決できるよう、周りの人たちがどのように手助けしてくれたかを話してくれます。

「オベーション」のこうした側面は、非常に重要です。「オベーション」がベストプラクティス（組織の内外の成功事例を見つけ出し、そこから最も効果的なやり方を学ぶ手法）を語る場になるからです。しかも、上からの指示ではなく、あくまで仲間と同じ目線で語られるのがミソ。このように、横のつながりに基づくディスカッションは、多くの場合、会社の指示でトレーニングを受けたときより、物事の吸収力や記憶力をアップさせることが分かっています。そのヒントは、「個人的なストーリー」という形にあります（詳しくは第10章で解説します）。「オベーション」の結果、同僚同士で情報共有できる場が自然に生まれるのです。しかも、チームの間に「オベーション」への憧れが芽生え、自分自身のため、あるいはチームのために頑張ろうという気持ちになります。その結果、脳内でドーパミンによるモチベーション・システムが活性化され、さらなるパフォーマンスの向上につながるのです。

「オベーション」には、チームワークの重要性を高め、グループの目標を使って仲間をやる気にさせる効果があります。心理学者のキャロル・ドゥエックらの研究では、「オベーション」によって業績が向上するのは、課題の達成が評価された場合に限られ、人間性が評価された場合には当てはまらないことが分かりました。「あなたは素晴らしい」と相手の人間性を持ち上げるタイプの「オベーション」は、受ける側にストレスを与え、やる気を阻害する要因になることをドゥエックは突き止めたのです。私たちはいつでも完璧な人間でいられるわけではありません（詳しくは第9章で解説します）。ですから、そもそも達成不可能な目標を掲げるべきではないのです。誰かが課題をやり遂げたという事実を称賛することには、将来的なモチベーションの維持や業績にもプラスの効果があります。同時に、組織の中で従業員が何を大切にしているかも明確になります。

なぜ「今月の従業員」に選ばれた人のために専用駐車スペースを設けても、その人のやる気や職務遂行能力にはほとんど効果がないのか、これでお分かりでしょう。このような特典は、月に1度のペースで部署内をくまなく循環します。ですから、大抵の場合、ほぼ全員にその特典が「与えられる」ことがお見通しというわけです。このように、目標の達成とは無関係で、かつ予測可能でどこか機械的な特典の与え方では、従業員のやる気を引き出す効果はがた落ちです。科学は、マネジメントポリシーの指針として神経科学を取り入れる価値はここにあります。「オベーション」が脳にどのように作用するかを理解することで、仕事の業績を最大化する仕組みを解明するのです。

Tips 4 「オベーション」は人前で、注意は個別に

「オベーション」は人前で褒めることが原則。何か注意したいことがあれば個別に伝えるべきです。人前で同僚を叱りつけると、ストレスホルモンが急増します。こうした行為は、叱られた側を防御的、あるいは攻撃的にする原因になり、オキシトシンの分泌、ひいては信頼を生み出すことの妨げにもなります。目の前で叱られた人を目にすると、「次は自分かもしれない」と考えるようになり、信頼がさらに損なわれてしまうもの。信頼が低いと、仕事に関与しようという気持ちが弱まり、成果が出せない苦痛に耐えなければなりません。

社会的なストレス因子が引き起こす生理的反応は、非社会的なストレス因子と比べ、50%長く持続します。事実、人前で非難されたときは、肉体的苦痛を処理するときと同じ経路が活性化されます。職場で恥ずかしい思いをすると、脳はちょうど腹を殴られたときのような反応を引き起こすというわけです[6]。

従業員にはボランティアとして敬意をもって接することを忘れないでください。もし、目標を見失っている従業員がいたら、個別に話し合ってみましょう。ひょっとしたら、この同僚には別のプロジェクトに移ってもらうか、追加のトレーニングを受けてもらうかもしれません。ともかく、大声で「きみは自分の仕事を終わらせたためしがない！」などと言わないこと。つまるところ、リーダーシップとは、あなたの周りにいる人たちの潜在能力を引き出すことであり、相手に脅威を与えたり、威嚇したりすることではありません。

Ofactor管理手法と、19世紀から受け継がれてきた従来の管理手法との決定的な違いは、前者には脅威や恐怖という概念がないことです。恐怖は、短時間なら威力を発揮しますが、効果は長時間持続することはありません。リーダーが職場に脅威を持ち込むと、効果を発揮するどころか、学習性の無力感が生じてしまい、結果的に、部下は何かに挑戦することを断念してしまうのです。ケージの中でランダムにショックを与えられたラットはほどなくおとなしくなり、むやみに逃げようともせず、ショックを受け入れるようになります。そして最後はまったく動かなくなり、死に至ります。この学習性無力感こそ、モチベーションの対極にあるものだと言えます。恐怖に基づいた管理は、従業員の信頼ややる気、健康を脅かし、職場の定着率にも悪影響を及ぼすものなのです。

あの動きの遅い米連邦政府でさえ、業績を維持し、高いスキルを持つ職員を保持するために「オベーション」を取り入れる必要性を認めています。1993年の連邦政府業績成果法〔2010年に改正および適用期限が延長された〕により、優れた業績を収めた公務員に対し、政府機関から金銭的・非金銭的な「オベーション」を送ることが認められました。ほとんどのインセンティブは750ドル未満ですが、この奨励プログラムを頻繁に活用し、中には、ほぼ全職員に報酬が行き渡るようにした政府機関もあります。連邦政府が「オベーション」の重要性を認識しているとすれば、営利・非営利の組織もぜひ導入を検討すべきでしょう。

「オベーション」は離職率の高い業界においても、定着率に多大な効果を及ぼします。米中古車販売大手カーマックスは、「オベーション」を採用することで優秀な販売員を確保し続けています。自動車販売業の年間平均離職率は50%と言われています。カーマックスでは、その率わずか17%。実は、同社は『フォーチュン』が選出する米国の「働きがいのある会社」ランキングの常連でもあるのです。CEOのトム・フォリアードは、「オベーション」がお金の問題ではないことを理解しています。顧客に素晴らしいサービスを提供した社員は、全米規模で催される十数種類のプログラムや、さらに多くの地域別プログラムを通じて表彰されます。毎月「トムが選ぶトップテン」と題する社内メールで、優れた業績を達成した店舗が発表され、受賞者は「ビッグ・サンドウィッチ」パーティーに招待されます。なかでも特に社員に愛されているプログラムが、会社主催の屋外ステーキパーティーです。業績の良い店舗の従業員を集めて行われるイベントで、幹部自らステーキを焼き、参加者に振る舞うのです。そんなわけで、カーマックスで働きたいという人は後を絶たず、同社の年間求職者数は25万人近くに上ります。

アメリカとイギリスの管理職研修生を対象としたある古典的研究で、複数の課題を達成した後に「オベーション」を受けた人は、そうでない人と比べ、職務遂行能力が大幅に向上することが明らかにされています。アメリカ人に対する「オベーション」では業績が平均103%向上し、イギリス人に対する「オベーション」では業績が45%向上しました。それにもかかわらず、2011年にMaritz Instituteが実施した調査によると、「オベーション」を1度でも受けたことがあると回答した販売員は全体の46%に過ぎませんでした。従業員の3分の2が、「オベーション」を受けたことで仕事が楽しくなったと回答した調査結果もあります。[7]「オベーション」を省くことは実に大きなチャンスを逃すことになるというわけです。

Tips 5 現金報酬は慎重に

従業員が職場で最も望んでいるのは「オベーション」だということは、ボストン コンサルティング グループの調べで分かっています。「給料」はどうだったかというと、8番目でした。[8] 給料は外的な動機付けとなるもの。しかし、これまでの度重なる調査の結果、長期にわたって成績を維持するためのカギは、心からやる気になること、つまり内的な動機付けであることが明らかになっています。内的な動機付けには、信頼されるチームの一員であろうとすること、つまり社会的動機付けも当てはまります。第10章で分かるように、社会的動機付けが最も効果を発揮するのは、組織の「目標」が明確に定義され、対内的・対外的に表明されている場合です。

通常、効果的な「オベーション」では、従業員にお金を渡すことは避けます。オランダのある大手企業では、さまざまなインセンティブを使って従業員に節電を促せるかどうかをテストしました。その結果、金銭的な報酬は、公共の場や家庭内における行動にほとんど影響がなく、節約できた電力は1〜3％でした。一方、人前で成果を褒めることは、エネルギー消費量の削減に絶大な効果があり、平均6.4％の電力が節約できました。つまり、社会的動機付けによる成果は、金銭的動機付けによる成果と比べると最大500％高いことが分かったのです。ここで重要なのは、評価プログラムの終了後も、8週間にわたって節電志向が持続したことです。

現金による報酬は、慎重に用いる必要があります。なぜなら、成績を著しく低下させる可能性もあるからです。ボーナスの支給などの奨励プログラムに関する調査では、そうしたプログラムは内発的動機付けを台無しにし、成績向上の妨げになる可能性があることが分かっています。つまり、外発的動機付けは、内発的動機付けを締め出してしまうのです。

外発的動機付けとなる定額報酬型プログラムだと、従業員は自分の行動が外部から管理されているように感じる恐れがあります。第5章で説明するように、仕事をいつ、どこで、どのように実行するかを従業員自身で管理できるようにすると、仕事を遂行する能力も向上します。研究室と現場で実施された数々の実験から、金銭的報酬が生産性を低下させることは明らかです。そればかりか、外発的動機付けだけに頼る組織で働き続けると、心身の健康を損なう恐れもあるのです。[9]

個人よりチームを称賛する方が効果的

ハーバード・ビジネス・スクールのマイケル・ノートン教授率いる調査チームは、ベルギーの製薬会社である実験を行いました。実験では、2種類の金銭的動機付けのうち、どちらか1つが販売員に与えられました。「個人的」な条件では、被験者である販売員に15ユーロを手渡し、それを自分のために使うよう指示。一方、「社会的」な条件では、被験者に対し、その15ユーロを同じ販売チームの同僚に分け与えるように指示しました。ノートン率いる調査チームは、それから1カ月間の売り上げを追跡したのです。

結果は一目瞭然でした。個人的なインセンティブでは平均売上高が以前より4.5ユーロ増えただけでしたが、対照的に、社会的なインセンティブでは、売上高が78ユーロ増えました。同僚にギフトを贈ることで、投資利益率は500％になったのです。

この結果を裏付けるため、ノートンのチームは複数の大学のドッジボールチームを対象に同じインセンティブ方式を適用してみました。このインセンティブの導入前は、チームが1シーズン中に試合に勝利する確率は50％でした。そこで、ノートンのチームがこのチームに個人的および社会的な動機付けによる奨励システムを導入したところ、個人的にボーナスを与えても勝利にはまったく影響しません。それどころか、勝率は43％と、以前よりやや低下したのです。ところが、そのボーナスを使ってチームのメンバーに恩恵を与えると、勝率は平均で50％から81％に上昇したのです。これで、ベルギーでの実験結果が裏付けられました。社会的な「オベーション」には絶大な効果があるのです。

Tips 6 友人や家族を招待する

「オベーション」の場に家族や友人を招待することでも、オキシトシンとドーパミンによる二重の効果が期待できます。中国のスターバックスは、国内に約1200の店舗と従業員約2万人を抱えています。同社の中国法人では最近、従業員の家族も「オベーション」に参加できるようになりました。当時CEOであったスターバックスのハワード・シュルツは、中国では一人っ子政策の影響から、親子が他にはない独特の強い絆で結ばれており、そこからこのアイデアを思い付いたと語っています。先日、現地で家族を招待して行われた「オベーション」プログラムに参加したシュルツは、成人したわが子の仕事ぶりが評価され、親たちが感極まる様子を目の当たりにしました。従業員の側も、親たちの感情がほとばしるのを感じ取り、反応していたといいます。シュルツは、スターバックスで働くことは、従業員にとって重要なだけでなく、彼らの家族にとっても重要であり、そのことは評価され、祝福されるべきだと悟ったのです。

米国の製造業コングロマリット、バリー＝ウェーミラー・カンパニーズでは、従業員の家族にも「オベーション」プログラムに参加してもらっていますが、その規模はかなり盛大なものです。バリー＝ウェーミラーは、北米および欧州で製造用オートメーション機器を手掛ける小規模メーカー約60社を所有・運営しています。傘下の子会社は大半が採算性を考慮した結果、バリー＝ウェーミラーによって買収・再編された企業であり、それぞれが合併前の社名を継承し、スタッフの多くも継続して雇用されています。

バリー＝ウェーミラーの「ボブ」ことロバート・チャップマンCEOは以前、「オベーション」は大々的にするのが好きだと話してくれたことがあります。実は、ボブはスポーツカーマニア。彼は、自身が運営するさまざまな事業所にも、スポーツカーの運転を楽しんでくれる従業員が多いのでは、と考えたと言います。「なぜ仕事は面白くないのだろう？」「生計を立てるために仕事に出かけ、家に帰り、稼いだお金で楽しむ意味とは何だろう？」——そう問いかけたのです。[10]

ボブは派手な黄色のシボレー・SSR〔米ゼネラルモーターズがシボレーブランドで販売していたピックアップトラック〕を何台か購入しました。そして、チームとともに新たな表彰制度を立ち上げたのです。それは、系列各社の従業員に「自分たちの生活に良い影響」を及ぼした同僚を推薦してもらうプログラムでした。ここで重要なポイントがあります。この制度は、素晴らしい仕事をした従業員や、同僚の成功を手助けした従業員を表彰することに主眼を置くのではなく、もっと多くの人々にスポットライトが当たるようにつくられたものなのです。まずは職場の人々の推薦によって模範的な従業員が選ばれます。

バリー＝ウェーミラーの「オベーション」プログラムが〔神経科学的にも〕面白くなるのはここからです。「オベーション」の日は各工場が休日になります。受賞者が誰かは伏せられたままですが、候補者の家族や親しい友人も授賞式に〔本人には内緒で〕招待されています。授賞式は全従業員が参加し、集まった人たちの前で受賞者への推薦状が読み上げられます。最後に受賞者が発表され、賞品として車のカギが手渡されます。これで、黄色のシボレーを1週間自由に乗り回すことができるのです。ボブによると、たいがいの受賞者はそのシボレーで、真っ先に両親のいる実家に向かい、母親をドライブに連れて行ってあげるのだそうです。[11]

私たちのような社会的な生き物にとって、期待以上の仕事をした人を評価することは非常に重要です。「オベーション」の影響は、同僚や家族、友人が一緒に参加することで増幅するもの。「オベーション」を大々的に執り行うことで、何より自分も同じように「オベーションを受けたいという願望が社内に広く行き渡ることにもなります。

ボブ・チャップマンは次のように記しています。「われわれにとっていちばん大切な資産は従業員だ。こうしたシンプルな行為を通じて分かったことは、人は自分が評価されていると感じたがっており、そこに着目する必要は大いにある」[12]。バリー＝ウェーミラーは、モノづくりの効率や利益率以上に、「偉大な人間をつくる」ことに主な重点を置いているのです。同社の他にもイケアやPellaといった優良企業でも「オベーション」プログラムが導入されていますが、バリー＝ウェーミラーほど盛大に行っている企業はあまり例がありません。

組織は文化に根差すもの。つまり、メンバーを祝福する文化があれば優れた業績にもつながるのです。

月曜の朝のリスト

- 「オベーション」プログラムを始めましょう。既にやっている場合は、毎週、成績優秀者を表彰するように変えてみましょう。

・優秀な成績を上げた従業員や部署のために、年に1度の楽しい「オベーション」プログラムを企画してみましょう。
・「オベーション」の場でベストプラクティスを特定し、文書化します。それらのプラクティスを他の部署にも導入してみましょう。
・仲間同士で模範的な同僚を表彰する「オベーション」プログラムをつくりましょう。
・あなたのチームから将来「オベーション」を受けるにふさわしい人物を選び、それらの人に渡すギフトをリストアップしてみましょう。

第3章

eXpectation

あなたは従業員に
どれほどの期待を
かけていますか？

「期待」は、同僚がグループとしての課題に直面した時に生じるもの。組織の信頼の83％は「期待」で説明できます。

「オペーション」は別として、従業員はサプライズが起きることが大の苦手。現に従業員の3人に2人は、年に1度フィードバックされる業績評価を見てびっくりすると言われています。一方、仕事に強い愛着心を持つ従業員に対して、マネージャーはどのくらいの頻度でフィードバックを返しているのでしょうか？　答えは週1回です。[1] 既に毎週フィードバックを受けている人なら、それほど驚くことでもないでしょう。

脳の視点からも見てみましょう。数週間以上前に起きた事象は、今起きている事象との直接的な関連性がないに等しく、したがって、従業員に対して1年も前の業績をフィードバックするのは意味がありません。人は自分の成績に対する定期的なフィードバックを受けることで脳の神経回路が形成され、目標の達成にふさわしい行動がとれるようになります。私はこのような適合を「期待」と呼んでいます。

実際に「期待」が優れている点は、それだけではありません。困難でも達成可能な目的を設定することで、脳の報酬系が関与し、仕事の目標を達成する魅力と面白さが増すのです。この章では、「期待」を確立するにはどのように課題を設計すればいいのか説明しましょう。

ストレスが楽しみに変わるとき

数年前のこと、私は「Through the Wormhole with Morgan Freeman（『モーガン・フリーマン　時空を超えて』ＮＨＫ）」というテレビ番組に出演しました。その番組プロデューサーから、私たち人間がなぜ赤の他人を信頼し、ときには自分の命さえ預けられるのか、視聴者のために面白い実験をやって欲しいと言われたのです。それならスカイダイビングがぴったりだと思いました。ただ1つ、想定外だったのは、私自身が実験台になるということでした。

多くの人と同様、私は高所に対する恐怖感があります。それどころか、人並み以上に怖がりといっていいかもしれません。しかし、それ以外の場合はたいてい平常心でいられます。ですが、スカイダイビングは自分の人生で絶対に避けて通りたかったことのひとつでした。おかげで本番の数週間前になって突然パニックに襲われたり、ひどい夢にうなされた挙句寝汗でびっしょり、なんてこともありました。いよいよ、収録の日。撮影のカメラが回り始めます。ここはもう、腹をくくるしかありません。場所はカリフォルニア州にあるスカイダイビング訓練センター「スカイドライブ・ペリス」。飛行機が泥だらけの滑走路から飛び立つまで、あと1時間です。私はオキシトシンとストレスホルモンの基準値を得るために、自分で自分の血液を採ります。地上に舞い降りたら、すぐに自分の腕に注射針を突き刺してもう一度血を抜く予定になっていました。果たして私の脳は、自由落下状態を経てどのように反応するのでしょうか？

たった10分程度の説明を受け、私はアンディという名前のインストラクターの身体に密着するようにストラップで固定されていました。1960年式のプロペラ機が旋回しながら高度を上げていきます。プロペラ機の内部はがらんとしていて、私は腕に巻き付けた高度計を見つめています。1万2500フィート（約3800メートル）に達し、緑のライトが点灯し、ジャンプマスター〔スカイダイビングの上級ライセンス保持者のこと〕がサイドドアを開けました。突風に押されながらインストラクターと私は奈落の底に向かうためにヨチヨチ歩きで進みます。飛行機から飛び降りる直前、同行した大学院生が、私に一連の認知テストを出しましたが、正解できたのは半分程度。私は、安全なフリーフォールの姿勢をとるためにやらなければならないことで頭がいっぱいでした。「1、2、3、ゴー！」。私たちは最初の7500フィート（約2300メートル）を50秒で一気に急降下。高度5000フィート（約1500メートル）でパラシュートが開き、地上に向けてゆっくりと降下します。その姿は、まるでナイロン製のゆりかごに固定された赤ん坊のよう。

その間に私の脳内ではどのような反応が起きていたのでしょうか？　当然のことながら、私のストレスホルモンは400％以上増加しました。極限状態に置かれた結果、テストステロンは40％上昇。意外なことに、オキシトシンも17％増加しました。正直に言うと、私はインストラクターに強い愛着を感じていました。彼は、私が困難な状況をうまく切り抜けられるように導いてくれただけではありません。私自身の能力に対する見方をも変えてくれたのです。

それ以来、私は何度かスカイダイビングに挑戦してきました。今では、飛行機から早く飛び降りたくてうずうずします。毎回、ダイブの間は、身の安全と正しいテクニックを駆使することだけに意識を集中させています。同時に、スカイダイビングそのものをかなり楽しめるようになってきました。実は最近、このちょっとした実験を日本のテレビ番組のために再現する機会がありました。4回目のスカイダイビングです。ダイブの前後に自分の血液を採血。今度は、ストレスホルモンの上昇は50%にとどまり、一方オキシトシンの上昇は200%を超えました。私はこの困難な課題を克服し、楽しめるようになったのです。これが「期待」の威力です。

フローへ導く良いストレス

ストレスは悪者とは限りません。ここからは、科学の知識でそれを説明しましょう。ずしりと肩にのしかかったままの状態がいつまでも続くような、いわゆる慢性的なストレスは、悪いストレスです。それは心臓血管疾患やうつ病、および糖尿病の原因になるばかりか、オキシトシンの分泌も阻害されます。これに対して挑戦的ストレスには良い効果があります。現実に、チャレンジすることが楽しいと感じられることは、多々あります。少なくとも、十分に努力すれば達成できる課題や、具体的な結果をイメージできる課題であれば、このようなことが当てはまります。私の場合は、今から10分後にはスカイダイビングは終わっていると考えるようにしています。どんなに怖かろうが、最終地点に到達できることが分かっているからです。

挑戦的ストレスが与えられると、私たちの脳は集中の妨げになる動作を遮断します。たとえば、重要な報告書の期限が迫っているとき、あまり重要でないメールに返信したり、ネット上のゴシップ記事を読んだりするのをやめ、分析や書くことに集中します。こうして課題に没頭するあまり、時間が経つのも忘れてしまうことはよくあります。私の同僚であるミハイ・チクセントミハイはこの状態を、「フロー」と名付けました。チクセントミハイが明らかにしたように、フローとは内発的な報酬です。しかも、目的が明確なときしか生じません。

挑戦的ストレスを受けている間、脳は即効性のストレスホルモン、エピネフリンと副腎皮質刺激ホルモン（ACTH）を分泌するように体に指示を送ります。これらのホルモンは、極めて高い集中力をもたらし、私たちを時間の概念から切り離します。慢性的で絶え間ないストレスによって誘発される神経化学物質とは異なり、挑戦的ストレスの生理学的効果はチャレンジが終了したとたん、急速に低下するもの。私が初めてスカイダイビングした直後、自分の血液を採血したとき、両手はしっかりと動きました。地上に降り立つころには、神経系が落ち着きを取り戻し、体からぎこちなさが消えていたのです。

「期待」を満足させた後に「オペレーション」を行うことも重要です。目標を達成したら、チームで勝利を祝い、結果報告の一環として、どうやってそれを達成したのか、本人から皆の前で説明してもらいましょう。マネージャーが「期待」を設計するときは、小さな勝利を達成したら、それらを祝福できるようにすべきです。そうすることで、次の勝利に向けた強い願望を生み出す回路が脳内に形成されます。目標を達成したら、チームでお祝いし、目標をリセットしてもらいます。脳は極めて高い集中力を発揮した後、不応期（組織や細胞が興奮した直後、次の刺激を受けるまでに興奮が起きないようにすること）を必要とします。

第2章で説明したように、チームの仲間たちをアミューズメントパークや冒険に連れて行き、成功を収めたチームの一員であることを心から楽しんでもらいます。そして、チームが次のプロジェクトに取り掛かる前に、数日間はいつもより軽めの仕事を任せます。同僚にはしっかり睡眠をとり、家族との時間、息抜きを確保してもらいましょう。「期待」という構成要素をひとことで説明すると、「チャレンジと回復」です。ここからは、その「期待」の設定で重要なことを紹介します。

Tips1 具体的で検証可能に

2007年のこと。当時、ワシントンD.C.の教育関係者は何十年もの間、教師として最高の評価を受けてきました。たとえ、教え子たちに読み書きできない子どもが多くても、実態とはかけ離れた評価が行われていたのです。その年、同地区の8年生（日本の中学2年生に相当）で、数学の学力テストの合格者は8%にすぎませんでした[2]。生徒1人あたりの支出額が米国内で3番目に高かったにもかかわらず、生徒の成績は低迷していました[3]。当時のワシントンD.C.市長のエイドリアン・フェンティーは、このような状況をなんとか改善しようと、それまで市の教育委員会が握っていた教育行政の権限を吸収する形で「教育監」というポストを新設したのです。こうして2007年、フェンティーが初代教育監に任命したのが、ミシェル・リーでした。リーは、「IMPACT」と呼ばれる新しい教員評価制度を開発しました。

まず着手したのは、教師に対して「明確な業績への期待」を示すことでした[4]。そのため、具体的な目標を設定し、それらの達成度を評価する手法を規定しました。教師たちは初めて自分の仕事ぶりに対するフィードバックを得られるようになったのです。それらは、すぐに行動に移せる具体的なものでした。これで、各学校の校長は業績目標に届かない教師に対して、指導員を含むアシスタントを付けることが可能になりました。教員組合も、雇用の保証が低下するのと引き換えに、20%の給与引き上げとともに、業績に応じた2万～3万ドルの特別手当を支給する新たな契約に合意したのです。その結果、業績目標に達しなかった教師計241人が解雇されました。わずか3年間で、コロンビア特別区の総合評価は、リーディングが14%、数学が17%とそれぞれアップしたのです[5]。

リーは、こうした「期待」の明確化の他に、成績不振の学校の閉鎖、早期教育やギフテッドクラス〔「ギフテッド」とは同世代の子どもと比べ、知的能力がずば抜けて高い人を指す〕の拡充、芸術や音楽の授業数を増やすなど、数々の改革を行いました。児童の標準テストの得点が向上したことに、データの改ざんを疑う向きもありました。[6] しかし、組織の業績目標の達成に向け、実現可能で具体的な「期待」の設定が不可欠なのは明白です。

どうやらワシントンD.C.の成功は幸運も後押ししたのかもしれません。生徒の成績が全米で最低レベルにあったテネシー州では、一度教員になると最長で10年以内に次の能力テストを受ければいいとされていました。そして、リーがワシントンD.C.の学校改革に取り組んでいたのとちょうど同じ頃、テネシー州の教育長ケビン・ハフマン（リーの前夫）が同州でも同様のプログラムを導入したのです。しかも、テネシー州の教師評価プログラムは、生徒の試験の点数と関連付けるだけでなく、教育に対する高い「期待」とも関連付けたのです。これらの期待は模範教師によって設定されました。優れた成績の達成は、そのための測定方法を明確にしてこそ初めて可能になるのです。

教師向けの「期待」を設定してから3年後、テネシー州は、2013年の全米学力調査〔アメリカにおける国家的学力調査で、個人の学力測定ではなく全米の子どもたちと比較した相対的な達成度を測定する〕において最も順位を上げることに成功したのです。たとえば、同州の4年生は、算数の成績が国内46位から37位に、リーディングの成績が41位から31位にアップしました。[7] つまり、「期待」を確かなものにするには、それらが具体的で、測定可能で、検証可能であると同時に、誰もが分かるように公開されている必要があるのです。

Tips2 チームの規模は小さく

もしも、「期待」を実施可能なものにするなら、チームの規模は小さく維持する必要があります。「パーキンソンの法則」〔イギリスの歴史・政治学者シリル・ノースコート・パーキンソンが１９５８年の著作で提唱した〕、すなわち「仕事の量は、完成のために与えられた時間をすべて費やすまで膨張する」という法則は、いつどこにいても当てはまることです。このパーキンソンの法則の元になったのが、「リンゲルマン効果」〔フランスの農業工学士マクシミリアン・リンゲルマンが提唱した法則で、人は集団になると力を抜くというもの〕です。初めは小さなチームでも、参加する同僚が増えれば、一人ひとりの生産性の低下を招くというものです。チームのメンバーを個人として認知し、互いに期待しあうようにすれば、このようなやる気の喪失を防ぐことができるのは明らかです。[8]

作業の種類や目的によっても異なりますが、チームが６～12人規模を上回ると、各メンバーの生産性が横ばいになる傾向があるのです。[9] このように、チームの規模を小さく維持することで成功を収めている企業は数多くあります。化学繊維素材のＷＬゴア＆アソシエイツ〔日本では日本ゴア株式会社〕では、製造工場あたりの従業員数を最大２００人とし、作業チームは10人未満に抑えています。グーグルもチームの人数は平均で９人。[10] ストックホルムを拠点とする音楽ストリーミングサービスのスポティファイは、「スクワッド（分隊）」という５～７人編成を基本的な組織構成単位にしています。まるで、スタートアップ〔新しいビジネスモデルで急成長を目指す、市場

〔開拓フェーズにあるベンチャー企業のこと〕のように自律的に機能させることがその狙いです。また、各スクワッドには独自のミッションとタスクがあります。

エンタープライズレンタカーでは、営業所が管理するレンタカーが150台に達すると、その営業所とは別の場所に新たな店舗をオープンします。通常の営業所は最大8人体制です。1つの営業所に勤務する従業員はお互いのことをよく知っており、「期待」の達成に向けて取り組む時は、互いに支え合うことができます。営業所の所長は、チームの規模、支店の開設、レンタカーの払い下げなどの権限が与えられています。要するに、エンタープライズ社は各営業所を独立した事業体とみなし、所長に収益性を維持する自由が与えられているのです。[11]『ビジネスウィーク』は、キャリアのスタートに最もふさわしい企業のひとつにエンタープライズ社を選定しました。管理職に自主性がある点が評価されたのです。[12]エンタープライズ社は今や全米最大のレンタカー会社へと成長。従業員6万8000人を擁し、年間売上高は180億ドル超に達しています。

チーム全員で「期待」を共有する

メンバー全員が仕事のやり方について意見交換ができる場合は、チームの業績も最大になります。入社後まもない従業員にも、ぜひアイデアを出してもらいましょう。また、意見を交換するときは、可能なら男女を同数にします。心理学、および経営学の研究結果では、職場での意思決定の質や創造性の高い問題解決策は、男女混成のグループやさまざまなタイプの人が集まったグループの方が優れていることが分かっています。内向的な人や外向的な人、訥々《とつとつ》と話す人やよどみなく話す人など、さまざまなタイプの人に参加してもらいましょう。多様性のあるチームにすることで、チームとしての知能指数（IQ）は、そのメンバーの平均を上回るという報告もあります。[13]

チームをつくるとき、最初の1時間は、互いを知り合う時間にしましょう。まずは、自分の名前と肩書から。私はメンバー一人ひとりに「自分のここが変わっている」と思っていることを話してもらうようにしています。そうすると、その人の名前が覚えやすくなります。たとえば、何年か前になりますが、大学院の授業で、ジェイソンという学生が自分の足の親指が大きいと言ったのです。もちろん、私は彼に、足の親指を見せてとお願いしました。彼が靴を脱いでみせると教室がたちまち和やかな雰囲気になりました。彼のことは今でも覚えています。個人的なこと、もしかすると自分ではちょっと恥ずかしいと思っていることでさえ、チームの皆と共有すれば仲間意識や共感が芽生えるものです。

次のステップは、プロジェクトのスクリプト（チェックリスト）を書くこと。スクリプトには短期的、長期的な目標と、いつ誰がそれをするのか具体的、かつおおまかに書き出します。このように「期待」する目標を記したチェックリストがあれば、チームのリーダーだけでなく、メンバー全員がプロジェクトの進捗を確認できます。また、プロジェクトが行き詰まったときにチームが状況を把握し、必要なら誰かの手を借りるといったことを検討することもできるでしょう。このようなチェックリストは、離陸前のパイロットや、原子力発電所の技師、さらには患者の治療にあたる内科医や外科医も使っています。品質を確保し、進捗を見極めるのに有効な方法というわけです。

Tips 3 課題は具体的な行動として設定する

プロジェクト単位で作業に取り組む組織では、プロジェクトの長さによって、目標がいつ完了するかが決まります。これは、プロジェクトの完了する日付の場合もあれば、指定の作業量が完了したタイミングの場合もあります。いずれにしても全員が分かるようにしなければなりません。フリップチャートにするのもいいし、ホワイトボードに書き込むのもいいでしょう。ポイントは、メンバー全員が目標の達成に集中するということ。作業負荷がだいたい一定な組織の場合は、「期待」を具体的な行動の形で設定します。たとえば、「今週は毎日、見込み客5人に話しかけよう」とか、「以前の顧客に毎日電話して、あいさつしよう」という具合です。これらは、実際に行動すれば達成できる目標になっています。創造力を発揮して、目標がマンネリ化しないように、「期待」の内容には変化をつけましょう。もしも目標が簡単すぎるようなら、1～2週間以内を目途に、高めに設定し直したり、ときには難易度を上げたりしてみましょう。

「期待」がチームの課題として通知されたとき、オキシトシンの分泌が促進されます。これはチームのメンバーの間に信頼を構築するのに効果的な方法です。軍隊を例に考えてみましょう。困難な訓練を受けている兵士や部隊に配備されている兵士は、「兄弟」のような強い絆で結束しています。職場の課題もこれと似た効果があります。簡単すぎてもダメだし、難しすぎてもいけません。「期待」の狙いは、つまり、困難でもやりがいのある課題を設定することにあります。

「期待」を達成に導くためには

私の11歳の娘を生まれて初めてのスキーに連れて行ったときのこと。彼女に中級コースをチャレンジさせてみたものの、派手に転んで凍った雪面で手の甲を擦りむいてしまいました。娘は泣いてスキーを続けるのはいやだと訴えます。私は聞き入れずにリフトに戻るように言いました。娘はもう1度チャレンジしなければなりません。2回目は転ばずに滑り切りました。ゴールに着いてニコニコしています。難しいコースをマスターしたことで最高の気分を味わっているのでしょう。もちろん、もう1度やると言い出しました。脳の報酬回路は、困難な課題を克服したときに活性化されます。こうして、チャレンジしたいという欲望が生まれ、達成感という報酬を得ることが繰り返されるのです。

ハーバード・ビジネス・スクール教授のテレサ・アマビールは、さまざまな業種の従業員によって記録されていた1万2000件に及ぶ日誌の内容を分析しました。そして、目標に向かって進展があることが仕事で最も重要な動機付けになることを突き止めたのです。仕事が特に順調なのは「期待」を達成したときだった人が76%に上りました。仕事が順調だったのは、チームのメンバーが協力しあったときだった人は43%でした。また、偶然にも、チームが目標に向かって進展したとき、メンバーの気分が良くなったことも突き止めました。それは、「期待」に関する神経科学の実験から得られたこと——困難な課題を克服するのは楽しいことだという結論と重なります。同僚やチームが「期待」を達成すると、気分(ムード)は伝搬しますから、他の人たちも同じく高揚感を感じるのです[14]。つまり、「期待」を達成することで、職場に喜びが生まれるのです。

具体的な「期待」を設定したら、上司による週に1度のフィードバックが必要です。「期待」の設定を1週間単位に分割することで、リーダーは、目標達成に必要なリソースや人員、またはトレーニングを投入するタイミングを把握できます。週単位のミーティングは、コーチングの観点からもぜひ取り入れたいものです(詳しくは第4章で説明します)。

私はミーティングのときに、よくこんな聞き方をします。「あなたの目標達成のために、私に何か協力できることはありますか?」。すると、「私は大丈夫」とか「この仕事は自分には無理」、「チームの作業効率がよくない」などと答えが返ってきます。意表を突いた答えが返ってくることもよくあります。問題が起きたら、ともかく行動することが大切。そうやって、ボトルネックを解消し、引き続きプロジェクトを進展させましょう。

日常的にハドル〔フットボールなどの練習や試合で円陣を組むこと。本書では主に「打ち合わせ」の意で使われている〕を取り入れてみるのもお勧めです。ハドルでは、「きみのプロジェクトの進み具合は?」とか「何か手伝えることはある?」といった質問をするのがミソ。

たとえば、The Container Storeもそうですし、自然派石鹸ブランドのメソッド、米地銀大手キャピタル・ワン、米ホテルチェーンのザ・リッツ・カールトンもそうですが、日々の確認事項の申し合わせにハドルを活用しています。これで、ミーティングの時間を短縮でき、その分、いちばん重要なテーマに集中できるようになります。もしも、助けを必要としている同僚や、プロジェクトについての指示が欲しいという同僚がいたら、上司はそれをすばやく察知し、可能であれば必要なリソースを与えることができます。

ハドルでは、あくまで喫緊のプロジェクト——今日中に終わらせなければならないものは何か——に的を絞ること。そして、昨日得た教訓を生かすことが大切です。日々のハドルでは、アイコンタクトを交わすことが大事。また、チームのメンバーが別々の場所にいる場合を除き、電子機器には頼らないようにします。第一に考えるべきは、「私」でも「あなた」でもなく、「私たち」です。ハドルは「期待」を強化する効果があります。

また、プロジェクトの途中で何度も「期待」を手直しするのは避けましょう。方向転換自体は悪いことではありませんが、大掛かりな変更が度重なると従業員に慢性的なストレスを引き起こし、プロジェクトそのものに対する興味を失わせかねません。上司は、明確でやりがいがあり、達成可能な「期待」を設定すると同時に、自らはチームのコーチ役を果たさなければなりません。

「期待」の到達度を確かめる方法

「期待」の到達度を簡単かつ明白にチェックできる方法として、「Start・Stop・Continue」という評価手法があります。週に1度の全体会議の場で、目標に向けた進展や組織の戦略における重要性、目標に到達できる確率で評価します。このシンプルな評価基準では、「ベイズ更新」〔事象が起きるたびに確率を変化させていく統計手法〕という、新しい事象を意思決定プロセスに組み込んでいく数理解析システムを活用します。週のマイルストーン〔スケジュール上で重要な節目のこと〕が達成できそうにないなら、プロジェクトの進行をいったんストップすべきという事態は往々にして起こります。チームの進捗が滞っている、あるいは事態の改善に向けてまさに労力を投入したばかりというときは、継続よりいったん停止する方が得策かもしれません。Netflix《ネットフリックス》をはじめとする多数の企業がプロジェクトの評価にこの「Start・Stop・Continue」手法を取り入れています。

チームのメンバーがプロジェクトを続行すべきと判断したものの、深刻なボトルネックに直面している場合には、チームリーダーを変えるか、メンバーを交代すれば元の勢いを取り戻せることもあるでしょう。さまざまな理由で、チームとして最大限努力しても、必ずしも結果に結びつかないことは往々にしてあります。チームの結成や再編を定期的に行っていれば、従業員も作業グループは定期的に変更されていくものと理解するようになります。あらかじめこのような習慣をつけておくのは、クロストレーニング〔所属部門以外の部署で一定期間違う仕事のトレーニングを受けさせること〕の際に有効です。また、プロフェッショナルとしての成長に投資することにもなります（詳細は第8章を参照）。従業員は自ら取り組んでいるプロジェクトが、自分自身の目標だけではなく、組織全体としての成功に貢献する意味を理解する必要があります。プロジェクトの進行が滞っているときは、組織が弱体化しているときであり、したがって、刷新が必要なのです。

明確な「期待」を設定し、フィードバックを返し、目標を達成したときには「オベーション」を実施するという一連の流れを定着させるには、「Halogen Performance」や「SuccessFactors」「Cornerstone Performance」など、多くのソフトウェア製品が活用できます。これらのソフトは、プロジェクトの進行のカギを握るリーダーに対して、「期待」の設定やメンバーへの指導、週に1度の個別面談などのタイミングを通知してくれます。また、従業員一人ひとりの目標を組織の目標とリンクさせることで、「オープン化」の要素も高まります（第6章を参照）。

自動化されたこれらのソリューションを使えば、自分がやらなければならないタスクをすべて暗記する必要がなくなります。また、指定した頻度でオンラインによるフィードバックも得られます。リーダーはその他に、「期待」を具体化する作業やプロジェクトの成功に必要なマイルストーンを記述することも必要です。ゼネラル・エレクトリック（GE）では、「PD@GE」というアプリを開発しました。これは「GEの業績発展」を目的とするもので、上司が直属の部下を指導する際に一役買っています。マネージャーは従業員と頻繁に話し合い、目標の達成に向けた指導を行うとともに、自身に対するフィードバックも得られるようになっています。かつてのGEとは異なり、この管理手法は罰を与えることではなく、正の強化（行為者に役立つ報酬を与え、望ましい行動を伸ばす教育訓練法）を重視しています。【15】

働き過ぎは生産性を下げる

従業員に慢性的なストレスの兆候がないか注意深く観察し、それが確認できた場合は介入します。こうした兆候には、度重なる長時間労働、体重の増加や減少、同僚たちの雑談や世間話に加わらない、深夜に多数のメールを送信していることなどが挙げられます。このようなときにこそ、週1回のチームミーティングや個別の面談が必要です。慢性的なストレスの疑いがあると感じたら、本人にも確認し、休憩して疲れを取るよう提案してみましょう。疲れ切った同僚を休ませるために、担当者を増やしたり、リソースを投入したりするのもいいでしょう。曖昧で達成不可能な「期待」は慢性的なストレスを引き起こし、協調的なチームワークの妨げになります。

ボストン コンサルティング グループは、社員の慢性的ストレス状態を警告する「レッドゾーン」というシステムを開発しました。このシステムでは、週平均60時間を超える勤務が5週間続いた従業員がいたら、担当の上司にレッドカードが送信されます。もし、過剰労働が一時的なものであれば、上司がシステムにチェックインして、レッドカードを解除します。反対に、それが常態化していると分かれば、上司は一部のプロジェクトを他の社員に割り当て、問題を抱えている社員が適正な労働時間を維持できるよう手助けします。ボストン コンサルティングのこのアプローチは、プロジェクトを完了するためには、長時間労働が避けられないこともあるという認識に基づいています。ただし、優秀な社員を引き留め、彼らに最適な環境で仕事をしてもらうには、挑戦的ストレスが慢性的なストレスに変わらないよう注意すべきです。

Tips4 肩書に「期待」をのせる

目標を人前で表明したことで、それを達成しようと強い思いになることは、「ピグマリオン効果」と呼ばれます。この古典的な研究では、上司が無作為に選んだ従業員に対して、彼らが「優秀」であることを当人たちに伝え、彼らに対する「期待」を高めるようにしました。その3～12カ月後、外部の機関が評価した結果、ごく平均的なこれらの従業員の多くが実際に優秀になったことが分かったのです。イスラエル国防軍やアメリカ海軍の幹部候補生、さらには重工業の従業員を対象とした調査でも、ピグマリオン効果が有効なことが裏付けられています。[16] これらの調査から分かったことは、平均的な従業員の12～17%がピグマリオン効果によって極めて高い成績を達成したということでした。さらに、成績の良い従業員のおかげで周りの人々の成績も向上し、挑戦的なストレスによって「期待」の効果も高まったことが明らかになったのです。

企業の中には、仕事の肩書を利用して「期待」を設定しているところもあります。タコベルは調理担当者を「フード・チャンピオン」、店のレジ係を「サービス・チャンピオン」と呼んでいます。ディズニーには「イマジニア」や「キャスト・メンバー」、スターバックスには「パートナー」、そしてもちろん、アップルには「ジーニアス」がいます。このような手法は、従業員個人のアイデンティティと高い「期待」を結び付ける効果がありま す。「お仕事は何ですか?」と聞けば、「アップルのジーニアスです」という具合に返ってくるわけです。このような肩書を持つ従業員は、最良のサービスを提供するとともに、自分の仕事に自信を持って堂々と振る舞うことが必要です。

私は以前、ディズニーランドのキャスト・メンバーとして20年間、清掃係を続けてきた人をインタビューしました。「ディズニーランドで働くのは楽しいですか」と尋ねると、彼は「毎日お客さまに楽しんでもらえて」、20年経ってもこうして職場に来るのが楽しみだと答えました。ディズニーが企業ミッションに掲げる「地球上で一番ハッピーな場所」という理念は、「ゲスト」を最高に幸せにするという「期待」が従業員の共通認識として内在化されているものです。

逆の効果もあります。これは、「ゴーレム効果」と呼ばれています。リーダーが、チームのメンバーは無能あるいは怠惰であるという印象を持つと、それが明示的・暗示的にメンバーに伝わり、当然ですが、メンバーの成績が期待を下回るというものです。私が高校時代、ガソリンスタンドでアルバイトしていたときのこと。仕事を始めて最初の週に、私は別の従業員に、お客さんが来ないときはどうすればいいか訊いてみました。ところが、彼の答えはこうでした。「来るのを待ってればいいさ」。実際その通りにしました。自分に向けられた「期待」が低ければ、低いなりに達成されるという良い例です。

トレーニングと信頼は、ピグマリオン効果を高める要因になります。「あなたは素晴らしい」と言うだけでは効果がありません。実際、従業員に高い「期待」を与え、その期待に応じられる能力を養うことは、その人の内発的動機を生む神経的な基盤を形成するひとつの手段と言えます。「オペーション」は「期待」を高め、それによって脳回路のフィードバックループも活性化します。

「期待」で業績を改善した実例

カナダ最大の金融機関であるカナダロイヤル銀行（RBC）では2004～05年の経営再建時に「期待」を活用した業績改善が行われました。2004年には既に、同行は構造・財務の両面で不振に陥っていました。意思決定に途方もなく時間がかかり、事業所間の連携はめったにありませんでした。そこでCEOのゴードン・ニクソンは、同社の文化を刷新すべく一連の変革を打ち出し、目標に沿って業務を遂行するようにしたのです。

最初の取り組みのひとつが、あらゆる事業部門に対して具体的な「期待」を設定することでした。それらを統合し、各部門が連携して組織全体の目標を達成するようにしました。また、「期待」を揺るぎないものにするため、各部門に憲章を作成させ、それによって「期待」の内容と説明責任をオープンにしました（「オープン化」の重要性については、第6章で説明します）。憲章の主な項目には、「課題は避けるのではなく、積極的に受け入れよう」という主旨を盛り込みました。これらの改革は功を奏し、同行の従業員は「期待」の達成に集中できるようになり、2007年には財務状況が過去最高を更新するまでに改善したのです。

一方、「期待」を柔軟に変えることで、生産性を飛躍的に向上させたのがトヨタです。かつて、カリフォルニア州フリーモントにあったゼネラルモーターズ（GM）の組み立て工場では、長年にわたり低生産性、低品質に苦しみ、ストライキが頻発していました。GMはこうした問題を解消できないまま、1982年に同工場を閉鎖。全米自動車労働組合によれば、当時のフリーモント工場の従業員は、「米国自動車業界で最悪の労働者と見なされていた」と指摘されています。[17]

1980年代にGMとの提携を開始したトヨタは、新会社「NUMMI《ヌーミー》」を設立。トヨタ式の経営方針の下、フリーモント工場の操業を再開させたのです。GMの元従業員の多くが再雇用され、トヨタの生産システムのノウハウを学びました。フリーモント工場は、トヨタが北米に設立した最初の製造施設であり、自社の継続的改善システムを日本国外に移転させた初めてのケースでした。トヨタの資料によると、当時の幹部たちは、現地の従業員にトヨタのシステムが使いこなせるのか懐疑的だったといいます。

品質と生産性に対する具体的な「期待」が設定され、それらを達成しない限り同工場で生き残る道はないのは誰もが理解していました。労働者は新しい目標に抵抗を示すどころか、それらを受け入れました。その結果、GMの経営下で20%近くだった常習欠勤者の割合が、トヨタの経営になってからわずか2%に改善したのです。トヨタのマネージャー層は、従業員を信頼し、欠陥が見つかったらいつでも現場の判断でラインを止められるようにしました。トヨタが大切にしている価値観は、「人間性尊重」すなわち従業員を最優先することです。GMでは、販売台数が落ちると人員削減を繰り返していました。一方、トヨタでは、従業員の削減に踏み切る前に、上司の給与を減らすなど、他の経費削減策を模索するよう努めました。管理者には、職務の壁を越えて従業員との信頼を構築するよう求められたのです[18]。

こうしてNUMMIでは、高い「期待」を実現する組織文化が追求されました。その結果、標準的なGM工場では車1台あたり31時間を要していた組立を19時間に短縮したのです。また、完成車100台あたりの平均欠陥率は、GMでは135%だったのに対し、NUMMIでは45%でした[19]。従業員に対する高い「期待」と現場管理者の継続的なフィードバックが経営立て直しのカギとなったのです。実際、従業員は問題を発見するとアンドン（つり下げられた紐）を引っ張ってラインを停止し、問題に対処しました。現場の管理者はその行為を咎めるのではなく、むしろよくやったと褒めたのです。

信頼の文化を築くということは、すべての従業員が自分に割り当てられた業務に責任を持つということを意味します。それは、「期待」があればこそ実現することです。業務が遂行できない場合、リーダーはその原因を突き止め、再発防止策を講じる必要があります。

報酬と「期待」

ここで、報酬と「期待」の関係性について触れておきましょう。お気付きのとおり、私が敢えてこの話を後回しにしたのは、慎重を期すべき点だからです。最新の調査によると、企業の管理者は、89%の従業員は給料が不満で退職するだろうと考えていました。ところが実際により高い給料を求めて転職した従業員は、全体の12%に過ぎなかったのです。私たちが働くのはお金のためだけではありません。確かに給料は必要ですが、そのためだけに仕事に情熱を注いでいるわけではないのです。

お金と生産性については、極力切り離して考えるべきです。ミネソタ大学のキャサリン・ヴォースらの研究チームは、人がお金のことを考えただけで連携の度合いが著しく低下することを明らかにしました。信頼度の高い文化を構築するということは、一人ひとりの内発的動機付けを引き出し、組織が一丸となって目標を達成する、つまり「苦しいことも楽しいことも皆で分かち合おう」ということなのです。

「期待」が達成されたかどうか判断する上で、個々のメンバーの貢献度を測定することは重要です。ただし、組織の成功に必要なのは、チームの一員として効率的に作業するということです。チームのメンバー自体が、たとえば360度評価〔ある人物を上司や同僚、部下などが多面的に評価すること〕を使うなど、価値創造のための効果的な情報源となることも多くあります。とはいえ、組織の中で協力しあうことの重要性を明確化するためにも、給与の見直しは、組織全体の成功という見地から判断すべきでしょう。このようなアプローチは、「自分の食いぶちは自分で稼ぐ」的な給与構造と一見矛盾しているようにも見えます。給与とは、純粋に金銭を使った仕事への動機付けに過ぎません。それでも、実績を上げれば報酬も増えるという前提に立ち、チームの「期待」を活用することで、従業員の外発的動機付けと内発的動機付けを両立させることは可能なのです。

成果に対する報酬は、ほどほどの金額であっても、内発的な動機付けの妨げになることが私たちの研究で明らかになっています。実験を手がけたのは、同じ研究室の博士研究員だったベロニカ・アレクサンダーです。彼女は、被験者が40個の問題を解いている間の神経活動を測定しました。被験者はあらかじめ、1問正解するごとに50セント、75セント、1ドルのいずれかの金額が支払われるようにグループ分けされています。この実験で注目すべきはここからです。彼女は被験者に対し、「この実験が終わる頃には、大半の人が20ドルを受け取っているでしょう」と伝えました。単純計算すると、最も低い50セントを受け取るグループの被験者が平均合計額の20ドルを手にするには、全問正解しなければなりません。これに対して、真ん中の75セントのグループなら70％の正答率、最も高い1ドルのグループなら50％の正答率で平均合計額を手にすることができます。

実は、支払われる金額が低すぎると、モチベーションは下がります。1980年代のスーパーモデル、リンダ・エヴァンジェリスタが良い例です。彼女は「1万ドル以下の仕事ならベッドから出ない」と発言したことでも有名です。反対に、課題を終わらせるために金額を多くすると、受け取る人は内発的な報酬のためではなく、外発的な報酬、すなわちお金のためだけに働くようになります。

では、いちばん成績が良かったのはどのグループでしょうか？　答えは真ん中のグループで、正答率は72％でした。1回あたりの支払額がいちばん低いグループといちばん高いグループはそれぞれ正答率が63％と64％でした。神経科学的なデータがその理由を示唆しています。心拍数を基にした覚醒度が最も高かったのは、1回あたりの支払額が低いグループと高いグループだったのに対し、真ん中のグループはちょうどその中間でした。

これらのデータが示唆するのは、支払額が低いグループの被験者は、不可能に近い高度な目標を達成しようとする内発的動機付けによってストレスを感じていました。彼らは過度のチャレンジ精神で、非現実的な「期待」に応えようとしたのです。一方、支払額が高いグループの被験者もストレスを感じていました。ただし、それは別の理由によるものです。彼らの場合は、外発的動機付けが支配的でした。高い金額を提示されたことで、もっとお金をもらおうと張り切ってしまったのです。一攫千金を求めたことが災いし、良い成績を取りたいという内発的動機付けは生まれませんでした。結局、達成感を求める内発的動機付けと、適度な報酬を求める外発的動機付けをうまく両立させたのは、真ん中のグループの被験者だったようです。ちなみに、彼らの覚醒指数は中程度でしたが、3つのグループの中で最も好成績でした。

心理学と生物学を通じた研究結果が示唆するのは、まさに童話「ゴルディロックス」〔英国の童話で日本では「3びきのくま」で知られている〕の「熱すぎず冷たすぎないちょうどいい温度のスープ」の話です。これは、「ヤーキーズ・ドットソンの法則」として知られているものです。覚醒レベル（動機付けの強さ）と学習効果の関係を示す逆U字型のカーブの真ん中が最適水準を示しています。従業員が適度に難しい課題を与えられ、同時に公正な賃金が支払われているのはこの状態で、内発的動機と外発的動機が共存しています。実は、「期待」を設定するときの肝はここにあります。つまり、難しくて達成可能な課題を設定すると同時に、自発的に取り組む従業員に適正な額の報酬を支払うということです。ただし、この2つの要素は継続的に微調整する必要があることも念頭に置いておきましょう。

定額報酬制がもたらす成績低下は回避すべきですが、その例外となるのが予想外のボーナスの支給です。「オベーション」の一環として、プロジェクトを前倒しで終わらせた従業員、あるいは予算内で終わらせた従業員に支払われるボーナスは、正当な報酬であり、最高の動機付けになる可能性があります。ただし、プロジェクトが完了するたびにボーナスを支給するようにすると、外発的動機付けが支配的になり、チームワークという人との関わりにおける動機付けが抑制されてしまいます。

Tips 5 「期待」をゲーム化する

ソ連によるベルリン封鎖（1948～49）の間、孤立した西ベルリンには、食料や日用品が昼夜を問わず空輸されました。西側から送られてきた補給物資を機体から運び出す作業は志願兵たちの役割でした。ところが、日々の単調な労働のせいで、志願兵たちはみるみる士気が落ち、仕事も滞るようになりました。作戦を指揮したウィリアム・H・タナー少将は、この問題を解消すべく、あるアイデアを考え出しました。毎日、コンテスト形式で「期待」を決めることにしたのです。勝ったチームはご褒美に他の全チームからの祝福とともに食事が供されました。タナー少将はのちに「トネージ・タナー」（トネージは貨物の重量トン数のこと）の愛称で呼ばれるようになりました。彼は、単調な仕事をゲームとして取り組む先例をつくったのです。

「期待」を設定する方法として、このようなゲーミフィケーション（仕事にゲームの要素を取り入れて参加者の意欲をかき立てる手法）の人気はますます高まっています。これを「テイラリズム」の現代版と見る向きもありますが、実際に仕事にゲーム化の手法を取り入れたことで従業員の集中力とやる気がぐっと高まったと、多くの組織が認めています。ゲーミフィケーションの中核となる考え方は、「キャンディークラッシュ」（世界的人気のパズルゲームアプリ）をプレイするときのように、明確な目標を設定し、マイルストーンに到達すると「オベーション」（褒美）を与えることにあります。第2章で説明したとおり、ザッポスの従業員が獲得した通貨「ゾラー」の額は、その従業員が支援を受けたタスクの重要度を数値化したものです。これも、シンプルですが、ゲーミフィケーションの一例です。

ゲーミフィケーションが最も効果的に活用されているのは、研修プログラムと認証プログラムです。研修では、受講者が強力な眠気をもよおすこともしばしばです。むしろ、それぞれの専門分野をレベル別にして楽しみながらクリアできるようにすれば、研修がもっと面白くなり、従業員も受講が楽しみになるかもしれません。[20] 今日では、『フォーブス』が選ぶ「世界の有力企業2000社ランキング（グローバル2000）」の実に70％が、ゲーミフィケーションを活用して社員のやる気を高めています。[21] ペンシルバニア大学ウォートン校の教授陣による実験からは、ゲーミフィケーションはやる気を高める効果はあるものの、生産性向上には必ずしも貢献しないという結果が得られました。この実験結果には、重要な注意点があります。それは、従業員が気分を高揚させるためにゲームをするなら、自らの意思でやる必要があるということです。義務付けられたゲーミフィケーションは、強制されてやるのと同じで、楽しめなくなります。[22]

ゲーミフィケーションのマイナス面が強調されがちな理由は、一部の企業によってマイクロタスク（空き時間に誰でも気軽にできる簡単な作業のこと）の動機付けに活用されるケースがあるからです。このようなアプローチでは、柔軟性や創造力が抑制される恐れがあります。同様に重要な問題として、完全にゲーム化されたビジネスだと従業員が自らの仕事を管理できないという点が挙げられます。従業員の作業時間を上から管理するやり方は、現代的なビジネスの流動性を無視したものです。従業員に意思決定を任せないという点で、マイクロタスクとマイクロマネジメントは非常に近いものです。次の第4章では、マイクロマネジメントに対抗する手段について説明します。

月曜の朝のリスト

- 「期待」を、1週間単位で達成できる適度に難しい課題に細分化してみましょう。
- ビジョンボードを作成し、チームの「期待」をリストアップしてみましょう。
- リーダーがコーチとなり、日々の業務にハドルや1対1の面談を取り入れるようにしてみましょう。
- 課題はやさしいものから難しいものまで変化をつけましょう。
- 目標に到達したら、職場で「オベーション」を企画し、プロジェクトの結果報告をとりまとめます。

第4章

Yield

あなたは従業員にどれくらい任せていますか？

「委任」は、従業員がプロジェクトの進め方を自ら選択できるようにすること。
組織の信頼の51％は「委任」で説明できます。

あなたが職場の上司だとしたら――組織のことは何でも知っています。もっとも、そうでなければ上司は務まりません。結果的に、あなたはいつでも誰かに頼られています。

「どこかで聞いたことがある」――そう思った人は、今まさに問題に直面しているところかもしれません。あらゆる問題の解決を――人間関係の問題も当然含まれます――職場のリーダー1人に任せる体制では、リーダーが本来、取り組むべき職務がおろそかになってしまうもの。組織を長く繁栄させるための戦略を練り実践することに集中しなければなりません。

一方、上司が部下に細かく指示を出し監督するマイクロマネジメントは、従業員に仕事の取り組み方を自ら選択してもらう機会を奪い、プロジェクトに対する「当事者意識」を失わせるデメリットがあります。第3章で学んだことを思い出してください。個人が最大の能力を発揮できるのは、少なくとも1週間ごとに課題が与えられ、それに対するフィードバックを受けた場合でした。たとえばこんな風に考えてみたらどうでしょう？　フィードバックを1時間ごとにするとどうなるか。結果は、「テイラリズム」によるマイクロマネジメントが姿を変えただけで、残念ながら失敗です。なぜなら、従業員は「自分で自分の仕事を仕切る」ことができなくなってしまうから。同時に、定型業務以外の仕事が制限されるという点でも失敗です。

２００５年、ウィスコンシン州のある企業の製造工場が倒産の危機に瀕していました。

工業オートメーション装置を手がけるこの会社は、ニッチ市場で確固たる顧客基盤を確立していたにもかかわらず、収益性が不安定なことから経営難に陥ったのです。結局、その年、バリー＝ウェーミラーに買収されました。バリー＝ウェーミラーの事例については第2章で触れています。バリー＝ウェーミラーが同工場を買収したのは、同社の企業ポートフォリオを補完するためでした。しかし、残念ながらこの工場の経営は行き詰まっていたのです。

買収後、工場は閉鎖され、経営陣は刷新されました。新たに就任した幹部らが最初に行ったのは、全社ミーティングを開催することでした。そのミーティングで、新体制の顔ぶれを紹介するとともに、新たな基本方針が明らかにされました。元いた従業員はそのまま雇用すること、社名は変更しないこと、そして小さな地方都市にある事業所をそのまま残すこと。親会社のバリー＝ウェーミラーが望んだのは、この工場の古い文化を一掃し、安定した収益性を確保することでした。新たな管理者たちは、従業員からみた同社の強みと弱みを一人ずつ順番に話してもらうことにし、その内容を書き留めていきました。そして、機械工のジョーさん（仮名）の番になりました。彼は、そこで27年間勤務し続けてきた50代半ばのベテラン従業員でした。当然、自分の仕事のことは熟知しています。ジョーさんは、こうすれば製造効率を上げられるだろうと、自らのアイデアを次々に挙げていきました。ところが辛かった出来事を思い出したのか、途中から涙声になってしまったのです。

ジョーさんが落ち着きを取り戻す間、部屋の中は静まり返っていました。彼いわく、実は今話したアイデアのいくつかは、入社して1年が経ったあるとき、現場監督に提案したことがあるとのこと。あるとき彼は、一部の製品の製造工程から無駄な工程を省けることに気付いたのです。「ぼくが今、話したとおりに工程を変えてみるのはどうでしょう?」。ジョーさんは、当時の現場主任にそう提案しました。ところが、返ってきた言葉はつれないものでした。「こっちはあんたの頭の中のアイデアにお金を払ってるんじゃない。とにかく手を動かせばいい。さっさと持ち場に戻ってくれ」。それ以来、ジョーさんは自分から提案することを一切やめました。それから26年が経ち、現場の工程を知り尽くしているジョーさんの意見に、工場側はようやく耳を傾けたのでした。[1]

2014年にシティグループが行ったある調査で、「委任」、すなわち意思決定の自由度を上げてもらえるなら、20%の昇給を諦めてもいいと答えた従業員が半数近くに上ることが分かりました。[2] 現実に「委任」を求める人々は多いのです。あなたは、こうした声にどのように対処していますか? この章では、明確な「期待」に沿って、「委任」を実現する方法を紹介しましょう。

多様性を許容する

「委任」は、多くの企業に今もまん延しているテイラリズムの弊害に対する緩和剤になります。従業員がプロジェクトを完了するために適切なトレーニングを受け、経験を積んでいるのであれば、「委任」によって、従業員がプロジェクトの実行や成果に責任を持ち、「期待」の達成に向けて注力できるようになります。必然的に、上司のやり方とは若干違った、その人なりのやり方で臨まざるを得ません。それでも、大きな失敗もなくプロジェクトが無事完了したら、その従業員を大いに称賛すべきでしょう。

目標を明確にするには、「期待」の設定は絶対に必要です。しかも、私たちが「委任」という形で信頼を受けたとき、そこから小さな革新が芽生えるものです。グッチ・グループの前CEOロバート・ポレットはこれを「枠組みの中の自由」と呼んでいます。[3] つまり、従業員が組織の中で新しいアイデアを試し、他の同僚、とりわけ他の部署の同僚から学ぶということです。ゼネラル・エレクトリックの前CEOジャック・ウェルチは、新しいアイデアが次々に生まれ、それらのアイデアが社内で広く共有されている組織を「境界線のない企業」と呼んでいます。

「委任」は、ばらつきと淘汰を前提とした進化のプロセスのひとつです。「期待」は、難しくて達成可能な目標を設定することでイノベーションを促しますが、「委任」では目標を達成する際のばらつきが許容されています。進化のプロセスにおいて淘汰が発生するのは、「オベーション」のときです。「オベーション」では、目標の達成を祝福し、そのチームがいかにして成功を収めたのか、その場にいる全員が情報を共有します。その内容を正式に記録し、関係者全員に伝達することで、他の従業員が同じようにイノベーションを再現できるようにします。そのプロセスが有効で効率的なら、以前と同じやり方で目標を達成するのでも構いません。良いものは無理に変える必要はありません。

米国航空安全報告制度は、航空機の事故率減少に多大な貢献を果たしました。航空機の操縦方法におけるばらつきをなくしたことで、10万マイルあたりの事故率は１９７５年の0.053から２００８年の0.0025と、実に95％も減少したのです。この制度では、航空機事故が発生した場合に作成される事故調査報告書に基づき、業界基準の見直しが可能になっています。組織業務における失敗も、これと同じように、学習機会と捉えることができます。

Tips1 ミスをしたらお祝いする

今日最もよく知られている生産経営に関する実験に、「ホーソン実験」があります。これは、１９２４～32年、当時イリノイ州シセロにあったウェスタン・エレクトリック社の電子機器製造プラント、ホーソン工場で行われたもので、産業心理学者たちが、工場内の調光、シフト、休憩時間を少しずつ変えた結果、労働者の生産性にどのような影響があるかを観察・測定したのです。すると、元の状態に戻す場合を含め、ほぼあらゆるケースで、変更された内容とは無関係に生産性が向上したのです。多くの学者はこの実験結果を、観察者効果によって引き起こされたものと考えました。私たちは誰かに見られていると生産性が向上するという傾向があって、これは「ホーソン効果」として良く知られています。人間は、社会的な生き物なので、注目されるグループの一員であろうとします。誰かに見られているとき、いつもより一生懸命働こうとするのも、こうした理由によるものです。「オベーション」も一種のホーソン効果を引き出します。ミスを監視することでミスが減り、改善を受け入れることで、それらを将来に活かすことができます。

作業ミスは、トレーニングや監視によって低減します。同時に、リスク管理も常に万全にしておくことが必要です。それでもなお、失敗は起きるもの。それを逆手に、従業員がミスをしたら「オベーション」を実施するという手もあります。驚きを日常に取り入れるアイデアを提供するサプライズ・インダストリーズやアイスクリーム・ショップのベン&ジェリーズ、ダルマ・キャピタル、コンピュータゲーム開発のバルブ・コーポレーションなど多くの組織で、ミスをお祝いするための「オベーション」が定期的に催されています。単に失敗したことを祝福するわけではなく、その失敗から得られる学びを祝福するというのが重要なポイント。月に1度、同僚が「やってしまった」ミスをお祝いする「オベーション」を企画するのはどうでしょう？　失敗は恐れず、何度でも。気持ちが立ち直ったら、また次のイノベーションに挑戦すればいいのです。

サウスウエスト航空の創設者ハーバート・ケレハーは、かつて次のように指摘しました。「リスクを取るチャンスや失敗するチャンスを誰かに与えることで自分にも自信になる。失敗した人を責めてはいけない。『いい経験じゃないか』と一声かけるだけで十分だ」[4]。ビジネス向け交流サイトのリンクトインは、新たな取り組みを検討する前に、過去の失敗を話し合うことにしています。同社は、アップサイドリスクが3倍で高止まりの可能性が十分あり、ハイリスクなプロジェクトポートフォリオに該当するものを「インテリジェントなリスク」と定義しています。インテリジェントなリスクは取りに行く価値のあるリスクです。

「期待」を設定したら、管理者はチームメンバーから毎週、正式なフィードバックを集めます。フィードバックは、「委任」を促す日々のハドルでも補完できます。ハドルがスポーツで円陣を組むのと似ているように、「委任」の高い組織における管理者の役割は、全知全能の独裁者ではなく、コーチやカウンセラーの役割に似ています。アメフトを例にとると、フォーメーションの変更が必要になったとき、コーチに知らせますよね？　ところが、変更した結果はうまくいくこともあれば、いかないこともあります。最も効果的な学習とは、（小さな）ミスを通じて学ぶこと。人は新しいファクトをただ聞かされるときより、失敗を経験することで情報をより効果的に脳内に取り込むことができます。ミスのないところにイノベーションは生まれません。トレーニングは集中的に、他のメンバーに任務を任せるときは寛大になりましょう。

Tips 2 選択の自由を与える

ソビエトの崩壊にはさまざまな理由がありますが、決定的な原因は2つあります。ひとつは、統治制度が人間の本質とは馴染まなかったこと。私たちには社会について語りたいという欲望があります。もうひとつは、経済体制の設計に失敗したこと。第1次5カ年計画がソビエトの労働者に熱狂的に受け入れられたのは、政府から国民へ一方通行の情報伝達が行われた結果だと言われています。しかし、ソビエト体制に対する熱狂はすぐに薄れ、スターリンとその継承者たちは、社会にコンプライアンスの順守を強いる警察国家をつくり出したのです。コンプライアンスを強制する管理者もこれと同じ罠に陥っています。彼らは自主性を求める人間の欲望を無視し、「委任」とは逆に下からの情報の流れを制限します。

バリー＝ウェーミラーが買収する以前のウィスコンシン州の製造工場は、まさに警察国家のようなものでした。何をどのようにつくるかを決めるのはホワイトカラーの管理者であり、ブルーカラーである従業員は、常に監視していないと仕事をサボる怠け者として扱われていたのです。ホワイトカラーは、自分たちが隙を見せればブルーカラーに材料を盗まれると思い込んでいました。バリー＝ウェーミラーの買収前、スペア部品の保管部屋は施錠された金属製のゲートで遮断されており、自由に出入りすることができませんでした。従業員は部品が必要になるとマネージャーを探しに行き、保管部屋のカギを開けてもらうのですが、部屋に入ってから出るまでそのマネージャーの付き添いが必要だったのです。考えてみてください。これは製造工場での話です。毎日のようにスペア部品が必要になるのが当たり前です。このような監視システムは結果的に生産の遅れを引き起こし、経営側が従業員に対してあからさまな不信感を示す結果となってしまいました。

そこで、バリー＝ウェーミラーが取り掛かったことのひとつが、この施錠されたゲートをなくすことでした。新しいマネージャーは、誰もが運命共同体であり、会社を存続させるには、皆で団結し、効率を上げなければならないと宣言したのです。「部品が必要なら取りに行こう。生産性を上げるアイデアが見つかったら、試しにやってみよう」。そう呼びかけたのです。

「委任」は従業員に対して、選択の権利を与えます。これは、技術革新に不可欠な要素です。同時に、ミスをする可能性を認めることでもあります。そこが厄介なところです。実際、試行錯誤がなければ改善策は見つからないもの。しかし、リーダーが学習プロセスの一環として失敗を受け入れられるかどうかは、難しい問題でもあるのです。ここに葛藤があります。職場に完璧を求めるのは、技術革新を阻みます。現場の労働者と上層部が同じようなものの見方をするとは限りません。ピーター・ドラッカーも、「改善は第一線の人々からのフィードバックで始まる」と書いています。

イノベーションを阻害する要因は、作業の硬直性だけではありません。変化に対するリーダーの反応にも関係します。人は失敗を通じて学ぶものとは分かっていても、いざ失敗すると、暗黙的または明示的な罰則を科す組織も多いのです。失敗に適切に対応できる文化は、脳の新しい情報の取り込みに影響を及ぼし、取り込まれた情報がイノベーションの源泉となるかどうかを左右します。脳はまず、脳幹の奥深くでドーパミンを勢いよく分泌してアラートシステムを作動させ、失敗を認識します。この化学的な信号が私たちに注意を促すのです。続いてドーパミンは、脳の前頭部にある前帯状皮質という領域を活性化し、「何かがいつもと違う」ことを私たちに教えます。起こると考えていたパターンが起こらなかった——脳は失敗をそのように認識します。AからBの因果関係が修正され、次に同じ課題を実行するとき、この修正された論理回路が慎重にテストされるのです。

文化がかかわってくるのはここからです。ドーパミン回路は、失敗から学ぶように仕向けます。ミスをした後、上司が大声を上げると、脳の誤り認知システムは、失敗は罰を受けることだと判断するのです。結果はもうお分かりですね。従業員は罰を免れようとミスを隠すようになります。反対に、部下の小さなミスや、新しいことを試して失敗したことを褒めると、脳の学習回路は、失敗と社会的な反応との間にプラスの関係性をつくり出します。失敗を受け入れ、そこから学ぶことを祝福する文化なら、基準からずれることが苦痛でなくなり、記憶から引き出しやすくなり、脳の動機付け回路に直接作用してイノベーションを促すのです。

従業員に対する監視の程度を変えて行われた実験では、マイクロマネジメントはイノベーションを生み出さないことが裏付けられました。調査では、カジノの従業員に「厳しい」あるいは「緩い」監督のどちらかを割り当てたところ、常時監視された従業員は、学習やイノベーションが阻害されたことが分かったのです。事実、上司による監視を強化すると、イノベーションは起こりませんでした。[5]

アマゾンのCEO、ジェフ・ベゾスは、部下に失敗を通じて学ぶよう促しています。同時に、イノベーションには失敗も多いということを受け入れています。ベゾスは、「大胆な賭けをするのは、実験することと同じだ」と語ったことがあります。「実験なら、本当に機能するかどうかやってみなければ分からない。実験はとかく失敗するものだ。それでも、たった2つか3つの成功で無数の失敗が帳消しになる……私自身、アマゾンで数十億ドル分の失敗を経験してきた」[6]

この「試してみる」という考え方は、「委任」に不可欠な概念です。最前線の従業員は自分たちがしていることに関して最も広範な情報を持っています。「委任」は、彼らにイノベーションを生み出す力を与えます。実際、その仕事をやっている人たちによってもたらされるイノベーションがほとんどと言ってもいいでしょう。[7]

ハーバード・ビジネス・スクールが、ピクサーをはじめ、絶えずイノベーションを追求している企業を分析したところ、いずれも高い「委任」をもたらす文化を持っていたことが分かりました。従業員に新しいことにチャレンジする権限が与えられている場合、有効性を調べる実験や学習が起こる頻度は、通常よりずっと高くなります。一方、強制力を利用してイノベーションをやらせようとする企業の場合、そうなる見込みは高くありません。そもそもイノベーションは権威主義に対する反発から生まれるものであって、「委任」がなければ成し得ないものなのです。

Tips3 チームで取り組む

私の研究では、「委任」のためにメンバーの名前を呼びます。まずはプロジェクトごとに「プライマリ」、すなわちリーダーを決めます。「トヨタ生産方式」(TPS)と同じアプローチですが、TPSではプライマリのことを主任技術者、すなわち主査と呼んでいます。新しいプロジェクトごとにプライマリを指名し、プライマリを中心としてチームを構築します。プライマリはプロジェクトの直接の責任者になり、それぞれが適当と思うやり方で管理します。これに対して、監督者は明確な「期待」を設定し、毎週開かれる全体ミーティングと日々のハドルでプライマリにフィードバックします。必要に応じて助っ人やリソースを割り当てます。イノベーションを推奨し、小さなミスを褒めます。プロジェクトが完了したら、「オペーション」を行い、成功を祝います。「オペーション」の際には、そのプロジェクトでうまくいったことや、いかなかったことだけでなく、経験を通じて何を学んだかを皆の前で報告してもらいます。

第2章で述べたように、プロジェクトの間に経験したことと、達成した成果を脳が関連付けられるように、結果報告はプロジェクトの終了直後に実施する必要があります。チームの一員として取り組むことで生じる挑戦的ストレスは、オキシトシンの分泌を刺激し、効果的なチームワークを促します。

実はこうしたアプローチは、さまざまな組織で使われています。私は以前、南カリフォルニアの山間部にあるアメリカ陸軍のキャンプで、1日だけですが、兵士たちに混じってトレーニングを受けたことがあります。印象的だったのは、兵士たちが自己判断で動くことと、ミスを最小限に抑えることのバランスを取っていたことです。毎回、攻撃シミュレーションを終えると、すぐに結果報告に入ります。階級に関係なくあらゆる兵士、さらには体験にやってきた研究者の私まで、何を見たかを訊かれました。指揮官には、うまくできたこと、うまくできなかったことを3つずつ挙げてくださいと言われました。指揮官が兵士たちを当てて質問に答えさせるといった場面こそありませんでしたが、状況が常に変化していく中でどうすればもっと効果的に作戦を実行できるかに議論の焦点が置かれていました。さらに実際に戦闘を体験した退役軍人の話を聞くことで、兵士たちも一段と身を引き締めていました。

Tips4 アイデアを出したらテストする

神経科学は、イノベーションが何かにチャレンジしているときに起こりやすい理由を説明してくれます。

実は、脳はとてもけちなのです。脳の重さは体重の3％程度ですが、新陳代謝に必要なカロリーの20％は脳が消費しています。脳はこうした高い配賦率を管理する中で、繰り返し実行するタスクを自動化しようとします。車を運転しながら会話をしたり、ラジオを聴いたり、電話に応答できるのも、脳のこうした特性によるものです。たとえば、自動運転中の車があなたの目の前で急ブレーキをかけたとします。このとき、車に衝突されないようにするため、あなたはあらゆる注意資源を投入する必要があります。「委任」は、言ってみれば、従業員自身が車のハンドルを握ること。リーダーが設定する「期待」が車の目的地であり、そこにたどり着くための速度指定です。ブレーキライトが点灯し、プロジェクトの方向転換が必要になったとき、認知資源の収集・管理は、命令に無意識に従っているときよりも、効果的に行われることが分かっています。

確かに、「委任」には単なる業務以上の努力が要求されます。同時に、認知資源も総動員されます。この現象は「努力の正当化」と呼ばれています。スタンフォード大学の心理学者エリオット・アロンソンとアメリカ陸軍のジャドソン・ミルズによる1959年の実験で、ディスカッショングループに参加する前に気まずい状況に置かれた被験者は、その後、グループのメンバーとの結びつきが強まったと答えたことが分かったのです。その後の追跡調査で被験者を無作為にグループに分け――今日では決して行われることはありませんが――異なるレベルの電気ショックを与えました。するといちばん強い電気ショックを与えられた被験者は、軽い電気ショックを受けた被験者と比べて、自分のグループを高く評価しました。つまり、高い「期待」を受けたチームの一員として努力することには、自分の仕事に完全に没頭したときに受ける「ショック（衝撃）」と同様の効果があります。つまり、難しいけれど達成可能な「期待」を設定すると、チームの気の緩みを排除することにもなるのです。

人類史上最も優れた科学者である、レオナルド・ダ・ヴィンチの話をしましょう。ダ・ヴィンチは新しいことを試しては成果を評価することで、多くの領域で革新的なことを成し遂げました。「委任」を使えば、組織の誰もがダ・ヴィンチになれます。ダ・ヴィンチは技術革新を体系化するため、発見の7原則（「ダ・ヴィンチの法則」）を考案したのです。そのひとつが「試行錯誤すること」。彼はこれを「dimostrazione」と呼びました。経験を通じて知識をテストするとともに、失敗から学ぶことを重視する姿勢のことです。これだけでダ・ヴィンチのようになれるのなら……もうお分かりですね。「委任」を使えば、リスクを抑えつつ絶え間なくプロセスを改良することができます。ただし、新しいやり方を採用しても効果が出ない場合は、無理せず元の状態に戻しましょう。

Tips5 イノベーションは若手に委ねる

自分より若い同僚や、経験の浅い従業員がイノベーションの主役になる話はよく聞きます。きっと、若い頃は散々ばかなことをして、中にはどうしようもないただの失敗で終わるものも多かったことでしょう。すっかり分別のある大人になった今では、周りから期待されている状態からできるだけ逸脱しないように努めているのではないでしょうか。そこで、若手の同僚に実験の権限を与え、どうなるか試してみましょう。理由は、「専門家」が必ずしも最も革新的なアイデアを持っているとは限らないからです。その代表的な例に次のようなものがあります。

２００４年、米連邦議会は２０１５年までに米軍の地上車両の３分の１を自動走行車にすることを義務付けました。まずは、既に実績のある自動運転車メーカーに自動運転車の開発資金が投入されました。ところが、政府による多額の投資を受けたにもかかわらず、5年経っても目立った進展はありません。そこで作戦を変更し、米国防高等研究計画局はあるイベントを発表したのです。それは、モハーヴェ砂漠を10時間未満で走破した自動運転車に１００万ドルの賞金を支給するという、オープン参加型の自動運転車レースでした。

発表から2年後に実施されたレースで見事勝利したのは、スタンフォード大学工学部の学生グループでした。カーネギーメロン大学チームをわずか11分差でかわしたのです。他にも同じような例があります。2012年に、トロント大学の大学院生2人が史上初となる人力ヘリコプターでの持続飛行を成功させました。実は既に実績のある技術者の間では、人力ヘリコプターでの飛行は不可能とされていたのです。2人の若者は、その存在さえ知らなかった既存のルールを打ち破り、目覚ましい快挙を成し遂げたのです。

シングルループ・ラーニングでは、改善が漸進的に行われます。これは既存の手法を微調整することでプロセスまたは成果を改良するアプローチです。一方、抜本的な改善はダブルループ・ラーニングから生まれます。ダブルループ・ラーニングでは、現状のメカニズムの根底にある前提を疑い、場合によってはそれを破棄することもあり得ます。ダブルループ・ラーニングでは、なぜ革新が必要なのかという理由付けにさえ疑問を投げかけます。「どうやってこれを改良するのか」ではなく、「なぜこれをやっているのか」と問うのです。[8] 伝統に固執しない若い人ほどダブルループの学習を得意とし、したがって、重要なイノベーションを考案するのもお手の物というわけです。[9]

「委任」は、こうしたダブルループ・ラーニングの余地を生み出す効果があります。高い信頼をもたらす文化とは、中核となるビジネスプロセスがたとえ過去に十分に機能してきたものであっても、また、創設者によって確立されたものであっても、それらに異議申し立てができる文化なのです。「委任」の実現には、客観的データを使って改善を見極め、その結果を組織規模で広めます。誰が何を言おうと、正しいものは正しいのです。つまり、従業員は既存の運用モデルを微調整することも、場合によってはそのモデルを捨て、実質的なパフォーマンスを加速させる試みを行うこともできます。「委任」のレベルが高い場合は、後者を実現できる可能性はより高くなります。

マイクロマネジメントの弊害

ある古典的な研究に、アメリカ海軍の部隊を「標準」と「優秀」の2つのグループに分類し、比較したものがあります。結果は、コミットメント（献身）やプロセス、命令系統に両者の違いは見られませんでした。ただし、標準的な部隊には専制君主のように振る舞う指揮官がいました。独裁的な管理手法の本質は、「上から言われたとおりにやればいい」というもの。一方、優秀とされたグループの部隊には革新に対してより寛容で、他者の話に耳を傾け、アドバイスを受け入れる指揮官がいました[10]。

同じような作用は、学校の教室でも起こります。教員の40〜50%がそのキャリアを開始して5年以内に辞職しているのです。なぜ教師を辞めたのか、インタビューを受けたある教師は、次のように述べています。「学校の先生は思い通りにできない。めったに意見を言わせてもらえない。教師はやるべきことを指示される、無力な職種だ[11]」。意欲の低い教師が多いのは意外ではないのです。テイラリズムが再び頭角を現している状況と言えるでしょう。

高級ホテルチェーンを展開し、栄えある「マルコム・ボルドリッジ賞」〔1980年代に米国で生まれた経営品質手法で画期的な改革を遂げた企業に授与される〕を2度受賞した実績を誇るザ・リッツ・カールトンは、ベルボーイからフロント係に至るホテル従業員に対し、顧客のトラブルを解決するために最高2000ドルまで自由に使える権利を与えています。管理者はこうした一つひとつの支出を問題として取り上げることはしません。ザ・リッツ・カールトンは従業員同士が信頼し合う文化を構築することで、宿泊客のために極上のエクスペリエンスを生み出すことに成功しているのです。

マイクロマネジメントは、人々の信頼を損ねるだけでなく健康をも蝕むという欠点があります。上からの命令は、私たちの内部にある「統制の所在」〔自分の行動や評価の原因が内的・外的どちらにあると解釈するかで性格特性を分類する心理学的概念〕、すなわち自分で自分の人生をコントロールしている感覚を失わせる原因になります。統制の所在が高いときは、内発的な動機付けが高まり、仕事に対する満足度も高くなります。[12] 自分自身のワークライフを整えることは、心と身体の健康に不可欠です（それを裏付けるデータは、第11章で示します）。「委任」は、清掃作業員からお客様相談の窓口まで、あらゆる従業員の完全な参加を促します。すぐそこに情報があるのなら、それは開放する必要があるということです。

「委任」が従業員に与える影響

「委任」の高い組織では、従業員が自分の仕事にやりがいを感じています。というのも、彼らは仕事のやり方を自分でコントロールしているからです。

私は以前、急成長中の大手薬剤給付管理会社の顧問を務めていました。同社の目下の課題は、コールセンター全体で常時熟練のスタッフを配置するということでした。あるとき同社を訪れた私は、コールセンター業務を20年続けてきたある女性従業員と話をする機会がありました。「なぜ、昇進しないのですか?」と尋ねると、彼女はこう答えました。「毎日、お客様が求めている薬を手に入れられるよう手助けするのが幸せだからです」。同社のコールセンターは「委任」の度合いが高く、顧客の役に立てるよう、窓口担当者にかなりの自由裁量権が与えられていました。「他の仕事がしたいとは思いません」。彼女はそう言いました。「委任」の高い会社で、人のために役立つ仕事をすることにやりがいを感じていた彼女は、そのことにずっと満足してきたのです。

ザッポスは、仕事の「委任」度が高い企業です。同社のコールセンター担当者は、困っている顧客のために何時間でも相談に応じることで有名です。ザッポスの窓口担当者は、同社のショッピングで良い体験や不愉快な体験をした顧客に配慮して、花やチョコレートといったギフトを贈ることもあります。こうした心遣いは、上司の許可を受けずに、あくまで現場の担当者の判断で行われています。ザッポスの顧客ロイヤルティー担当は、必要だと思えば、顧客との電話のやりとりに何時間でも対応します。そのサービス精神たるや、すさまじいものです。最近も、電話対応に10時間超を費やした従業員がいたとか[13]。ここまでレベルの高いサービスを提供するには、「委任」なしでは不可能です。

上からの指示待ち組織を、従業員が「委任」される組織にするにはどうすればいいのでしょう？　ポイントは、小さく始めること。たとえば、まずは1つの部署から導入してみましょう。

私がコンサルタントを務めたある保険サービス会社では、部門によってOfactorスコアにばらつきが認められました。特に信頼度が低かったのが、保険金請求処理部門です。年間離職率が100％と、職場に対する信頼感は極めて低いものでした。この職場の「委任」は、30パーセンタイル順位（データを小さい順に並べたとき、値の順位を百分率で表したもの）でした。私のアドバイスは次のようなものでした。「窓口と顧客との会話を文字起こしする作業に固執すると、他にできることが限られてしまう。窓口担当者の自由裁量で物事を決定できるようにすれば、『委任』も高まるでしょう」。顧客からの質問に「上司に確認します」と返すのでは、担当者本人も顧客も苛立つだけ。しかし、「委任」を実行して従業員に仕事を任せることで、本人がふさわしいと思うやり方で顧客の問い合わせに対応できます。おまけに組織に対する愛着心も強まります。

大手事務機器サプライヤーで行った「委任」実験では、従業員の会社に対するコミットメント（献身）が高まったことが確認されています。同社では、顧客サービス担当の技師に対し、自ら仕事の割り当てを調整したり、機器を修理または交換するかを判断したり、自分が適切と思う工程で作業を終わらせる権限が与えられていました。顧客サービス担当の技師は少人数のチームで作業に取り組み、メンバーの選定もチームレベルで任されていました。こうしたアプローチが功を奏し、同社では組織に対する貢献度が、上から指示される組織と比べて23%向上したのです。[14]

クラウドソーシングを活用するケース

「委任」は、現場の従業員の知恵を活用することでイノベーションに拍車をかけます。

ソフトウェアサービスを手がけるインドの多国籍企業HCLテクノロジーズは、優れたアイデアは社内のあらゆる場所から生まれる可能性があると理解し、自社のイントラネットで「iGen」というオンラインポータルを開発しました。従業員はこのサイトを使用することで、ビジネス開発から新製品、管理上の合理化の他、チームメンバーのための新たな教育機会に至るあらゆるトピックでアイデアを提出できるようになりました。それらの多くを試した結果、HCLは最終的にそのうちの約25%を実行しました。オンラインの意見箱が成功したことがきっかけとなり、HCLはイノベーションコンテストを開催するようになりました。コンテストでは、各チームが問題に対する独自のアプローチを披露し、実現の可能性を競いました。多くの応募の中からＨＣＬは最も優れたアイデアをクラウドソーシングで選出することに決め、その結果「委任」をよりいっそう高めたのです。こうした「委任」主導型のイノベーションが評価され、ＨＣＬは『フォーブス』の「アジアの優良上場企業１００社」にも選定されています。[15]

このように、コンテストを企画するというのも、イノベーションを引き起こす方法になります。「委任」では、発見の喜びが多くの従業員にモチベーションを与えたこと、さらにイノベーターとしての評判が審査されます。優れたコンテストは、すべての従業員に参加の機会を与え、全社を挙げて行われます。クラウドソーシングを活用し、ビジネスプロセスを改善し、「オベーション」を開いて大勢の前で受賞者を祝福します。

ネットフリックスは、同社のレコメンデーション・アルゴリズムを改良する目的でコンテストを実施。エントリーの中で最も注目が集まったのが、ギャビン・ポターという、引退した経営コンサルタントが応募したアイデアでした。心理学の学位を持っていた彼は、10代の娘さんの協力を得て、見事優勝を果たしました。

コンテストに対する「期待」を高めるには、ハッカソンやイノベーション・ジャムを活用するのもお勧め。これらは、短い時間ですばやくアイデアを生み出すことに集中し、その成果を競うコンテストです。シスコの「I-Prize」は、10億ドル規模の新規ビジネスを見つけることを目的に創設されました。初めは社内で行われていたものが、後に顧客も参加できるオープンなコンテストとしてリニューアルされました。一例として、ドイツ・ロシアの共同チームが優勝したときは、25万ドルの賞金が授与されました。受賞したのは、情報処理分野におけるシスコの優位性を活かすスマートエネルギーグリッド（電力網）用ソフトウェアの開発でした。[16]「委任」によるソリューション評価方法では、専門家グループによる審査ではなく、従業員による投票によって選出が行われます。こうしたプロセスを容易にするために、「Brightidea」や「BigNerve」といったクラウドソーシングプラットフォームを活用することもできます。

Tips6 迅速に対応する

「委任」が特に重要なのは、組織の運営環境が流動的な場合です。スタンリー・マクリスタル大将がアフガニスタン戦争とイラク戦争で米軍の指揮を執っていたとき、組織したのが「TF714」と呼ばれる特殊部隊でした。米軍では伝統的に、トップダウンで作戦が実行されてきましたが、マクリスタル大将はTF714を組織することで、中堅の将校や上級下士官が軍の上層部の判断を仰ぐことなく、臨機応変に計画を実行できるようにしたのです。この高「委任」部隊は逃亡中のサダム・フセインの身柄を拘束した他、イラクのアルカイダ指導者、アブー・ムスアブ・アッ=ザルカーウィーの追跡・殺害にも成功しています。[17] このような手柄を立てることができたのも、兵士たちがその場の判断で作戦を変更することが許されていたからでした。

「委任」によって、従業員の潜在的なスキルを呼び起こすこともあります。特殊な知識や技能で採用するということは、実は業績向上につながる従業員の潜在能力を見逃してしまうことにもなります。高収益企業は、すばやい変更が可能なフレキシブルなプロセスを構築しています。トヨタとGMの合弁工場NUMMIに導入された独自の高効率生産システムもその一例です。「委任」は継続的な試みを促します。トーマス・エジソンの名言に、次のような言葉があります。「私は失敗したことがない。うまくいかない方法を1万通り見つけただけだ」[18]

「委任」の成功事例

「委任」を成功させるには、職種を越えて導入することです。

2003年、米大手家電量販店ベスト・バイのカリ・レスラーとジョディ・トンプソンは新たな管理ガイドラインを策定しました。新たなプランは「完全結果志向の職場環境（ROWE）」と名付けられました。ROWEのカギは、全社的に適用している「委任」政策にあります。管理職は、各従業員に対して明確な「期待」を設定。各自の担当業務をいつ、どこで、どのように行うかは、従業員で決めました。規定の病欠日数と併せて規定の勤務時間数をなくしました。「期待」と目標達成度の測定方法を明確にしたことで、チームのメンバーは「プレゼンティズム」（欠勤を意味するアブセンティズム（absenteeism）の対義語。出社はしているが、心身の不調などで生産性が低下している状態）ではなく、目標を達成することに集中しました。[19]

ベスト・バイの従業員はプロジェクトの管理責任を持ち、自らの目標を達成した従業員は「オベーション」の場で表彰されました。ROWEでは、従業員のことを最もうまく目標を達成する方法を知る知識労働者として扱います。広範な知識を共有することでイノベーションに成功しています。ROWEの導入後、自発的理由による離職率は90％低下、逆に、生産性は41％上昇したのです。[20]

ベスト・バイで行われていた「委任」は、2012年、現CEOのヒューバート・ジョリーの就任とともにその規模が縮小され、同社は利益率の減少に見舞われました。ジョリーは、高収益文化が、「指示は上からすべきもの」という自身のリーダーシップスタイルにそぐわないと語っています。[21] ジョリーによるこうした刷新が功を奏すかどうかは時間が経ってみないと分かりません。それでも、ジョリーは、従業員が自分で仕事を管理することを認めていないのは確かです。

ここから重要なポイントが浮かび上がってきます。「委任」をやるなら、管理者がそれを受け入れる必要がある、そうでなければ失敗する運命にあるということです。

あるトラック運送会社が「委任」の効果を調べるために実施した無作為化（ランダム化）

比較対照試験〔対象者を無作為に介入群と対照群とに割り付け、その後の現象を両群間で比較するもの〕は、次のようなものでした。まず、管理者の半分に、整備請負業者の選定、夜間運行サービスの範囲、苦情対応の判断を従業員が行うことを認めるよう指示しました。残る半数の管理者には、いつも通りに意思決定を管理者自らが行い、他の従業員に実施させるようにしたのです。4カ月後、「委任」が認められた従業員は、組織の目標に対する貢献が増し、仕事に対する満足度が高まり、事故発生率が低下したと回答しました。ただし、ひとつ重要な注意点があります。それは、管理者のサポートが必要だったということ。管理者が「委任」を取り入れたグループの従業員に励ましの言葉をかけ、また彼らの失敗を許容すると、従業員のエンゲージメントとパフォーマンスが向上したのです。反対に、管理者がそれらを行わなかった場合は、「委任」の効果が全くありませんでした。[22]

バリー＝ウェーミラーでは、「委任」に対するリーダーの強いサポートがあり、また、「委任」が生み出す価値についても文書化されてきました。製品やプロセスのことをよく知っている、一般の従業員からの提案は、継続的な改善を促し、ひいては会社の収益を押し上げる原動力となっているのです。ウィスコンシン州を拠点とする同社の再編から1年後、製品はスケジュール通りに出荷されるようになり、品質も向上。残業はなくなり、従業員の新規採用も再開されるようになりました。もちろん、利益も着実に伸びました。

バリー＝ウェーミラーと同様、ホールフーズ・マーケットも、重役室から店舗の通路に至るまで、あらゆる場所で「委任」が取り入れられています。各店舗の各部門は、ほぼ完全に独自運営されており、何を販売し、誰を採用し、商品をどのように陳列するか自ら決めています。各事業部門は独自の損益計算書を作成し、個別に利益責任を負っています。また、チームは格子状に編成され、従業員は他者の成功や失敗から学ぶことができるようになっています。ボーナスはチーム単位で支給され、メンバー全員が対象になります。ホールフーズの共同最高経営責任者ウォルター・ロブは、次のように述べています。「リーダーが部下に権限を委譲するとき、部下の活躍の場が生まれる」[23]。ロブが正しいことは、第11章で明らかにします。高い信頼をもたらす組織は、さまざまな手段を使って、より大きな成功を収めているのです。

月曜の朝のリスト

- **アイデアをクラウドソーシングで募るイノベーション・ジャムを開催します。優れたアイデアを試し、すぐに実施できるアイデアを提案した人を表彰しましょう。**

・特定の部署で、従業員が自ら勤務時間を設定できるようにします。その結果、生産性に与える影響を追跡します。

・プロジェクトごとにチームの中から順番にリーダーを決め、権限を与えるようにします。

・イノベーションを刺激するために、四半期ごとに「失敗をお祝いする会」を催しましょう。同僚の失敗を褒め、それについて話し合ってみましょう。

・プロジェクト終了後に報告会を開くことを制度化します。「正しいことを3つ、間違ったことを3つ」挙げ、すべての意見に耳を傾けるようにします。

第5章

Transfer

あなたの仲間たちは自分で自分の仕事を管理できていますか?

「委譲」は、従業員が自ら仕事をデザインし、自己管理することを可能にします。
組織の信頼の82%は「委譲」で説明できます。

仕事の肩書が時代遅れだと思うことはありませんか？　個々の従業員にはそれぞれ専門のスキルがありますが、目指す目的は皆同じということはありませんか？　そう考えると、肩書は（もっと言うと昇進も）本当に必要なものなのでしょうか？

米国の農産物業界において最も目覚ましい成長を遂げ、最も高い利益を上げている企業、ザ・モーニング・スター・カンパニー。同社では、従業員に肩書はなく、誰もがただの従業員です。オーナー兼創設者のクリス・ルーファーの名刺でさえ、印刷されているのは氏名だけ。従業員は、自分が価値を生み出せるかどうかを基準に作業グループを決めます。[1]モーニング・スターは、米国におけるトマト加工品（ソース、ペースト、煮込みトマトなど）生産量の実に半分以上を占めています。同社はこの30年間に、ほぼ自力でこれらの加工品の価格を80％引き下げることに成功しています。ルーファーは自社の成功の理由を、その卓越した文化と抜群の効率性によるものと説明しています。[2]

「委譲」とは、強化された「委任」のことです。従業員は「委譲」によって、自分の仕事をいつ、どこで、どのように行うか自由に選ぶことができるのです。知識労働者の台頭のように聞こえますよね？　そのとおりです。しかし、実は知識労働者だけに限った話ではありません。

私は6回にわたって同社を訪問し、さまざまな部署からまんべんなく抽出し、従業員2500人に聞き取り調査を行いました。トマトの収穫係やトラックの運転手、巨大なトマト加工機械のオペレーターなどを担当する男女で、いわゆるブルーカラーに属する人々です。実はモーニング・スターの従業員の80％は季節労働者が占め、1年のうちの4カ月間、トマトの収穫、洗浄、加工に従事しているのです。毎年、彼らが職場に戻ると、作業グループへの参加にあたって「従業員の同意書」への記入が求められます。この同意書には、所属先の作業グループでどのような価値をつくり出すかが明記されます。チームを構成する従業員は、スケジュールの設定、生産性の向上、トラブルの仲裁といった作業を引き受けます。独自のキャリアパスを選択することもあります。

私が行った聞き取り調査とOfactor調査のデータから明らかになったのは、モーニング・スターの従業員はエンゲージメントが高く、心から満足しているということです。彼らの手取りには、他のトマト加工会社の平均賃金の30％に相当するプレミアムが上乗せされています。それというのも、モーニング・スターでは、管理職のポストをなくしてしまったからなのです。同時にそれは、誰を採用するかを重視することの表れでもあります。「委譲」は、従業員が自分の好き勝手に働くことを意味しているわけではありません。私が同社を訪れたときに出会った、ある若い女性従業員は、レーンを流れるトマトを色別に仕分けし、不純物を抜き取る作業をしていました（彼女の話によると、この作業は女性にしかできないのだとか。興味深いことに、男性がやると目が回ってしまうのだそうです）。彼女に会社の健康保険や病気やけがで会社を休んだときに支給される傷害保険給付金のこと、さらに会社から手厚く面倒をみてもらっていると思うか尋ねてみました。驚いたことに、彼女はどの質問にも満足げに答えたのです。それもそのはず。モーニング・スターの工場には、親子2世代、ときには孫を含めて3世代で働いている家族もいるのです。従業員が希望すれば職場の異動が認められ、最近も家族教育給付金なるものが支給されたばかりでした。トマト加工業はとりわけ規制の厳しい業界で、各工場は、品質および衛生確保のためアメリカ食品医薬品局（FDA）による不定期の立ち入り検査を受けています。各製造工程は常に最高の状態で稼働することが求められており、それは「委譲」があってこそ達成できるのです。

従業員は自発性を求めている

米国の労働力の実に3分の1が、いわゆる「ギグ・エコノミー」（フリーランス労働者がインターネットを通じて単発で仕事を請け負う働き方）に組み込まれています。こうした労働者は、一度に何社もかけもちしています。[3] 一方、18カ国3万6000人を超える従業員を対象とした調査では、高度な「委譲」を導入している企業は3％に過ぎないことも分かりました。[4] それでも、私たちには自分の仕事は自分で管理したいという明確な欲望があります。2012年のある調査では、労働者のほぼ3分の2が自発的な仕事を望んでいることが分かりました。[5] こうした動きに拍車をかけているのが、自由な働き方を望む気持ちや合理的なワーク・ライフ・インテグレーションの維持、テクノロジーによるモビリティ（場所・職業・階層などの移動しやすさ）の実現です。

ちなみに、同じ調査で企業の幹部になることが目標だと答えた人は、なんと0%でした。「委譲」が受け入れられていない企業の方が多いことには、やはり理由があります。自己管理を有効にするには、「OXYTOCIN」パラダイムの因子のうち、「委譲」の前段階の因子を整えておく必要があるからです。「オベーション」では成功の祝福とともに失敗の原因を特定することが、また、「期待」では明確な目標設定とともにサポートすることがそれぞれ必要です。また、管理者は自分以外の従業員に、プロジェクトを実行する権限をうまく「委任」しなければなりません。

最新のギャラップ調査では、職場にそれにふさわしい文化があるのなら自発的に仕事する方を選ぶと答えた人は81%に上りました。この章でも触れますが、「委譲」の文化は、ダヴィータやザッポス、オランダの介護大手ビュートゾルフ、プレシジョン・ニュートリションといったサービス企業の他、製造業のセムコやWLゴア&アソシエイツ、テクノロジー企業のメンロー・イノベーションズやバルブ・コーポレーションなど、さまざまな業界のさまざまな企業で成果を上げています。もちろん、あなたの組織でもこうした先例に倣って、「委譲」の文化を生み出すことが可能です。

脳と「委譲」の関係

私たちが自分の仕事をコントロールできるようにすることで、ストレスホルモンのコルチゾールの分泌を抑えることができます。[6] コルチゾールは、人体が慢性ストレスにさらされたときに放出される主要な化学物質で、長時間にわたって分泌されると、心臓発作の原因となる動脈硬化や、血流にグルコースを大量に送り込んで糖尿病を引き起こします。また、コルチゾールは海馬を委縮させます。海馬は、経験したことを記憶に定着させるための脳の重要な器官です。このように、慢性的にコルチゾールが高い状態が続くのは文字通り「致命的」な影響を及ぼすのです。

同時に、自律的に仕事を進めることができない人は、自分は価値が低いと感じ、憂鬱な気分になります。[7] 米国心理学会は心理学的に健康な状態をなす4つの構成要素の1つに自律性を挙げています（他の要素は関係性、能力、自尊心）。[8] 十分な自律性は、心と身体の健康だけでなく、仕事に対する愛着心にも不可欠なのです。

自律性の追求は、欧米での潮流とは限りません。途上国および先進国あわせて24地域、5000人あまりの管理者を対象に調査を実施したところ、「委譲」によって、個人の仕事に対する満足度やモチベーションが高まることが確認されています。[9] 日々の作業時間の融通がきき、最大の成果を上げるために仕事の優先順位を自分で決められることが理由です。

「委譲」するということは、孤立して仕事をするという意味ではありません。むしろ、「委譲」によって自己裁量が認められた人は、チームを自分でつくるか、既にあるチームに加わり、そのチームにもたらす価値を明確に表明することが求められます。同時に、自立した従業員は複数のチームの仕事をすばやく切り替えなければならないため、ソーシャルな連携も生まれます。

Tips1 仕事をつくり出すように促す

「委譲」を実現する1つの方法に、「ジョブ・クラフティング」があります。従業員に作業を割り当てるのではなく、各自がやりたいことを軸として仕事を自ら設計してもらうのです。そうすれば、自分にとっていちばんやりがいのある仕事をこなしながら、組織が必要とする職務も果たすことができます。これによって従業員の創造性や情熱が増し、燃え尽き症候群に陥るリスクも減ります。従業員が自ら仕事をつくり、時間が経てばその仕事をつくり直せるようにすることで、やる気も持続します。ジョブ・クラフティングは、自らの能力を広げ、最初は習得するのが難しいと思えた課題にも思い切って取り組むきっかけになります。第3章で説明したことを思い出してください。難しくても実行可能な課題は、やる気を高めるのです【10】。

バルブ・コーポレーションは「委譲」の本領を最大限に発揮している組織です。バルブは、「カウンターストライク」「ハーフライフ」などのオンラインゲームの開発を手掛けている会社です。バルブの従業員には、作業グループが割り当てられることはありません。代わりに、キャスター付きのデスクが与えられます。彼らは、他の同僚たちがやっているプロジェクトを見て回り、自分が「興味」や「やりがい」を感じるプロジェクトに加わるのです【11】。

同社の従業員マニュアルにはこんなタイトルの章があります。「もしも、やらかしてしまったら」。そこには、次のようなことが書かれています。「失敗する自由を与えることは、(バルブの)重要な魅力です――もし、ミスをした従業員に罰を与えるようにしたら、一人ひとりの従業員に多くを期待できなくなってしまうでしょう。たとえそれがやり直しの費用が発生する失敗や、周りの人に知れ渡るような恥ずかしい失敗だったとしても、純粋に学びのチャンスととらえましょう【12】」

このようなフラットな組織では、従業員に上から仕事が割り当てられることは一切ありません。上司は存在しないので、プロジェクトのリーダーは当番制です。セールス部門やマーケティング部門すら存在しないので、顧客の口コミによる宣伝だけが頼りです【13】。作業グループはプロジェクトが終了するごとに同僚の貢献度を評価し(報告会)、頻繁に「オペレーション」を行います。これこそが最高の「委譲」です。バルブは2017年現在、

300人超の従業員を抱える規模に成長。時価総額は25億ドルを見込んでいます。

バルブのような「委譲」を実践している企業では、現場の労働者と上級幹部の間に管理者層がほとんど存在しません。ノースカロライナ州シャーロットを拠点とする米国最大手の電気炉メーカー、ニューコアも、やはりフラットな組織で成功している企業です。同社は、米国で最初の次世代製鉄技術〔従来低品質とされた鉄鉱石や石炭から鉄の塊を取り出す技術〕で知られています。1966年に2100万ドルだった売上高は、今や200億ドル規模に達しています。同社はその成功の理由を、権限を分散化する文化、失敗を恐れず新しいことに挑戦する文化、平等主義に基づく報酬体系にあるとしています。[14] ニューコアではCEOと従業員を区別する階層が4つしかなく、本社に勤務する社員は90名ほどです。ニューコアでは、業務上の決断の多くを部長レベルに委任することで、「委譲」を実践しています。元CEOのダン・ディミコは、ニューコアの経営理念について「〈経営陣は〉ふさわしい人材を採用し、彼らにリソースとツールを与えたら、あとはさっさと立ち去るべきだ」と語っています。[15]

Tips2 自立した大人と見なす

「委譲」度の高い職場をつくるときは、適した人材を採用することが重要です。なぜなら、従業員同士が協力し、互いに説明責任を負うための方法を検討する必要があるからです。[16] 中には自己管理はやりたくない、あるいは関心がないという人もいるでしょう。

モーニング・スターで私が話しかけたある従業員も、自己管理は「考えることが多すぎて」苦手だと言っていました。ザッポスでは2015年に全社を挙げて「委譲」プログラムを導入しました。自己管理方式になじめないと表明した従業員には、いったん雇用契約を解消し、3カ月ごとの契約更新を勧めました。実際に、14%がその通りにしました。[17]「期待」を明確に設定することで、「委譲」の文化になじまない従業員を特定し、彼らにトレーニングの機会を与えたり、あるいは早期退職金の支給を申し出たりすることもできます。

ときには、休みを取ってどこかに出かけてしまうのも、手っ取り早く「委譲」を始めるきっかけになります。カリフォルニア州ベンチュラに本社を置くパタゴニアが良い例です。登山やカヌー、ハイキングなどの、さまざまなアウトドア用品を手がける会社です。昼間にサーフィンをして、仕事は夜にする。この会社では、それが許されます。創設者のイヴォン・シュイナードは世界を探検するために、数カ月単位で職場を空けることがよくあります。シュイナードはこのような文化を「不在による経営」と呼んでいます。

「委譲」はパタゴニアの本社だけでなく、店舗にも取り入れられています。店舗スタッフはクロストレーニングを受け、店の営業時間にあわせて自分のスケジュールを組むことができます。ある店長は私にこう教えてくれました。もし、店舗スタッフが接客時に「店長を呼んできます」と言ったとしたら、その顧客は従業員のトレーニングがなっていないとか、責任感がない、という印象を抱いてしまうでしょう。パタゴニアでは以前から、店長の判断を仰がず店舗スタッフ自らが重要な決断を下せるようにしています。「社員を自由にさせて利益を出す企業」と呼ばれてきたパタゴニアならではの秘策がここにあります。[18]

では一体、私たちが8時から5時までの勤務時間にこだわる理由はどこにあるのでしょうか？　実は、この制度は単なる社会的な習慣であって、多くの従業員のライフスタイルには適合していないのです。テイラリズムは、タスクを小さな単位に分けて、何も考えず言われたとおりに作業させることで失敗しました。それと同じように、8時から5時までの標準勤務時間もマイクロマネジメントの一形態で、大切な従業員のライフスタイルに合わない場合も多いのです。どこかに出かけたいけど、やり終えなければならない仕事があるからと諦める前に、思い切ってその仕事を同僚たちにお願いして、誰が何をいつやるかも決めてもらえばいいのです。

ブラジルの製造企業セムコのCEO、リカルド・セムラーは、「委譲」することを「従業員を大人として扱うこと」だと表現しています。セムコは組織全体で徹底した民主主義を貫いています。たとえば、意思決定は1人1票制で行われますが、セムラー自身も例外ではありません。従業員は自分の時間をやりくりしながら、チームメンバーと協力してプロジェクトを完了させる責任があります。セムコでは、すべての会議が任意参加です。「期待」は明確に設定されており、従業員はそこで勤務し続けるには、組織のために自分が生み出せる価値を行動で示さなければなりません。[19]

アレクシ・ド・トクヴィル〔19世紀初頭のフランスの政治思想家〕はその著書『アメリカの民主政治』で、全権力を掌握している政府は市民を子ども扱いすると主張しました。毎朝遅刻しないように自分の力で起き、服を着て、仕事に出かけている立派な大人に向かって、あれこれ指示するのはもってのほかです。

グーグル、Airbnbの実例

従業員を大人として扱うというのは、言い換えれば、彼らを規則でがんじがらめにするのではなく、自己裁量の余地を与えることです。２００３年のこと、ビル・マッキニーは「フォーチュン５００」に名を連ねる年商80億ドルの相互保険会社スライベント・フィナンシャルに副社長として入社しました。創業１００年を迎えた同社では、実態にそぐわない厳格なルールが運用されていました。

スライベントでは出張時の食事代を経費として請求するだけでも細かな規定がありました。たとえば、アルコール代を含めていいかどうかや、クライアントとの食事代を接待費で落とせるかどうか。果てはドレスコードに至るまで、こと細かく規定されていました。従業員はこうした規定に従って書類の作成に膨大な時間をかけていました。

張り巡らされた規則に対抗しようと、マッキニーが同僚とともに立ち上げたのが「ルール撤廃委員会」でした。委員会では、従業員の時間を無駄に費やしていたルールを見つけ出し、それらに代わる分かりやすいポリシーを提案することにしたのです。まずは、旅費規定の見直しから取り掛かり、3カ月分をまとめて請求できるようにするとともに、妥当な範囲で証明書類の添付を不要にしました。ドレスコードは、次のような簡単なアドバイスに置き換えました。「あなたの好きなビジネスウェアを着用しましょう」

スライベントのルール撤廃委員会は、多数の規則を分かりやすい判断基準に置き換えました。従業員には、オーナーのように行動し、コストと利益を意識し、自ら判断する権限が与えられたのです。スライベントの投資利益率はライバル企業をリードし続けています。同社の従業員は、寛大な利益分配プログラムによって、会社の業績に対して直接利害関係を持つまでになりました[20]。

グーグルでも同様に、その名も「官僚主義バスター」という取り組みが始まっています。実にグーグル的なアプローチですが、なくすべき規則があれば従業員の投票で廃止を決めるのです。この数年間に、20ほどの規則が廃止されました。これにより、業務の遂行が妨げられることへの不満が解消されます。特に歓迎されたのは、出張旅費の請求時に紙の領収書を提出する規則を廃止したことです。今では、グーグラー〔グーグルの社員のこと〕がスマートフォンでレシートの写真を撮り、メールで送るだけで会社に費用を請求できるようになりました。

同じようなアプローチは、空き部屋シェアサイトを運営するAirbnbでも展開されています。これは、「ポリシーを原則に置き換える」と称するもので、エンジニアリング担当副社長のマイク・カーティスによると、社内ではずばり「意識調査」と呼んでいるそうです。Airbnbでは、500ドル以下の経費は承認不要です。経費で購入したいものが500ドルを超過する場合は、その出費が本当に必要かどうか再検討するよう求められます。つまり、従業員は正しい判断ができる人として信頼されているのです。Airbnbでは従業員の自己裁量が確保されています。[21] 他にも、モーニング・スターでは、必要な機器や消耗品の購入時は、最大1万ドルまで承認なしで支出することが許されています――ただし、その前に最初に職場の同僚に相談することが前提ですが。[22]

「委譲」が導くポジティブな結果

「委譲」の効果を調べるために2万人の被験者を対象に行われた研究および現場実験から114件の調査結果をメタ分析したところ、職場のエンパワーメント（権限の委譲）が5%増えると、パフォーマンスが28%向上することが明らかになりました。この効果は絶大です。[23] また、勤務中の従業員に対する関連調査でも、「委譲」を増やすと生産性や顧客サービス、仕事満足度、組織に対するコミットメントがいずれも向上することが分かりました。[24]

「委譲」は、低賃金で過小評価されることの多い公務員にも効果があります。あるマネジメント実験で、公務員を対象に自己管理や作業方法、家族間のストレス対策、目標設定などのノウハウを伝授しました。さらに目標を達成したときの褒美と到達できなかったときのペナルティを自分で決めて書き出すように指導しました。その結果、休みがちだった州職員の勤務時間が6％増加したのです。この効果はその後も継続し、介入後12ヵ月間はさらに改善され、勤務時間は介入前より15％増加しました[25]。

他に選択肢がないために、期せずして「委譲」が行われる場合もあります。

1990年代、ファーストフードチェーンのタコベルは、急速な成長を遂げました。同社はマネージャーが不足していましたが、空白のポストをただ埋めるためだけに新規採用をかけるのを嫌いました。代わりに同社は、2つのアプローチを使って人材不足を解決しました。1つは、少数精鋭の地域担当マネージャー職を設ける。彼らは十分にトレーニングを受け、高い賃金が支給されました。もう1つは、数千人の現場労働者に権限の「委譲」を認めることでした。地域担当マネージャーは、仕事の一環として、職場に来て間もない調理スタッフやレジ係、清掃係にトレーニングを実施。それぞれの仕事を各自で切り盛りしてもらうのが目的でした。こうして最も給与水準の低い現場の従業員をトレーニングし、彼ら自身に新人の採用やトレーニング、在庫管理、売上金の精算を任せるとともに、地域担当マネージャーとのコミュニケーションを維持してもらうようにしました。

タコベルの分析で明らかになったのは、この2つのアプローチによって現場の従業員のやる気が高まり、優れたアイデアがいくつも生まれたことでした。中には、全社規模に広がったアイデアも数多くあります。たとえば、客足が少ない時間帯を利用して、従業員が独自のクロストレーニングプログラムに取り組み、担当業務と異なる仕事もこなせるようになり、その実績が昇進の際の評価に含まれるようになりました。また、自由度の高い「委譲」が実現したおかげで、顧客満足度や店舗の利益率も一気に向上したのです。[26]

同じような事例は、オランダの介護サービス会社ビュートゾルフでも見られます。同社では、現場の指揮を看護師に任せています。同社はそれを「プライマリーナーシング・モデル」〔「プライマリーナーシング」は、患者の入院から退院まで1人の看護師が一貫して担当する看護方式〕と呼んでいます。看護師は、担当する患者に関する情報をいちばんよく知っています。そこで、ビュートゾルフは、彼らにいくつかのチームを組んでもらい、介護サービスのあらゆる面を現場でコーディネートしてもらうようにしたのです。これは効果的なやり方です。理由はいくつかあります。チームを12人以内の少人数編成にして、メンバー間で調整をとりやすくしていること。中堅の看護師をコーチ役に据え、最大45人構成の看護師チームのサポートを担当してもらい、質問への対応や規制の順守を確実にしていることなどです。さらにビュートゾルフでは、チーム間の情報共有のためのソフトウェアや、ベストプラクティスを集めたカタログも作成しました。今では、顧客の91%が同社の介護サービスに満足し、従業員の職務満足度も89パーセンタイル値に伸びました。[27]学術的な分析でも、ビュートゾルフはオランダ国内の同業他社と比べ、作業効率が43%高く、救急病院に搬送される患者の数も著しく低いことが分かっています。

「専門家の管理は専門家本人に任せよう！」。それが、ビュートゾルフのモットーです。[28]

Tips3 チーム単位で取り入れる

「一人ひとりが成功するためには、チームが一体となって目標を達成しなければならない」――このように、チームのメンバーが支え合う関係があれば、「委譲」の取り組みに効果的に参加を促すことができます。「期待」を設定した後、万が一、チームの中で小さなミスが生じるとチーム全員に伝わります。ところが、これがチーム全員でカバーしようという動機付けになり、誰かが生産性の低い人を手助けしたり、対応を交代したりすることができるのです。このように「委譲」には、チームの成功に必要な俊敏性を高める効果もあります。

「委譲」を開始するなら、誰かにプロジェクトを割り当てるという発想を捨て、同僚の自発的な意思で、そのプロジェクトをリードしてもらえるよう打診してみます。こうすると、相手に対する信頼の表明になるだけでなく、プロジェクトを完了するために、メンバーの空き具合や処理能力を把握することにもなります。

元アメリカ海軍大佐デビッド・マルケ（現リーダーシップコンサルタント。著書に『米海軍で屈指の潜水艦艦長による「最強組織」の作り方』花塚恵訳、東洋経済新報社、2014年など）は、原子力潜水艦「サンタフェ」の元艦長です。

彼は艦内で使う言葉を変えることで、チームに「委譲」を取り入れるきっかけをつくりました。階層的な指揮命令系統の元では、たとえば潜水艦の潜航ひとつをとっても上からの命令が必要です。艦長は下からの報告を受けてはじめて「潜水はじめ！」と号令します。ところがマルケは違いました。お伺い（「～してもいいですか？」）の言葉を使って上官の許可を得るのではなく、たとえば、操舵手なら「艦長、潜水します」という具合に、意向（「～します」）の言葉で自らの意思決定に基づいた行動をとるよう、乗員を指導したのです。艦長は下からの報告を承認し、逐一指示を出す必要がなくなり、操舵手に判断を任せるようになります。もちろん、艦長には現場の意向を撤回させる最高権限がありますから、意向を伝えてきた乗員に対しては「きみが責任者だ」と言って自己判断を促します。マルケは、組織の中で「委譲」が頻繁に行われるようになると、許可を得るための言葉遣いから、「私がします」「私がやりました」というように、相手に対して自分の意向を伝える言葉遣いになっていき、やがては「私がやっています」に変化すると指摘します。[29]

アメリカ海軍では、権限の「委譲」を普及させる取り組みが始まっています。２０１５年、私は海軍の戦略研究グループと連携し、21世紀の海軍における兵士の採用、評価、昇進、維持における変革プログラムの開発に協力しました。マイケル・トソニスとその同僚らは、海軍の厳格な指揮管理系統を改め、職務遂行能力を向上させる重要な2つの要素を特定しました。それが「委譲」と「信頼」です。彼らは、成果に対して全面的な責務を担い、魅力的なキャリアパスを築けるように、少人数編成のグループに意思決定権を委譲する必要性があることを理解しています。彼らが現在取り組んでいるのは、兵士の身の安全を確保しながら彼らに即戦力になってもらい、同時に「委譲」を高めることを重視したプロセスの開発です。[30]

Tips4 誰もが自分自身のボスになる

多くの場合、従業員が仕事で最もストレスを感じるのは、上司とのやりとりだと言われています。[31]とてもショッキングですが、従業員3万6000人を対象に行ったあるアンケート調査では、上司が威圧的、独裁的、あるいは口うるさいと回答した従業員が97%に上りました。[32]権限の委譲は、上司に報告するストレスを減らすことで、精神的な安定感を高めます。「委譲」が頻繁に行われる組織では、誰もが自分自身のボスです。

ピーター・ドラッカーは次のように記しています。「現代の組織は、上司と部下の組織ではない。それはチームである」[33]。あなたが上司なら、他の従業員をあなたと同等に扱うことから始めてみましょう。

世界有数のアルミニウム製品メーカーとして知られるアルコアでは、「委譲」を実現するために、ささやかですが、幹部専用の駐車スペースをなくすことから始めました。いちばん先に出社した人がいちばんいい駐車スペースを確保できるようにしたのです。[34]リーダーが組織の信頼を高めるために具体的にすべきことについては、第9章で詳しく説明しますが、もしあなたが「委譲」を重視する組織にしたいと考えているのなら、部下をコントロールするのをやめ、彼らにリーダーシップを委ねることです。

階層的な支配構造でもなく、完全なる自己管理でもない、中間的なリーダーシップというものも存在します。そうした中間的なリーダーシップを見出した企業に、ロンドンの経営コンサルティング会社エデン・マッカラムがあります。同社は500人のコンサルタントを抱えていますが、いずれも正社員ではありません。彼らは必要なときに必要な仕事に取り組むパートナーです。エデン・マッカラムは、マッキンゼーやベイン・アンド・カンパニーでパートナーを務めた経歴をもつ有能な上級コンサルタントを採用しようとしましたが、彼らが管理業務をこなしたり、会議に出席したりするのを極度に嫌がる傾向があることに気付いたのです。

エデン・マッカラムは、新しいプロジェクトがスタートするときに、同社のスペシャリストに通知し、そのプロジェクトに興味があるパートナーを募ります。少人数のパートナーがグループを組み、管理業務を担当するので、新規取引を確保するためのオーバーヘッド（間接的な負荷やコスト）も少なく抑えられます[35]。このモデルのおかげで、エデン・マッカラムは経験を積んだ多数の優秀なコンサルタントを抱えることができます。彼らは、従来型のコンサルタント会社に依頼するより低価格で仕事をこなしてくれます。従来型のコンサルタント会社は管理業務が肥大化し、パートナーには高額報酬を支払っているので、費用が高くつくのです。要するに、エデン・マッカラムで行われているのは、コンサルティングサービスとコンサルティングニーズをマッチングするスポットマーケット〔必要に応じて商品の取引と代金決済がその都度行われる取引市場のこと〕の運営です。エデン・マッカラムを成功させているのは組織の柔軟性であり、それは「委譲」があるからこそ可能なのです。

柔軟な組織文化は、「委譲」の度合いが高い組織かどうかの優れた判断材料になります。たとえば、リンクトインメンバーの64%は、10%の昇給よりも柔軟な就労形態のほうを評価すると回答しています[36]。

「委譲」が浸透している組織は、フレックスタイム制があり、従業員は共有の作業スペースが利用でき、リモートワーク〔会社以外の場所でITを活用して仕事をする勤務形態のこと。在宅勤務も含まれる〕やコワーキングスペースの利用が推奨されている他、テクノロジーを活用することで出張の機会を減らしています。

在宅勤務者の生産効率が社内勤務者と比べて高い傾向にあることは、さまざまな調査からも明らかになっています。その理由は主に、時短勤務と通勤ストレスの解消にあると言っていいでしょう。在宅勤務者の仕事満足度は高く、従来型雇用と比べて離職率が低いことが分かっています[37]。ただ、その一方で、在宅勤務を許可している63%の企業のうち、監督しなくても従業員がきちんと仕事をこなしていると考えている管理者は3分の1に過ぎません。つまり、「委譲」に対する現状認識にずれが存在しています[38]。ドイツで行われたある調査では、従業員が自分で自分の作業スケジュールを設定した場合、要求された時間より1週間あたり7.4時間長く作業することが分かりました[39]。「期待」を達成する方法を従業員自身に考えてもらうのは、仕事に対する愛着心を高めることにもなるのです。

Tips5 集合知を活用する

フレキシビリティへの需要に最も敏感に反応してきたのが、テクノロジー企業です。この業界では、才能ある人材がまだまだ限られているからです。

法人向けソフトウェア会社inDineroは、その名も「entre-ocracy」という「委譲」文化を生み出しました。inDineroは、新興企業としてスタートした当初のフラットな組織構造と従業員の自主性を維持するために、中間管理職の採用を避け、協調的な意思決定を行っています。これにより、全従業員に発言権を与え、集合知を業績の向上に役立てているのです。[40] 給与やボーナスもしかり。inDineroで「委譲」がうまくいっている理由に、従業員の生産性を徹底的に定量化し、その情報を社内で共有していることが挙げられます（定量化が重要な理由は、第6章で詳しく説明します）。「委譲」が成功するのは、目標達成度が客観的かつ継続的に評価されている場合です。

2000年代初め、Blue Cross Blue Shield of Massachusettsは、優れた営業成績をあげていた従業員が同社を去り、在宅勤務を認めるライバル企業に転職していくことに気付きました。これを問題視した同社は、綿密に練られたマネジメント実験を実施。従業員

150人の協力を得て在宅勤務の効果をテストしたのです。結果は成功でした。プロジェクトは無事完了し、従業員の満足度も向上したのです。現在、全従業員数の約20%にあたる700人超のスタッフが、フルタイムでリモートワークに従事しています。従業員の定着率向上以外にも成果がありました。オフィススペースを削減したことで、年間850万ドルの賃料が節約できました。同社は現在、「ホット・デスキング」というシステムをテスト中です。従業員はオフィスで仕事をしたいときだけ机を予約し、リモートで仕事をするときは他の従業員のために机を明け渡すというシステムです。オフィスの省スペース化になると同時に、同じ場所で仕事をする他のチームの従業員と知り合えることもメリットです。【41】

「委譲」で成功している企業の例をもう1つ。ハイエンド・オフィスデザインを手がけるハーマンミラーです。オランダにある同社の施設には、豪華なオープンオフィス設計のスペースに、ディバイダで区切られた作業スペースやガラスの壁で囲まれた会議室が配置され、全館ワイヤレス仕様になっています。

私はハーマンミラーで神経科学実験を行ったことがあります。それは、オフィススペースの構成が従業員の共同作業に及ぼす効果を定量化するためでした。私たちは3タイプのオープンオフィス空間で働く従業員96人から神経学的な行動データを収集することにしました。すると、最も開放的なオフィス空間で作業していた従業員は、より閉鎖性の高い空間で作業していた従業員と比べて集中力が著しく高く、グループ作業により革新的に取り組み、挑戦的ストレス状態からいち早く抜け出すことができました。また、最も開放的なオフィス空間で働いていた従業員は仕事に対する満足感がより高く、同僚に対する親近感や信頼感もより強いことが分かりました。これらの結果が示唆するのは、オープンオフィス化によって「委譲」の促進や、コラボレーションの強化が可能だということです。[42]

卓越したデザイン集団として知られるIDEO《アイディオ》を訪ねたとき、私はＣＥＯのティム・ブラウンになぜこの会社に長く居続けているのかを尋ねました。「5年ごとに自分のポジションを再設計しているから」。彼はそう答えました。IDEOではＣＥＯ自ら、権限の「委譲」を実践しています。[43]

時間に縛られない働き方

ネットフリックスやベスト・バイ、ハブスポット、Automattic、ツイッター、ジンガ、ヴァージン・グループは最近、「委譲」が持つ別の側面を取り入れたところです。これらの企業では、勤務日数の計算を止めました。午後半休を取りたくなったら？　どうぞご自由に。カプリ（イタリア・ナポリ県の海沿いにある観光地）で2週間ゆっくり過ごしたいですか？　もちろんどうぞ。あなたのチームがプロジェクトに取り組んでいて、「期待」が満たされているのなら、あなたがいつ、どこで、どんなふうに仕事をしようと関係ありません。実は、帳簿作成などのペーパーワークを減らすことも、信頼を高める立派な要因です。

2015年、ネットフリックスは、さらに上を行く試みを始めました。子どもが生まれた夫婦に16週間にわたる有給の育児休暇の他、出産から1年間、特別休暇（無給）を何度でも取得できる制度も導入しました。ネットフリックスでは既に強固な「委譲」の文化が構築されていました。したがって、新しい育児休暇制度もまったく自然に運用されています。ここが重要なポイントですが、従業員により多くの自由を与えることは、既に「委譲」を取り入れている文化でこそ意味を持つのです。ネットフリックスの創設者兼CEOのリード・ヘイスティングスは、リカルド・セムラーの言葉を借り、同社の文化は従業員を「きちんとした大人として」扱う文化であり、同社が成功した理由は高度な「委譲」にあると述べています。[44]

作業時間を申請しないと超過労働につながる可能性はもちろん否定できません。第3章で説明したとおり、長時間労働は生産性の低下につながります。なおかつ、自己管理が認められている従業員の場合、組織の目標に対する貢献が十分でなければ雇用の継続が打ち切られる可能性があることも承知しています。

このようなジレンマを解消する1つの手立てとして、バルブや私の研究室でも取り組んでいる次のような方法があります。プロジェクトのリーダー役を順番に割り当てることで、余計な負担を皆で共有すると同時に、チームのリーダーシップを学べるのです。チームのリーダーは、プロジェクトの成功に最終的な責任を持つことから、とかく長時間労働に陥りがちです。ＰＣメーカーの草分けであるKaypro《ケイプロ》の創設者アンドルー・ケイは、「委譲」を導入する素晴らしい方法を開発しました。「われわれは、マネジメントについて、基本的に命令や管理で人を動かすことではなく、教育や訓練を施すことだと考えている。コントロールすべきはプロセスであり、社員ではない」[45]

休暇を取ることの大切さを強調するのも、長時間労働の解決策になります。ある世界的な調査で、休暇を多く取る人の方が仕事の効率も上回ることが明らかになっています。フルタイム労働者の平均的な休暇日数が10日間である米国は、世界の先進国の中で大きく後れを取っているのです（実際、所定の休暇日数を全部消化している米国人は25%にとどまっています）。[46] とはいえ、異論もあります。米国人材マネジメント協会が２０１５年に実施した調査によると、企業の２%は既に無制限の有給休暇を認めており、こうした傾向は広がりつつあるとしています。自らの意思で働く従業員は、「委譲」によって権限を与えられると、いつ、どのくらいの期間休暇を取るのか自分で決めることができます。つまり、本来、誰もがそうあるべきなのです。企業のトップは、部下が主導権を握れるように進んでオフィスから抜け出し、長期休暇のお手本を示す必要があるのです。

パタゴニアの創設者イヴォン・シュイナードは、自らの経営哲学を「社員をサーフィンに行かせよう」と表現しています。[47] パタゴニアのように「委譲」の文化が構築された企業では、従業員の自主性を認め、彼らにリーダーシップを委ねる動きが進んでいます。「委譲」が最も効果を発揮するのは、オープンな職場環境（「オープン化」）です。次章では、その理由を説明します。

月曜の朝のリスト

- 民主主義的な職場をつくりましょう。プロジェクトを見直す際に、従業員にそのプロジェクトを「開始する」「中止する」「継続する」のいずれかに投票してもらい、投票結果に基づいてどうするか決めます。
- チームのメンバーに年に1度、「従業員の同意書」を作成させ、組織のために自分が生み出せる価値について記入させます。
- 肩書をなくす、あるいは減らすことで組織の階層構造をなくしましょう。すべての従業員を「同僚」「仲間」「チームメンバー」といった呼び方に変えてみましょう。

・従来の休暇制度を見直し、従業員が自分のスケジュールを自分で管理できるようにします。
・ルール撤廃委員会を設置し、新たな提案に基づいて行動しましょう。

「オープン化」は、従業員とともに情報を広く共有すること。組織の信頼の65％は「オープン化」で説明できます。

第6章

Openness

あなたは従業員に情報を公開していますか？

情報公開はストレス軽減につながる

給与明細はオンラインで通知。会社の売上高、顧客の数はネット上で公開。会社のメールアドレスには、従業員なら誰でもアクセス可能。それでは、従業員個人の作業目標は？もちろんですとも。「iDoneThis」のようなサービスを使えば、あなたの進捗状況は同僚からも確認できます。つまり、あなたが豊かで幸せな暮らしを送っているか一目瞭然です。行きすぎた職場「オープン化」なのでは？ 確かにそういう言い方もあるでしょう。

ソフトウェア企業のバッファーでは、主要なビジネスモデルの1つに「オープン化」があります。「透明性は信頼を生み、信頼は優れたチームワークの基盤になる」。これは、私が言ったことではありません。バッファーのCEO、ジョエル・ガスコインの言葉です。[1] 同社が提供するSNS管理ツール「Buffer」〔ツイッター、フェイスブックなど複数のSNSでまとめて予約投稿できるサービス〕は、2010年のリリースから3年も経たずに1日の利用者数が100万人に到達したほどの人気サービスです。

ガスコインCEOはバーニングマンの常連という、一風変わったエンジニア。自分には会社を成功させる能力があると考えていても不思議はありません。信頼を高めるための手段として「オープン化」に注目したバッファーの正しさは、科学的にも裏付けられているのです。

第3章で学んだ通り、慢性的なストレスは、信頼を破壊します。職場のストレスを生む背景には一貫して、上司の存在（この解決策については第5章で触れました）と、上司の意向が分からないという2つの要因があります。この会社はどこに向かって進んでいるのか。なぜ○○社を買収するのか。経営は安定しているか。レイオフがないか。従業員なら誰でも、日々こうした問いが頭をよぎるものです。

実は、こういった慢性的なストレス要因は、「オープン化」を取り入れることで解消できます。そこで、この章では、「オープン化」を取り入れた文化を生み出すにはどうすればいいかを説明します。

ある調査によると、会社の目標や戦略、手法について十分な情報が得られていると答えた従業員は40％にとどまっています。ところが、組織の意思決定の理由が分かっているとき、従業員のモチベーションや生産性が上がることが、数多くのデータから判明しているのです。組織が目指す方向性を知らなければ、従業員が自律的に振る舞うことは期待できません。パイロットが離陸前にフライトプラン（飛行計画）を提出するのと同じようなことです。組織のフライトプランを従業員と共有している幹部は、旅の不安を軽減できます。「委任」が、現場の従業員から上司に向けて情報の流れをつくることだとすると、「オープン化」は、上司から部下へと情報を広く共有しようと呼びかけること。この双方向の伝達経路によって信頼が構築されるのです。

慢性腎臓病患者のための透析サービスを提供するダヴィータでは、「オープン化」を実践するために、日々のホームルームミーティングの他、月に1度のタウンホールミーティングを通じて、チームのメンバー同士のオープンなコミュニケーションを推奨しています。ダヴィータのCEO、ケント・ティリも、定期的に社内電話会議を開催しており、「チームメート」（同社では従業員のことをこう呼びます）からの質問にその場で回答する様子は全社で視聴できます。

ダヴィータで「オープン化」がうまく機能している理由は、同社がすみずみまで行き届いた情報共有の文化を構築しているからです。ダヴィータでは、それぞれの役割が決まっている各治療センターが「村」となり、他の村とのオープンなコミュニケーションを提供しています。各村は独立した事業として運営され（「委譲」）、意思決定ではすべてのチームメートが発言権を持っています。情報を広く共有することで、官僚主義が最小限に抑えられているのです。これにより、地域の市場にスピーディーに対応（「委任」）でき、現場の声を取り入れる環境も強化されます。チームメートは、センターごとに決められた成功評価基準に基づき、定期的な利益配当を受けています。このようなオープンな文化が功を奏し、ダヴィータの年間売上高は80億ドルに達しています。

「オープン化」が進んだ組織は、フラット化されていて、コミュニケーション経路もシンプルです。「オープン化」は、モーニング・スターやセムコのような自己管理を必要としませんが、組織のフラット化は「オープン化」の手助けになります。グーグルはProject Oxygenで、組織のフラット化による生産性への影響を調査しました。そもそも管理職が必要かどうか、アンケートをとりました。その結果、特に「期待」の設定と、「思いやり」（第7章を参照）や「オープン化」の促進において、管理職の存在は必要だと分かりました。これらの調査結果と、自己管理の効果を調べた実験結果を踏まえ、グーグルが導き出した結論は、階層構造を必要最小限にとどめたシンプルな管理体制が望ましいというものでした。[2] 実は、多くの情報をリーダーと共有すると、グーグラーのモチベーションが上がることが明らかになったのです。この傾向は、特に会社を導く戦略的な方向性や意思決定の理論的根拠を共有するときに顕著に現れました。結果的に、グーグルが管理職を排除することはありませんでした。同社では、彼らを絶対的な権限を持つ管理者としてではなく、むしろコーチ役やコミュニケーションを促すパイプ役と見なしています。[3]

グーグルの実験結果の正しさは、2015年のギャラップ調査でも裏付けられています。これは、195カ国の管理職が主導する250万のチームを対象にしたもので、上司が直属の部下と何らかの形で日々のコミュニケーションを図った場合、従業員の職場に対する愛着や信頼が高まることが分かりました。[4] チームが高い機能性を発揮するとき、それは、メンバー一人ひとりが自分たちの目指す方向性や根拠を理解しているときでもあるのです。

Tips1 平等に意見を聞く

アメリカ空軍でも、「われわれ」対「彼ら」というメンタリティーに代わって、「オープン化」を採用する試みが進められています。空軍士官学校では入校したばかりの士官候補生いじめが上官からの暗黙の承認のもとで常態化しており、権威の失墜と士気の低下を招いていました。相手に有無を言わせない「言われたとおりにしろ」的なリーダーシップのせいで、士官候補生はリーダーに嫌悪感を抱き、規律違反が頻発するようになりました。

こうした問題を解消しようと、士官学校の指導教官らは、まずは士官候補生に明確な「期待」を設定するようにしました。続いて、リーダーにも「期待」を設定したのです。これは、士官候補生とリーダーが互いに直面していた問題を「オープン化」する形で実施されました。規律違反を生む原因の1つは、アルコール依存症のまん延でした。そこで、週末の必須活動を少なくし、士官候補生も普通の大学生と同じように社会との関わりや友達付き合いができるようにしたのです。もう1つの革新的な取り組みは、士官学校の方針をめぐるディスカッションに、下級士官と士官候補生にも参加してもらうことでした。空軍士官学校の元士官候補生司令官のグレゴリー・レンジェル少将は、「私は、チームの中でずばぬけて優れているわけではない」と語りかけました。レンジェル少将は、コミュニケーションをオープンにすることで、士官候補生にも意思決定権を認めたのです。「オープン化」を取り入れたおかげで、候補生の士気は高まり、規律違反も減りました[5]。

リーダーは直接的に介入しなくても、「オープン化」が自然に発生することで、どのような効果があるかを突き止めることができます。ある病院で、各看護師長を調査したところ、より多くの情報を共有した看護師長ほど同僚の信頼が厚く、所属グループの成績も優れていました。看護師と「期待」の「理由」を共有する看護師長は、「チームメートのために頑張ろう」という看護師らの内発的動機付けをうまく引き出していました。この実験結果は、ある部署で改善が認められたなら、組織全体で取り入れることができることを示しています。

ダイバーシティとインクルージョン（多様性の受容と活用）は「オープン化」の強力な手段になります。さまざまな意見を多数受け入れることは優れた意思決定につながるだけでなく、新たな洞察をもたらします。1960年から2008年までの米国における経済成長の15～20%は女性とマイノリティが貢献したものとする試算もあります[6]。つまり、女性やマイノリティの意見は重要だということ。「オープン化」の文化を生み出すには、あらゆる人の意見を受け入れる必要があります。あらゆる人々の意見に耳を傾け、情報を共有することで、公正かつ民主的な職場を生み出すことができます。そうでない限り、誰もが平等に仕事に従事できる職場だとは到底言えません。

給与額を公開することの効果

冒頭のバッファーのように、大胆な「オープン化」を始める必要はありません。控えめなやり方で「オープン化」しても生産性は向上します。ミドルベリー大学の経済学部准教授、エミリアーノ・ヒューヴォーンは、出来高払い従業員のうち、無作為に選んだ半数の人に対して、同僚の給与額を知らせました。残りの人には同僚の給与額を伏せたままにしました。数週間後、情報を開示された（他人の給与内容を知らされた）従業員を評価したところ、他人の給与内容を知らされていない従業員より生産性が10％高いことが分かったのです。[7]

給与額を公にすることとは、公平性を確保し、従業員の仕事の内容が給与の違いに値するかを議論するきっかけになります。

私の研究室では、助成金を得るために定期的に提案書を提出していますが、多くの人たちに書類の作成を手伝ってもらっています。そのプロジェクトの予算書に、私の月給が示されていれば、同僚はおそらく、その額に12を掛けた金額を私の年俸だと判断するでしょう。

「オープン化」を採用するため、私は自分のチームの仲間と、（大学側が決めた）給与について議論することに決めました。なぜ教授であり研究室長である私の方が、他の共同研究者より多く支払われているのか。私は主に、表からは見えにくい業務を具体的に説明するようにしました。ひたすら繰り返されるミーティングや常態化している出張のこと――後者の場合は、家族のもとを離れなければなりません――これらはどれも同僚たちの研究を支え、私たち皆が成功するために必要なものばかりです。同僚に私の日常業務を理解してもらうことで、私自身もだいぶ気が楽になりました。これがきっかけになり、他の同僚も、チームのメンバーに表面的には見えない仕事について話をするようになりました。その結果、実際は誰も給与額の違いのことを気にしていないことが分かりました。私たちにとって、給料の違いよりも、重要でやりがいのある仕事をすることの方がより興味がありました。それが分かったのも、メンバー一人ひとりがどのような貢献をしているのか、お互いに理解し合ったからでした。

Tips2 物理的にドアを開放する

もちろん、「オープン化」の文化をつくるときは、注意が必要です。たとえば顧客情報や研究開発関連のデータなど、オープンにすべきではないものもあります。このような場合、まずはオフィス空間のオープン化から着手してみましょう。第5章で述べたとおり、私の研究チームが行った実験で、開放的なオフィス空間で働く人々は、閉鎖的なオフィス空間で働く人々より生産性が高く、創造力に富んでいることが分かっています。とはいうものの、現実はモノを収納したり、写真を何枚か貼ったり、かばんやバックパックをしまっておくためのスペースを必要としている従業員が多いのが実情です。セミオープンなスペースなど、コミュニケーションを取りやすくする共有の作業スペースやガラス張りのミーティングルーム、そして静かな作業エリアとのバランスを取ることは、「オープン化」とプライバシーを両立させる合理的な妥協案と言えます。

私は以前、事務機器メーカーNCRのCEO、ジェリー・ステッド氏から直接話を聞いたことがあります。ステッド氏は「フォーチュン100」にランキングされたテクノロジー企業のCEOを歴任し、1993年にNCRのトップに就任しました。私は、ステッドがその後どのようにして同社に「オープン化」ポリシーを導入したのか聞いてみました。

当時、本社ビル最上階のCEO執務室へは専用エレベーターで行っていましたが、そのエレベーターの入り口は警備員でガードされていました。ステッド氏はまず、最上階のオフィスを出て、従業員たちが働くオープンスペースへと、他の幹部陣とともに居室を移しました。誰もがステッドの居場所が分かるようにしたのです。

次に取り掛かったのは、従業員25人を交えて月に1度の懇親会を立ち上げることでした。「ジェリーとジュースを飲む会」と呼ばれたこの懇親会は、登録すればだれでも参加することができ、参加者はCEOと一緒にジュースを飲みながら、仕事の苦情を聞いてもらったり、質問したり、あるいは会社の方向性について話を聞いたりすることができました。

ステッドは事業再建に向けて自身が打ち出した戦略を従業員にも理解してもらおうと、会社がなぜそのような取り組みを行っているのか説明するための時間も取るようにしていました。

さらに、ステッドは、全事業所にオープンドア・ポリシーを導入しました。情報が密室で管理されている限り、「オープン化」をNCRに浸透させることはできないと考えたのです。もちろん、人事部門や経理や財務のオフィスなどのように、ドアを閉じたままにすべき部署があることも確かです。しかし、極力すべてのドアをオープンにしたい、というのがステッドの考えでした。ところが、オープンドア・ポリシーによってプライバシーの壁にひびが入ったことは社内の反発を招き、数カ月後、多くのドアが閉められてしまいました。ある日曜日、ステッド氏は設備課の従業員をオフィスに召集し、彼らに室内のドアというドアを取り外して欲しいと指示したのです。いくらなんでもそれはやりすぎだと言われるでしょうが、彼はドアを外すことで、NCRが「オープン化」に真剣に取り組むことを明確に伝えようとしたのです。プライベートにすべき資料は、カギを掛けた書類整理棚に保管するようになり、同時にオフィスのドアは過去の遺物となったのです。[8]

「オープン化」はまずはチームの内部から始め、徐々に規模を拡大して外部と情報を共有することも可能です。ボストンに拠点を置くマーケティングソフトウェア企業ハブスポットは、公式ホームページに財務データや取締役会メンバーの紹介、戦略メモの他、時折、面白い社内文書を公開しています。創設者兼CEOを務めるブライアン・ハリガンは、かつてこんなことを言っています。「製品がマーケティングになるのと同じで、文化はリクルーティング（採用活動）になる」。ハブスポットが作成した「カルチャー・コード」には、同社の文化に必要なことは何か、それらにいかに忠実であるべきかが明記されています。同社の企業理念には、大胆な「オープン化」も含まれています。同社は、従業員800人全員がほぼあらゆる情報を共有しています。このルールには例外もあります。カルチャー・コードに明記されているように、（秘密保持契約書を締結しているなど）法的に認められないデータを共有しない、個人が特定できる場合に報酬データを共有しないといったことです。[9]

プライバシーとオープン化のバランス

「委任」も「オープン化」のバランスを保つための1つの要素になります。プライバシーを保つことが、たとえ、変化を好まない文化であっても、人々に何か新しいことを試そうとする力を与えることもあります。

ハーバード・ビジネス・スクールのイーサン・バーンスタインは、中国のある携帯電話製造工場で、生産ラインの一画を移動式のカーテンで囲み、プライバシーの効果をテストしました。結果は、カーテンで囲まれていないときと比べ、生産性が10％から15％に増加しました。バーンスタインは、プライバシーを取り入れたことで、中国人労働者への権限の「委任」がわずかながら可能になり、彼らはそれぞれのやり方で生産上の問題を解決しようとしたと判断しました。[10]同じようなことは、社内に「スカンクワークス」（1943年に米ロッキード社内に設置された先進開発部門の通称。ステルス機等の開発で有名になった）のような部門を設置することでも実現できます。そこから生み出された優れたアイデアが結果的に役立つイノベーションだと分かれば、実用に耐えるように手を加えた上で、他の部門と共有することが可能です。

組織の最高機密文書の中には、戦略や主要プロジェクトに関連するものもあります。こうした文書を組織全体に分散しておくことも、実は「オープン化」を生み出す方法として効果的です。グーグルは他社に先駆け、あらゆるチームのメンバーが自社の方向性を認識できるよう、主要プロジェクトに関する情報を共有しています。この情報をもとにして、各チームは自分たちの戦略が、組織全体が目指す方向性から外れていると分かれば、それを調整できるのです。[11]情報の流れを透明化することで、従業員には「期待」の達成に集中してもらうことができます。

それでは、勤務評定の共有についてはどうでしょうか？　大抵の人は、他の人がどの程度仕事に熱心に取り組んでいるか、ある程度は判断できるものです。とはいえ、同僚の勤務評定を全面的に共有するというのは、本人にとって屈辱的であるばかりか、場合によってはまわりの反感を買う結果にもなりかねません。本書の第2章で、相手を褒めるときは皆の前で褒め、注意するときは個別に注意すべきだという話をしました。有益な比較を行うなら、従業員の平均的な業績評価を共有するべきであり、一人ひとりの評価を個別に共有するべきではありません。こうすることで、個々の従業員は自分の評価が平均より上なのか、それとも下なのか知ることができ、上司はその情報を踏まえて作業フローやトレーニングの内容を見直すことができます。

ピラミッド型の組織構造を崩す

各部署の業績を共有すると、実際にその組織が販売する商品やサービスを生み出している従業員に対して、人事部、財務部、総務部がどの程度貢献しているかも明確になります。このようにして、「オープン化」は典型的なピラミッド型の組織を逆さにすることができます。企業全体で業績目標の達成を目指すとき、すべての従業員に共通の認識を持たせるとともに、部門間の壁をなくして風通しをよくします。「オープン化」は、組織の目標をチームとして調整する役割も果たします。

ヴィニート・ナイアーが「オープン化」の導入に踏み切ったのは、インドの大手ＩＴ企業ＨＣＬテクノロジーズの社長に就任した２００５年のことでした。当時、ＨＣＬは国内第２位のＩＴプロバイダーでしたが、高い離職率に頭を悩ませており、ハードウェアおよびソフトウェア販売による粗利益率は減少の一途を辿っていました。２００６年に行われた同社の年次会議でナイアーは、「従業員第一、顧客第二主義」を掲げ、文化の刷新を呼びかけました。

最初に取り入れた変更の1つが、部門ごとに従業員に提供されているサービスが有効なのかどうかを調べることでした。「スマートサービスデスク」なるものが設置され、電子チケットを提示することで、従業員が管理部の支援を依頼できるようにしたのです。問題解決の時間は追跡され、チケットのステータスは誰でも確認できるようにしました。このような「オープン化」は、問題解決の効率を高め、現場の従業員のために企業が率先して取り組む姿勢を示すと同時に、管理者もまた、直属の部下に対して報告義務を負うようになりました。管理職が360度フィードバックを受ける目的は、業績向上のためです。ナイアーは、360度フィードバックが給与の額に影響しないことを明確にしています。既に第3章で説明したように、このような強固なフィードバックループによって、脳は成果と報酬を関連付け、書き換えられた習慣を維持することで高いパフォーマンスを発揮するのです。

「オープン化」に向けたもう1つの試みとして、ナイアーと幹部陣は、次年度の戦略を説明するビデオ映像を毎年制作し、従業員に公開する取り組みを開始。続いて、CEOと上級幹部は、インド国内の各事業所をはじめ、世界35カ国の一部事業所を数週間かけて巡回。各地で催されるタウンミーティングで同社の新たな戦略について、従業員から直接質問を受けるようにしました。これらのミーティングはあくまで任意参加ですが、約75%の出席率に達しています。ナイアーは、自分を含めた経営陣の取り組みを360度紹介しようと、ビデオ広報も開始しました。従業員に自分たちの仕事ぶりを見てもらい、会社のどんなところを改善する必要があるか知ってもらえるようにしたのです。[12]

同じような取り組みは、グーグルや世界的な経営コンサルティング会社マッキンゼー・アンド・カンパニーでも始まっており、映像を通じて、全従業員に目標達成の重要性を語り掛けています。HCLは今や世界有数のグローバルIT企業として、年間60億ドル超を稼ぎ出しています。

Tips 3 不確定要素を減らす

何が起こるか分からない不安定な職場にいることで生じる慢性的なストレスは、脳の特定の部位に影響を及ぼし、モチベーションや認知力の低下を招く要因となります。不確実性は、私たちに脅威が起こる可能性を過剰に意識させる原因になります。どこで何が起きてもおかしくないような状況下では、あらゆることに注意を払わなければなりません。そのために他の脳のリソースが奪われると、集中力や生産性が低下するのです。未来の事象を正しく判断したり、複数の情報の流れを統合したりする能力も失われます。不確実性は、脳や身体を厳戒態勢に置きます。職場で言えば、解雇通知書を受けたときのような場合でしょうか。神経科学的な意味で言えば、不確実性に直面した時、私たちの脳は思考していないに等しいのです。当然ですが、チームのメンバーとしてまともに活動できる状態ではありません。

「オープン化」は、私たちに方向感覚を与えることで不確実性によるストレスを減らします。私たちの脳はパターン探しを好む器官です。パターンがないと、自分の周りの世界を理解することができず、私たちはストレスに支配されてしまいます。組織がどこに向かおうとしているのかを把握するのは、とても重要なことなのです。同時に、その理由が分かっていれば、従業員はこれから起こり得ることをモデル化することができます。これで、認知的負担が軽減し、より効果的に作業を実行することができます。たとえバラ色の未来でなくても、少なくともこれから何が起こるのかが分かれば、心の準備を整えることができます。

会社の方向性について一部の従業員が把握している場合、彼らはその情報を広く共有することができます。たとえば、従業員がソーシャルメディアで発信することが許されている場合も多くあります。その場合、共有する際のルールを整えておくことが必要ですが、ツイートしたり、フェイスブックに投稿したり、インスタグラムに職場の様子をアップしたりするのは、組織の内外に自社の「オープン化」の様子を披露するのにうってつけです。

2000年代中頃、サン・マイクロシステムズのCEOジョナサン・シュワルツは、同社の意思決定をブログで公開する試みを開始。さらに、同社がオラクルに買収された際には、自身の辞職を俳句にしたためてツイッターに投稿しました。サウスウエスト航空は、「オンラインの水飲み場」的な情報交換の場として「サウスウエストに夢中」と題するブログを開始。従業員が自分の仕事や、プライベートのひとコマを記事にして投稿するようにしました。ザッポスでは、従業員が同社のツイッターに投稿するのは日常業務です。かつてはトップダウン型企業の代表格だったマイクロソフトでさえ、技術者が担当プロジェクトに関する動画やブログを自らの権限で投稿するようになっています。昨今のソーシャルメディアの台頭や、次々に発生するウェブサイトのハッキング（侵入）などを取っても、もはやプライベートはなきに等しいと考えるべきでしょう。でも、だからといって「オープン化」をやらない手はありません。グーグルの中核事業は、今や検索エンジンではなく、オンライン評価管理にシフトしています。[13]「オープン化」は、従業員一人ひとりが何をしているのかを「見える化」します。したがって、何かをごまかしたり、盗んだり、罪を犯したりする可能性を減らす効果もあるのです。

たとえば、戦略や新製品のアイデア、機能の使い勝手などを議論する場を設けるなど、「オープン化」の適用範囲を顧客にまで広げることで、顧客との強い結びつきをつくることができます。こうしたアプローチは、その企業や製品を信奉する「熱狂的なファン」を生み出します。一方、情報を捻じ曲げたり、フィルターにかけたりすることで、実態をよりよく見せようとする組織は、往々にしてあとで真実が明らかになり、厳しい批判にさらされるもの。むしろ、そうした不正は必ず発覚すると言えるでしょう。初めから誠実に取り組めば、トラブルに巻き込まれにくくなります。

Tips4 デフォルトにする

オンライン調査会社クアルトリクス（Qualtrics）は、徹底した「オープン化」を実践しています。CEOのライアン・スミスは、次のように話しています。「当社は、われわれと一緒に考えてくれる人を採用している。そのためには、当社の方向性と目標に関する情報を従業員と共有することが必要だ」[14]。同社では、報告書や社内メモ、プロジェクト関連の情報を共有することで、1000人超の従業員全員が、他の同僚がどんな仕事に取り組んでいるのか知ることができるのです。結果として、そういった情報を同僚との立ち話から仕入れる必要もなくなります。クアルトリクスはまた、定期的な「オベーション」を実施して、最も高い業績を達成した従業員を表彰し、他の従業員に対する「期待」を設定しています。スミスは、情報共有を「オベーション」と併せて実施することで、優秀な成績を挙げた従業員を会社に引き留める効果があるとも考えています[15]。

もしも半信半疑なら、「オープン化」を初期設定にしてみましょう。そうすれば、情報を非公開にするときと比べて時間と労力が節約できるのが実感できます。確かにこのやり方は、それまでの常識的な知恵に逆らうことのようにも思えます。しかし、本のページが開かれていれば誰でも読めるように、意思決定の理由を明確にすれば、社員にとって予想外のことが起きるのを回避できます。ホールフーズやトレーダー・ジョーズなど、四半期ごとの損益計算書を従業員と共有し、全員がその内容を理解できるよう、会社負担で会計学が学べる制度を設けているところもあります。こうすることで、肩書とは無関係に、価値創造に関する情報が分け隔てなく行き渡るようになります。さらには、誰もが業績目標の達成に集中できるようになるのです。

「ホールフーズでは、従業員の目標達成やコスト削減を動機付けるとともに、店舗の採算が悪化したときに異動があることを覚悟してもらうために、店舗経営に関する情報を従業員に公開している」と、同社の創設者で共同ＣＥＯを務めるジョン・マッキーは語ります。【16】ホールフーズの各部門は独立したベンチャー企業のように運営され、地元食材の調達や、従業員の採用、おすすめ商品の選定もチームが担当しています（「委譲」）。こうしたことができるのも、各チームのリーダーに情報が「オープン化」されているからこそ。彼らは、店舗の売上高や原価だけでなく、他の店舗のチームが使用しているプロセスなどの情報も参照できます。「オープン化」は、「期待」の理由を伝え、「オペーション」の理由を明確にします。そうすることで、従業員はうわさに振り回され、不安を覚えることはなくなり、生産的な活動に集中することができます。

Tips5

いつでも、どこでもアクセスできる

　第5章で触れたように、セムコは高い「委譲」を実現している組織ですが、「オープン化」でも進んでいます。セムコでは、全社で給与と業績のデータを共有しています。たとえば、ある従業員が現在の作業グループに残留したいとします。その場合、この従業員の成績や今後グループが負担するコストを勘案した上で、なおかつその従業員の残留を望む同僚が他に8～12人程度いることが必要になります。同社の「カウンセラー」は、プロジェクトを前進させるかどうか決断する前に、同僚から意見を聞きます。創設者のリカルド・セムラーは、従業員が自律的に行動し、組織に価値をもたらすためには多くの情報が必要だと考えているのです。[17]

　モーニング・スターも同じく、さまざまなデータを誰もが利用できるようにLEDモニターに表示しています。モニターにはセンサーから収集したデータがリアルタイムで表示され、その中には工場に入庫するトラックから、積み荷のトマトのうち熟した赤いトマトと青いトマトの比率、さらには加工されるトマトの比率などもあります。各作業グループの目標は、全社で共有されます。同社の工場を訪ねたとき、私はモニターに刻一刻と表示される、各工程の進捗状況を興味深く見入っていました。どこかで手抜きができないかって？　それはほぼ無理です。なぜなら工場のどこにいても稼働状況が分かる仕組みになっているから。豊富な情報の流れは、従業員もオーナーと同じように意思決定を下す動機付けになるのです。

「オープン化」を取り入れた文化は、公的機関でも構築することが可能です。ワシントン州政府企業サービス部門のディレクターに就任したクリス・リューは２０１３年、「オープン化」にフォーカスした文化の再始動プロジェクトを始めました。リューは自身の居室をなくして、チームと同じ場所で任務をこなすことにしました。そして、職員に対して明確な「期待」を設定し、彼らがメンター〔対話を通じて仕事の相談や精神的なサポートを提供する指導者のこと〕からの持続的なフィードバックを受けられるようにしました。彼はまた、サービスのスピードとクオリティ向上のためにソフトウェアを導入することで、ワークフローの透明化と追跡を可能にしたのです。

リューは、スタッフの説明責任を高めるため、ワークフローのプロセスをネット上で一般公開。こうした目的集中型アプローチを軌道に乗せるため、１００以上の作業グループに日々のハドルを実践させるようにしました。リューはまた、月に1度ジェイ・インスレー州知事を交えて話し合うタウンホールミーティングを立ち上げました。その結果、業務プロセスの数が93から64に削減され、再申請が必要な案件の数も35%減り、一方、月間生産性は61%増加しました[18]。

「オープン化」の手順

実際に組織に「オープン化」を取り入れるのは、次の手順で行います。

まず、リーダーは、同僚とともに情報を広く共有すること。これは、週に1度、「期待」を設定するためのミーティングの場で行うことができます。同時に、それらの「期待」（目標）を設定する理由についても議論しましょう。

次に、「オープン化」を補強するため、毎日、少人数のハドルを開きます（チームのメンバーは最大15人。ただし、5〜7人程度が望ましい）。このハドルが、緊急性の高い情報を互いに知る機会になります。

3番目に、ジェリー・ステッドのように、リーダーは決まった時間に従業員からの質問に応じられるようにすることが必要です。たとえば、そのミーティングを「チャーリーとホットチョコレートを飲む会」とか「タラと紅茶を飲む会」といった名前で呼ぶようにすれば、あくまでカジュアルでオープンな会だということのアピールになります。

次に、レビューのために作業プロセスや関連文書のオープン化を検討しましょう。ホールフーズのように、場合によっては、従業員に会計データを理解するためのトレーニングを受けてもらう必要があるかもしれません。ただし、チームのメンバーに情報を伝達するときは、彼らの選択が組織の重要目標にどのような影響を及ぼすのか、あらかじめ考えてもらうことから始めましょう。

もう1つ、あなたには給与計算式がありますか？　バッファーのように、給与を決める基準を具体的に説明しておけば、従業員が抱える大きなストレス要因の解消になります。もしも、そういった情報まで完全に公開するのはためらわれるという場合は、給与額の分布状況を示すという方法もあります。このようにすれば、「オープン化」とプライバシーのバランスを図ることができます。

会社の経営に関する情報を公開するときは、顧客（および競合他社）が読めるようにネット上に公開するかどうかも含めて検討します。もし、あなたが会社の取り組みに誇りを持ち、なおかつあなたの会社が収益性の高い事業を運営しているのなら、戦略の一部を公開するのは同時に手の内を明かすことにもなります。しかし、それだけでは決して競合相手を利することにはなりませんから、自信を持って公開しましょう。

月曜の朝のリスト

- 四半期ごとの損益計算書を同僚にも公開し、彼らが読み方を知っているか確認しましょう。

・定例のタウンホールミーティングを開催し、組織の方針や主な業績について情報を共有します。

・会社全体で作業の進捗状況がリアルタイムで確認できるソフトウェアを購入するか、自社開発しましょう。

・重役会議のメモとともに、意思決定が下された理由を手短にまとめた文書を共有しましょう。

・給与や賞与の算出基準を作成し、共有しましょう。

第 7 章

Caring

あなたの職場は従業員にとって居心地がいい所ですか？

「思いやり」は、同僚との人間関係を意図的に構築することです。組織の信頼の84%は「思いやり」で説明できます。

人が生き生きと働く企業は繁栄する

「アメリカの企業がアメリカをだめにしている」――バリー＝ウェーミラーのＣＥＯ、ボブ・チャップマンは、セントルイスにある本社を訪ねた私にそう語りました。[1] 従業員を「人的資源」と見なすとき、多くの企業は従業員を１人の人間としてではなく、交換可能な機械として扱っているのです。

チャップマンＣＥＯが、突然この世を去った先代の社長である父の跡を継ぐ形でバリー＝ウェーミラーの経営トップに立ったのは１９７５年のことでした。当時、まだ小さな会社にすぎなかった同社は、破綻寸前の状態にありました。現在のバリー＝ウェーミラーは世界５大陸に事業所を展開。従業員１万１０００人を擁し、年間売上高は24億ドル超に達しています。

こうした経済的成功の秘訣は、従業員を最重要視するチャップマンＣＥＯの姿勢にありました。同社は、「われわれの業務は素晴らしい人間を育てること」というスローガンを企業ミッションに掲げ、買収先の企業に「思いやり」の文化を構築することでそのミッションを実践しています。「人が生き生きと働く企業は繁栄する」――チャップマンＣＥＯはそう指摘します。[2]

バリー＝ウェーミラーは、経営難に陥っていた、ウィスコンシン州グリーンベイを本拠とするPaper Converting Machine Company（ＰＣＭＣ）を買収。経営再建に向け、ＰＣＭＣの工場を数週間閉鎖したことで、新たな経営陣は同社の従業員とじっくり向き合うことができたのです。そうした中、会社の経営に不信感を抱いた組合側の従業員からこんな言葉が投げかけられました。「われわれ組合のことを大切に考えているのか、はっきりしてもらいたい」。チャップマンＣＥＯはひるむことなく、こう答えました。「組合のことはどうでもいい。私にとって大切なのはあなた自身のことだ」。チャップマンＣＥＯは、従業員を大切にし、彼らが日々、心も体も健康な状態で帰宅できるようにすることが、自身や経営陣にとっての神聖な契約だという信念を持っています[3]。バリー＝ウェーミラーのこうした姿勢は、従業員も認めています。会社が自分たちのことを気にかけていると答えた従業員は、79％に達しています[4]。

バリー＝ウェーミラーの成功は、「思いやり」の文化が企業に確固たる利益をもたらすことを示しています。職場の同僚と人間関係を構築することで、いわゆる「仕事」のイメージから離れ、友人と一緒に物事に取り組んでいるような気分になるのです。このことが当てはまるのは、バリー＝ウェーミラーだけではありません。米国人材マネジメント協会の調査では、同僚や上司と良い関係を築くと、直ちにモチベーションが高まるという結果が出ています[5]。

コミュニティをうまく機能させるために

「思いやり」は、働く人の心地よさを重視した新時代のマネジメント手法というわけではなく、これまでに新旧問わず多くの企業が取り入れてきました。事実、複数の業界を対象にした学術研究でも、「思いやり」を促す組織がより多くの価値を生み出すことが裏付けられています。[6] ペプシコでは企業理念の筆頭に「思いやり」を掲げ、オンライン小売業者のザッポスも10項目の中核的価値の1つに「思いやり」を挙げています。企業向けチャットサービスで急成長中のスラック・テクノロジーズは共感力を基本的な価値観に掲げ、リンクトインは「思いやりのある経営」を実践しています。さらに、ホールフーズも「愛」を経営理念に取り入れています。

社会的な生き物である私たちが人間関係を形成するのは自然なこと。ところがどういうわけか、職場に人間関係は持ち込むべきではないと教え込まれているのです。ギャラップの調査によると、職場に良き友人がいると答えた人は、そうでない人と比べ、仕事に対する愛着が強いことが分かっています。[7] 私がさまざまな分野の企業で実施したフィールド調査でも似たような効果が確認できました。「思いやり」のある環境で仕事をしていると回答した人は、生産性が高く、イノベーション能力も優れているのです。[8] 従業員同士が交流し、互いに思いやる職場では、従業員のエンゲージメントや生産性が高まり、仕事に対する喜びも増すのです。職場を1つのコミュニティと見なすなら、コミュニティをうまく機能させるのが「思いやり」というわけです。

チームワークは、「期待」という挑戦的ストレスを伴うことで、オキシトシンの分泌を促し、従業員同士の共感を高めます。「思いやり」を促す組織は、こうした強い反応を抑制するのではなく、むしろ人間としての基本的な特性として活用しているのです。オキシトシンの分泌によって起こる共感は、倫理的な行動の基盤になるとともに[9]、第5章で述べたとおり、従業員のとるべき行動を定めた長たらしい規則を減らす働きもあります。

職場で従業員同士の交流を禁ずるのではなく、他の従業員と知り合える時間を設けることで職場における信頼が高まるというのは、MITメディアラボの調査でも判明しています[10]。たとえば、就業中にスナックや軽食を提供すると、集まった人々がリラックスできる上に、オキシトシンの分泌も促されるため、ソーシャルな絆を生み出す可能性が高くなります。私たちが食事をしながらミーティングすることが多いのは、そんな理由があるのです。従業員同士の交流を促すには、卓球台を持ち込んだり、喫茶スペースを設けたりするのも一案。人間には、お互いのことを分かり合いたいという欲望があります。ですから、それを禁止するより、むしろサポートしましょう。心配はいりません。そのせいで、挑戦的ストレスを伴う「期待」の達成がなおざりになることはないからです。

「思いやり」で命を救う

米国最大手のアルミメーカー、アルコアでは、１９８７年に当時のチャーリー・パリーCEOが退任するまで、長年にわたり同じ過ちが繰り返されてきました。作業中に従業員がけがを負うことは珍しくなく、最悪の場合は死亡事故まで起きていたのです。重工業という性質上、けがや事故は避けられないと考えられていました。新CEOにポール・オニールが指名されてから数カ月後のこと、同社の工場で18歳の作業員が死亡する事故が起きました。この作業員は、ラインを止めないように、装置を稼働させたまま、中に詰まったものを取り除こうと防護壁をまたいでしまったのです。彼には妊娠中の妻がいました。事故を嘆いたオニールCEOは、経営陣に向かってこう言いました。「われわれが彼を死なせてしまった」

オニールはアルコアの経営トップに就任して以来、作業員の安全のことを真剣に考えるようになりました。あまりの熱意に、取締役会の面々がたじろぐ場面もしばしばありました。[11] 生産性が低下した上に、従業員の保険や医療のための多額の費用負担が経営にのしかかりました。それでもオニールは、たった１人のけがでも深刻な問題だと捉えたのです。連邦政府のデータを見ると、１９８０年代のアルコアは、従業員１人あたりの事故発生率の高さが上から３分の１のワースト圏内にランキングされていました。アルコアで最も大切な資産が従業員であるならば、彼らの安全が守られないのはおかしい。組織文化を変える必要性を感じたオニールは、「けが人をゼロにする」という明確な目標を打ち出したのです。懐疑的な人々からは嘲笑も受けました。

けが人ゼロを達成するために、オニールが立ち上げた安全対策チームは、けが人が出るたびにその調査と原因の究明に努め、同じ事故が繰り返されないように製造工程を見直しました。この安全対策チームはオニールの直属で、従業員を守るために迅速な判断を下す権限が与えられました。

オニールはさらにもう一歩進んで、部下にこんなことも要請しました。それは、毎朝、病欠した従業員の名前と理由をリストにして報告してもらうことでした。さらにそのデータをもとに、工場付きの看護師に毎日、病欠者一人ひとりに電話をかけ、診療所に行くために車の手配が必要か、誰かに薬を取りに行ってもらいたいか等々、会社として協力できることを具体的に聞き取ってもらったのです。その後10年間に、アルコアの労災発生件数は93%減少し、結果的に労災発生率は米国内で5パーセンタイルになったのです。[12] それに伴い、生産性は飛躍的に向上し、利益も急増しました。オニールがアルコアを主導した12年間で、同社の時価総額は30億ドルから280億ドル規模に拡大したのです。

米炭鉱会社Arch Coalも、アルコアが採用した安全第一のアプローチをお手本としました。Arch Coalは全米第2位の石炭生産会社で、年間売上高は40億ドルを上回っています。同社のスローガンは「完璧なゼロ」。つまり、「炭鉱作業に携わる誰もが事故なく元気に帰宅する」ということです。このような「思いやり」の文化は、事故を未然に防ぐため、危険な兆候があれば報告してもらうよう、従業員全員に働きかける文化でもあります。その結果、休業災害発生率は業界平均が2.52であるのに対し、Arch Coalでは0.46と、5分の1未満に抑えられています。[13]

Tips 1 かけがえのない個人として受け入れる

「思いやり」の文化には身体的な安全が必須です。その一方で、「思いやり」のある組織は、心理的安全性を生み出すことも分かっています。第3章で説明したように、従業員に高い「期待」を設定することはエンゲージメントを高める原動力になりますが、必ずしもその目標に到達できるとは限りません。その点を理解していない管理者は、まわりから共感力が欠如していると見られても仕方ありません。同僚あるいはチームが目標達成に向けて全力を尽くしたのなら、なおさらです。「思いやり」の目的は、従業員の情動を認識し、それを人間らしさとして受け入れる環境をつくることにあります。あなたの部下や同僚はロボットではありません。1人の人間として接するべきなのです。

1対1の人間関係を築くことで、組織全体の「思いやり」を育むことが可能です。同僚同士のコミュニティから切り離されている人は、特別なサポートを必要としている人です。

私が担当している生徒にカトリックの神父がいます。私は以前、この生徒から、彼の所属する修道会にいるあるメンバーについて聞いたことがあります。その人物はアイビーリーグの博士号を持っていました。若い頃は、由緒ある教会で信徒の指導にあたり、高位の聖職に就いていたそうです。しばらくして、彼は故郷の小さな町の修道会に戻るように命じられました。ところが、彼を尊大な人物だと思い込んだ地元の修道会から受け入れてもらえず、孤立してしまったのです。

そんな中、あるとき大修道院長が彼をちょっとしたドライブに誘いました。大修道院長は車を数マイルほど走らせると路肩に止め、こう言ったそうです。「もし誰も気にかけてくれなくても、私がきみのことを気にかけているよ」。そして彼をハグしたのでした。たったこれだけの「思いやり」がきっかけとなり、彼はまた元どおり、地元修道会の神父たちと打ち解けられるようになったという話でした。[14] 組織においても、同じようなアプローチで、孤立した従業員を皆の輪の中に呼び戻すことができます。扱いが「難しい」人は、往々にして誰かに認めてもらいたい、気にかけてもらいたい、そんな風に思っているのです。

従業員一人ひとりを、独特の癖や才能を持つかけがえのない個人として受け入れることは、忍耐強く接することを意味します。それは日々忙しく、集中して仕事に取り組まなければならない人にとって、なかなか難しいことではありますが、忍耐強さは相手を思いやることであり、私たちの誰もがそうであるように、相手のどこか人と違ったところを受け入れる寛容さでもあります（結局、何事も忍耐が肝心！　というわけです）。忍耐には、厳しい状況を乗り切ろうとする気持ちが大切。難しい状況になったときにこそ、互いに思いやるべきなのです。

第4章で述べたように、イノベーションを促すには、従業員がいつもと違ったやり方でプロジェクトを達成しようとする姿勢を受け入れることが重要です。忍耐無くして管理者の職は務まりません。なぜなら、私たちは、方法を模索しながら仕事をこなそうとするとミスをするものだからです。元プロ野球選手でマネージャーのチャック・タナーほど、このことを明快に言い表した人はいないでしょう。「人を管理する秘訣は3つある。1に我慢すること、2に忍耐強くなること、3に何より気長に構えることだ」

「思いやり」のある職場を生み出すには、周りの人々の情動に注意を向け、あなたが認識したことを言葉にしてみるのも1つの方法です。情動は有益な情報元ですが、リーダーは何としてでも無視しようとする傾向があります。同僚とすれ違う時、相手の答えを期待するわけもなく、「やあ、ジョン。調子はどう?」と言う代わりに、ジョンの情動を読み取る練習をしてみましょう。たとえば、「やあ、ジョン。今日は［疲れている／うれしそう／悲しそう／心配そう］だけど、調子はどう?」という具合に話しかけてみるのです。

相手の情動を読み取って言葉にすることで、チームのメンバーが仕事に打ち込めているか、いますぐ指導を必要としていないか、といった有益な情報が得られるのです。もっと重要なことですが、「思いやり」は、チームのメンバーを人として尊重していることの意思表示でもあります。「思いやり」の文化は、信頼に必要な条件をお膳立てし、多様な個人をチームの大切なメンバーとして受け入れることなのです。

Tips2 同僚同士の交流を促す

実は、医師の2人に1人がそのキャリアの中で1度は燃え尽き症候群を経験していることが分かっています。この割合は、どの職種と比べても高く、燃え尽き症候群になったことがある看護師もこれに近い割合で存在します。[15]

問題解決の一助とすべく、クリーブランド・クリニックが生み出した革新的プログラムが、医療スタッフの心の状態を同僚が把握できるようにするプログラムです。救急医療で使われる「コードブルー」にヒントを得た「コードラベンダー」という取り組みは、病院の全スタッフに極度のストレスもしくは燃え尽き症候群に瀕している人がいることを知らせるシステムです。[16] 技師や看護婦、医師といった臨床スタッフは、重篤患者が亡くなったり、何日も連続して勤務したりした後に、ラベンダー色のブレスレットの着用を希望できます。ブレスレットを付けることで、周囲の同僚に自分が感情的にもろくなっている可能性があるので、やさしく接して欲しいという意思表示ができます。加えて、あなたがコードラベンダーだと分かると、総合的なケアを行う看護師チームからマッサージを受けたり、身体にやさしいスナック類がもらえたり、精神的なサポートやマインドフルネスのトレーニング、カウンセリング、ヨガのクラスを受けることができるのです。

スタンフォード大学のある系列病院で行われた小規模実験では、コードラベンダー開始後、マネージャーから気にかけてもらっていないと感じる医療スタッフの割合は、24%から3%未満に減少しました。[17] 測定されたわけではないのですが、このプログラムのおかげで最善を尽くそうとする医療スタッフのモチベーションが高まったとみるのが妥当でしょう。

パキスタンの首都イスラマバードにある国際イスラム大学のある研究室が、「思いやり」と生産性の関係性を定量化する実験を行っています。この実験で被験者は、事前に決められた賃金に関するデータを入力するように求められました。実験を開始する前に、あるグループには先に伝えていた金額より17%多くの金額を受け取れることを伝えました。一方、別のグループには、被験者一人ひとりに、これからやってもらう作業に対する感謝の手紙を渡しました。重要なことですが、これらの手紙は仕事の成果（「オペーション」）に関することではなく、実験者が被験者のことを気にかけているという内容が記されているだけでした。基準値と比較すると、事前に伝えられていた金額より多くの報酬を受け取ったグループは、生産性が21%高いことが分かりました。ところが、「思いやり」の介入を受けたグループには、お金をもらう以上の効果がみられました。感謝の手紙を受け取った被験者は30%高い生産性を上げたのです。もちろん、「思いやり」にはコストがかかりません。[18]

他にも、「思いやり」を生み出す施策として、地域のコミュニティのボランティア活動に参加する従業員に有給休暇を認める、オフィスに併設の保育所を設置し、就業時間中に子どもの面倒をみられるようにする、オフィスにペットの犬を連れてくるといった方法があります。私のこれまでの研究でも、ボランティア活動に参加したり、子どもの近くで仕事をしたり、ペットがいるだけでもオキシトシンの分泌が高まることが分かっています[19]。脳内でオキシトシンが放出されると、それから30分間、共感力が高まります。つまり、仕事を中断して子どもの様子を見に行くことで、その後30分間はストレスが低下し、共感力が高まるため、同僚との共同作業もはかどるようになるというわけです。

軽食やスナックを提供する他にも、ビールやワインを用意するなど、仕事終わりに同僚同士の交流を深めることを検討してみましょう。私の研究室では、ビール代もしっかり予算に組み込んでいます。仕事の後に同じグループのメンバーが集まって会話を楽しむことで、お互いのことをより深く知ることができます。私たちは誰かと知り合いになると、相手のことが自然に気になるようになります。こうして、お互いが気軽に協力できるようになるのです。

「思いやり」の成功事例

グーグルは優秀な社員を引き留めるために、食事やレクリエーションといったサービスを無料で提供しています。

実は、それよりはるか以前の1930年代のこと、ウォルト・ディズニーがカリフォルニア州にアニメーションスタジオを立ち上げたとき、既に同じことをやっていたのはご存じでしょうか？　ディズニーは夕方4時になると、職場にビールを持ち込んで仲間と親睦を深め、従業員のためにバレーボールのコートやソフトボール場を造ったり、オフィスに卓球台を置いたりして自分も一緒になってスポーツを楽しみました。こうして、彼は、従業員のことを心から気にかけていることを行動で示したのです（詳細は第10章を参照）。スタジオでは週に3日まで有給の病気休暇も認められていましたが、従業員に休暇の理由を尋ねることはありませんでした。休暇は自由に取ることができて、高い給料が支払われ、すべての従業員を対象にした株式賞与制度もありました。ディズニーは寛容で「思いやり」のある文化をつくりたいと考え、一方、従業員もそれに応えて優れたパフォーマンスを発揮することができたのです。その成功は誰もが認める事実です。

「思いやり」を文化の中心に据えることで成功した企業は、他にもたくさんあります。年間売上高1000億ドルを誇るインドのコングロマリット（複合企業）のひとつ、タタ・

スチールもその一例です。同社は1912年、インドで初めて8時間労働制を導入した企業の1つでもあります。その後も、従業員が無料で受けられる医療制度や、年金や研修プログラム、産休などを含む福利厚生制度を導入。さらに、従業員が管理者と積極的にコミュニケーションをとれるように、経営諮問委員会まで設置されたのです。[20] タタ・グループでは、「信頼されるリーダーシップ」をスローガンにしています。それは言葉だけではなく、行動を意味しています。同社は、インドで最も信頼の高い企業として毎年上位にランクインしています。[21]

「思いやり」を職場以外の場所で実践するのも効果的です。アウトドアスポーツ用品のパタゴニアは、年に1度「フィールドデイ」のために店舗を休業にします。フィールドデイとは、アウトドアを楽しみながらチームのメンバー同士の心の絆を強めることを目的に始まった行事です。フィールドデイの行き先とアクティビティの内容は従業員が投票で決めますが、キャンプやハイキング、自転車、フライフィッシングなどが中心です。彼らがアウトドアのアクティビティに注ぐ情熱は仲間同士の友情を育み、フィールドデイがそれを後押ししているのです。パタゴニアの店舗従業員の多くが、仕事以外にさまざまな活動に積極的に参加しています。休日ともなれば、マウンテンバイクに飛び乗って地元のビール醸造所に行く人、クライミングできる岩場を見つけに行く人、サーフィンをしに海辺に向かう人など実にさまざま。職場以外の場所で人とのつながりを構築することで、遊びを楽しむようにして仕事を楽しむことができるのです。[22]

「思いやり」は、エンジニアにとっても重要です。スタンフォード大学がシリコンバレーのソフトウェア・エンジニアを対象に調査したところ、プロジェクトで他の人に協力したエンジニアは、仲間からリスペクトや信頼を得ていました。それだけではなく、誰かを助けることで個人のパフォーマンスも高まることが判明したのです。[23] さらに、グーグルが社内で特に優れたマネージャーを対象に行った調査では、彼らに「チームメンバーの成功に関心を寄せ、個人の幸福を気遣う」傾向があることが分かりました。言い換えれば、グーグルの幹部は「思いやり」の体現者だということ。彼らは同社のエンジニアが仕事上の目標だけでなく、個人としての目標も持っていることを理解し、彼らのプロジェクトを通じてその両方を実現できるようにすべきだと考えています。グーグルの優秀なエンジニアにだって、普通の人と同じような人間的欲求があるのです。[24]

2015年、『ニューヨーク・タイムズ』に、アマゾンの文化は「思いやり」が欠如しているとして、同社を痛烈に批判する記事が掲載されました。これを受け、CEOのジェフ・ベゾスは、「共感が欠如した状態は無くさなければならない」と表明。職場で「思いやり」のない体験をした人は、直接自分宛てにメールして欲しいと従業員に呼びかけました。この批判記事には、多くのアマゾンの投資家やIT企業のCEOたちがこぞって異論を唱えました。しかし、シスコシステムズの上級幹部の1人、ペダー・アスランダーのように、アマゾンは「期待」、すなわち要求が厳しすぎて「C＋の評価」では受け入れてもらえないと指摘する人もいました。[25]

組織の中で高い「期待」と「思いやり」のバランスを調整しなければならないとき、ある種の緊張が生まれるのは仕方のないこと。マネジメント実験は、そういった緊張状態を緩和し、両方の因子が組織の文化にうまく溶け込むようにする方法を見極める手段になります。

Tips3 互いに助け合う

デザイン会社IDEOは「思いやり」のある文化を生み出すために、あらゆる仕事に助け合いを取り入れています。IDEOには、部下の自主性を引き出す高い「委譲」の文化があり、シニアデザイナーがプロジェクトチームにアドバイスするときも、彼らに何をすべきか指示することはありません。同時に、誰もが互いに協力し、助け合うことが当たり前になっています。ハーバード大学の調査によると、IDEOの従業員のうち、プロジェクトに関連して他の従業員を助けたことがある人は89％に上ることが分かりました。

助け合いができる人とは、どのような人たちなのでしょう？　彼らは「とても有能で、信頼できる人」と見なされています。IDEOは互いに助け合える人を採用し、他の従業員の問題解決を手助けすることに価値を置き、かつ助け合いが楽しいと思える組織文化を育んできました。[26] 念のために言っておくと、他人を手助けするのに金銭的な動機付けは一切ありません。助け合いは、彼らが新しいデザインを考案し、試作し、テストする仕組みの中に組み込まれているだけなのです。

IDEOの創設者、デイヴィッド・ケリーによれば、彼はもともと自分の親友を採用したかったのだといいます。[27] これは賢いやりかたです。自分の好きな人や自分が気にかけている人たちと一緒に仕事をすることで、仕事がより協力的で、楽しくなります。IDEOのオフィスを訪ねた時に分かったのは、同社では情動的知能（EQ）（心の知能指数と呼ばれ、自分自身や他人の感情や欲求を正確に理解し、適切に対応する能力のこと）の高い従業員を採用しているということでした。それだけではありません。人間には困っている人を助けたいという生来の欲求がありますが、IDEOの創設者たちが育んできた「思いやり」の文化は、そうした行動を促すものです。

私は以前、「思いやり」が信頼の高い文化をいかに効果的に生み出すかをIDEOの社員たちの前で（彼らがケータリングのランチを楽しんでいるのを眺めながら、でしたが）講演したことがあります。途中、統括マネージャーのトム・ケリーが私の話に頷いているのが分かりました。IDEOの社員は、デザインプロセスを開始する前に、文化人類学的な観点から、顧客の現実的および心理的なニーズを調査します。彼らは「思いやり」を実践するときにも、これと同じ理屈を当てはめています。つまり、どんなときにも相手（同僚）のニーズを考慮した上でプロジェクトに協力しているのです。

一方、最も思いやりの文化を構築しにくい組織として挙げられるのが病院です。もしも50年前にさかのぼり、「患者の治療と思いやりは切り離すべからず」と宣告されたとしたら、医師の多くは困惑することでしょう。しかし、今日の管理医療〔決められた予算の範囲で効率的に医療のサービスを提供する制度。マネージド・ケアともいう〕に特徴的な投薬中心の治療においては、人間性よりもテクノロジーを重視する傾向が強まるばかりです。その結果、多くの患者がこうした治療内容に不満を持ち、また、思いやりのないケアのせいで治療の効果も下がる（反対に医療過誤訴訟のリスクは上がる）という悪循環が起きています。[28]

こうした問題に対処するため、マサチューセッツ総合病院の精神科医であるヘレン・リースは、医者が共感することを学ぶためのプログラムをつくりました。このプログラムに従ってトレーニングを受けた医師は、患者による評価を受け、患者の不安をかなり深く理解できるようになったことが分かりました。同時に、患者の症状が改善したことで医師にとっても満足できる効果が得られました。同じような結果は、他の大学の医学部でも認められました。

共感トレーニングは今や、ジェファーソン医科大学やデューク大学、コロンビア大学でもカリキュラムに採用されています。デューク大学周産期医療センター長を務めるジェームズ・A・タルスキー博士の調査によると、共感力のトレーニングを受けた医師はそうでない医師と比べ、患者からより高い信頼を引き出していたことが判明したのです。[29]組織の中で「思いやり」を育むことが可能であるように、トレーニングによって医者に共感を身に付けてもらうことも可能なのです。

Tips4

長期休暇制度を取り入れる

長期休暇も「思いやり」の一環です。つまりそれは、従業員に気分や生活をリフレッシュする時間を認めるということ。無制限の休暇（第5章を参照）以外にも、長期有給休暇を付与することは、従業員にエネルギーを回復してもらう効果的な方法です。

今のところ、こうした「思いやり」に基づく福利厚生を実施している企業は5％にすぎませんが、長期有給休暇に対する関心は高まっています。[30] たとえば、1970年代に米国でいち早く有給休暇を導入した企業の1つにマクドナルド社があります。同社では、フルタイム勤務の従業員が勤続10年単位で8週間の長期有給休暇が取得できます。この制度は内外で評判がよかったことから、最近になって新たに「アニバーサリー・スプラッシュ」というプログラムを開始しました。このプログラムは、勤続5年目に通常より1週間長く有給休暇が取得できるというもの。[31] 長期有給休暇を取得した従業員には旅行や外国語学習、ボランティアなどを通じて新たなアイデアを吸収し、パワーアップして職場に復帰してもらいたいと考えているのです。

半導体メーカーのインテルにも長期休暇制度がありますが、こちらは少し事情が違って、従業員が休暇中も仕事を続けないようにするルールづくりが必要でした。長期有給休暇中は業務メールをチェックしにオフィスに来るのは禁止。とにかく2カ月間は会社に顔を出さないよう、くぎを刺しています。

最近では、チャールズ・シュワブやモーニング・スターをはじめとする金融サービス会社でも、長期有給休暇が導入されています。モーニング・スターでは、4年勤務すると6週間の長期有給休暇を取得する資格が付与されます。モーニング・スターのCEOジョー・マンスエートは、自身が率いる経営チームが目指すのは、「優秀な人材が最高のパフォーマンスを発揮し（中略）ここで長くキャリアを築いてもらうための環境づくりをすることだ」と語っています。[32]

リーダーの優位性を誇示しない

リーダーは「思いやり」を持つことを常に意識する必要があります。理由は、ボスになったときに起こるある神経科学的な変化にあります。男女を問わず、リーダーの地位に上り詰めるとテストステロンが上昇します。テストステロンは、「思いやり」の神経化学物質オキシトシンが脳内で合成されるのを抑制します。

テストステロンの高い人かどうかは、優位性を誇示する傾向があるかどうかで見分けがつきます。ドナルド・トランプやジャック・ウェルチ〔元ゼネラル・エレクトリック社CEOで実業家〕が5000ドルのアルマーニのスーツを身にまとい、プライベートジェットで移動する姿を思い浮かべてみてください。ローリング・ストーンズのギタリスト、キース・リチャーズは、フロントマンであるミック・ジャガーの自己中心的で勝手気ままな行動を語るとき、「リードボーカル症候群」という言葉で表現しています[33]。

もしもあなたがバンドのリードボーカル、もしくは企業のCEOだとしたら、上昇したテストステロンによって嫌なやつに豹変してしまうかもしれません。なぜなら、テストステロンは、あなたの脳に、世界は自分中心に回っていると語りかけるから。ところが、並外れたパフォーマンスというものはテストステロンの上昇だけでは絶対に生まれません。ローリング・ストーンズではミック・ジャガー1人ですべての楽器を担当しているわけではありません。テストステロン値の高いリーダーだからこそ、他人の手柄を横取りせずにはいられないのです。

では、あなた自身がCEOか事業部長、あるいはスタートアップの創設者なら、どうすればいいでしょうか？　まずはマインドフルな〔今自分に起こっていることを、判断や批判なくそのまましっかり認識すること〕状態でリードボーカル症候群に悩まされている自分をありのままに意識します。そうすることで、会社の主役は自分だという思い込みが抑えられます。続いて、自分の行動が周囲の人にどのような影響を及ぼしているかをじっくりと振り返りましょう。その後、信頼できるアドバイザー、できれば社外のアドバイザーから忌憚のない意見を聞かせてもらいましょう。

デルのCEO、マイケル・デルは、上級管理者の大半が数年以内に離職することに気付きました。ところが、その理由について、親しいアドバイザーの1人からこんなことを言われたのです。「誰もきみとは一緒に仕事をしたくないのさ」。2001年に行った社内調査で、従業員の2人に1人が、機会があれば辞めたいと考えていることが判明。そこでマイケル・デルは、エグゼクティブコーチを雇い、「思いやり」のあるリーダーとなるべく、自らのソーシャルスキルを高める努力をしたのです。

彼は、机の上にちょっとした小道具を置き、自分の行動を変えるために何をすべきか意識的に思い出せるようにしました。机の上に置いたプラスチック製のブルドーザーは「周りの事を考えろ」、「おさるのジョージ」のぬいぐるみは「他の人の言うことに耳を貸せ」というメッセージです。効果はてきめんでした。離職率は下がり、チームワークも向上しました。[34]

かつてある学生から、ビジネスで最も重要なことは何かという質問を受けたピーター・ドラッカーは、少し間をおいてこう答えました。「良いマナーだよ」。[35] 脳は、行動にデフォルトモードを設定することでエネルギーを節約します。ところが脳は可塑性、すなわち神経回路を経時的につくり変える性質があることが知られています。あなたがリーダーなら、「思いやり」のある人になることは可能です。ただし、そのために努力することが前提です。

テストステロンを抑え、「思いやり」のある文化を生み出す方法として考えられることは、優位性をひけらかさないことです。あなたがもし、経営トップとしてミーティングに参加するとしたら、テーブルのいちばん奥ではなく、中ほどの席に着くようにすると、皆の声を聴く意思表示になります。奮発して買った高いスーツはやめて、皆と同じ「ユニフォーム」を着ましょう。プライベートジェットはやめて、皆と同じようにビジネスクラスを使ってみませんか？　そもそも、自分は皆と同じチームの一員なのだという意識を持ちましょう。重役室？　そんなものは要りません。他の管理職とともに同じオフィススペースを共有しましょう。そうすれば、彼らはあなたから（あなたも彼らから）いろいろなことを学ぶようになります。

リーダーの優位性はオフィススペースを飾る芸術品からも見て取れます。2000年、プロクター・アンド・ギャンブル（P&G）のCEOにアラン・G・ラフリーが就任しました。彼はシンシナティにある本社の壁に飾られていた高価な絵画を外させて、代わりに世界中の人々の写真を飾りました。それらの大半は、P&G製品の主な購入者層である女性たちの写真でした。このささやかな変更によって、ラフリーは、「自分」を前面に出す代わりに「私たち」を重視する姿勢をアピールしたのです。

2012年、アップルは従業員が保有する特殊な株式に対する配当を実施する計画を発表。ところが、ティム・クックCEOは、同プログラムの対象から自らを除外することで、7500万ドルの配当を辞退し、世間をあっと言わせました。彼は配当金を返上することで、リーダーとしての優位性を誇示するのを避けたのです。念のために言っておくと、クックCEOは最高幹部として多額の報酬を受けているだけでなく、アップルの経営トップを10年間続ければ、自身が保有する株で5億ドルの利益を手にするとも言われています。

そのクックがあくまでチームプレーヤーに徹し、公正さを尊重する姿勢を見せたわけです。亡きスティーブ・ジョブズの後継としてCEOに就任したクック氏が従業員から絶大な信頼を得ている理由は、彼のこうした振る舞いにあるといえるでしょう。[36]

リーダーシップは常に個人的なものです。調査会社タワーズワトソンの世界29カ国の従業員3万2000人を対象に実施した「グローバル労働力調査」によると、「思いやり」は、高い信頼の文化を生み出すためにリーダーが行うべき最重要項目であることが判明。「思いやり」のあるリーダーとともに働く人は、部下に無関心な上司の下で働く従業員よりも、仕事に対する愛着が67%高いことが分かりました。回答者は、トレーニングや福利厚生、給与よりも「思いやり」のほうが大切だと答えました。タワーズワトソンは、「思いやり」によって従業員の定着率が高まるとも結論付けています。[37]

Tips5 小さな親切を実践する

「思いやり」は、必ず幹部から始めなければならないわけではありません。小さな親切を実践する方法は誰でも見つけられます。

1977年のある水曜日。その日、統計解析ソフトを手がけるSAS Instituteは創設1周年を迎えていました。社内には、次期製品のリリースに向けて何時間も開発作業に打ち込むスタッフの姿がありました。そこへ誰かが彼らのために、ボウル1杯の「M&M」チョコレートを差し入れしたのです。それは、ちょっとした「思いやり」でした。従業員への差し入れはその後何年も続き、SAS《サス》 Institute《インスティチュート》もワーク・ライフ・インテグレーションに本腰を入れて取り組むようになりました。「あなたが会社を大切にしてくれるなら、私たちもあなたを大切にします」。それが、SAS Institute の共同創設者でCEOのジム・グッドナイトが選んだアプローチなのです。[38] 今では毎年、22トンものM&Mチョコレートを購入。毎週水曜日になるとオフィスに置かれた専用ビンにM&Mを補充しています。[39] 同社はまた、世界最大の非上場ソフトウェア企業であり、売上高は20億ドル超、従業員数は1万1000人に上ります。M&Mチョコレートは、一緒に仕事をする仲間への気遣いを思い出させてくれるシンボルなのです。

SAS Instituteは、社内の至る所に「思いやり」がにじみ出ています。職場に併設された、850人の乳幼児を預かる保育施設は民間の3分の1の料金で利用でき、基本的な医療サービスも無料です。従業員は週35時間勤務が基本で、離職率は2%と業界で最も低いレベルにあります。グッドナイトCEOは、このようなSAS Institute の文化は「従業員と会社間の信頼関係」に基づいていると明かしています。[40] 同社は、米国で最も働きがいのある企業として毎年上位にランクインしています。

SAS InstituteでM&Mチョコレートを入れたボウルを提供する習慣が、たった1人の従業員から始まったのとちょうど同じように、「思いやり」のプログラムは、上から指示しなければならないものではありません。

創業初期のグーグルでは、ボランティアの「テックアドバイザー」が仕事の悩みを抱える従業員の相談相手になっていました。やがてそれは、他の社員たちも参加して、グーグルで素晴らしい人生を送ることについて学ぶことができるセミナーへと進化したのです。グーグルの人事チームがこのテックアドバイザープログラムを評価したところ、いちばん大切なのは誰かに自分のことを聞いてもらうことだと分かりました。意外にも、テックアドバイザー自身、同僚から話を聞くことで恩恵を受け、同僚に対する共感が増したと報告したのです。グーグルの調査結果は学術研究によっても裏付けられています。部下に優しく愛情をもって接するマネージャーのチームは、業績も優れています[41]。今では、このプログラムはグーグルの社員教育の一環として正式に取り入れられています。さらに発展し同僚の話を聞き、リーダーシップやセールス、これから親になる人へのアドバイスを提供する「グル」の養成も行われています。あるグルはこう語っています。「世の中の多くのことは自動化できますが、人間関係は自動化できません[42]」

アパレルメーカーのルルレモン・アスレティカでは、日々のハドルに「思いやり」を組み込んでいます。マネージャーは最初の5分間、従業員に何でもいいから気になることを挙げてもらい、それを解消するようにしています。私たちが個人的な悩みや仕事上の問題を誰かと話し合ったり、フィードバックやサポートを受けたりするのはよくあること。ルルレモン・アスレティカの幹部たちも、こうしたやりとりを通じて、部下たちが単なる従業員としてではなく、1人の人間として互いに認め合えるようになると考えているのです。[43]

「思いやり」がもたらす恩恵

人の名前を覚えることも、気軽に「思いやり」を実践する1つの方法です。大規模な組織だとそう簡単にはいきませんが、名前を覚えると、その人が大切に思えるようになるものです。投資情報サイトのThe Motley Foolの共同創設者兼CEOトム・ガードナーは、この方法を使ってスタッフに対する「思いやり」を実践しています。「交流が活発で協調的な環境に身を置きたいなら、皆の名前を覚えることだ」とガードナーは述べています。[44]

「思いやり」を必要としているのは、従業員だけではありません。「思いやり」の文化は企業の利益にも貢献します。クレアモント大学院大学の博士課程の学生グレゴリー・ヘネシーは、スマートフォンのアプリを使って従業員の気分とやる気を1日に6回、午前8時から午後10時まで、7日間にわたって測定しました。ヘネシーは、勤務中とその後に被験者が体験したことから無作為にサンプルを抽出し、それらを組織の文化と関連付けました。その結果、「思いやり」のある組織で働く従業員は、そうでない組織の従業員と比べて創造性がはるかに優れ、仕事に対する愛着が強く、やる気も高いことが判明したのです。ヘネシーの調査では、「思いやり」のある文化の中で仕事をする人は、喜びを感じる機会が多く、目的意識が高いことも分かりました[45]。「思いやり」のある文化では、従業員から顧客にもそれが伝わります。最新の調査で分かったのは、顧客の70%が、販売担当者が気に入らないという理由で別の業者を選んでいました[46]。要するに、「思いやり」を学べば販売実績も上がるというわけです。

フランスの製薬会社サノフィでは、ある営業担当者のグループを対象に共感力を高めるためのトレーニングを実施しました。トレーニングを受けなかった対照群と比較すると、「思いやり」を学んだグループの営業成績は18%高いことが分かりました。アメリカン・エキスプレスでも、一部の営業担当者にサノフィ方式に倣ったプログラムを実施。「思いやり」を高めるトレーニングを受けた人は、トレーニングを受けなかった人より営業成績が2%上回りました。2%は大した数字には見えないかもしれませんが、積み重なれば数百万ドルの追加収入になります[47]。

共感力を養うことは重要

「思いやり」のある文化で働くというのは、欧米の人だけの理想ではありません。脳の解剖学的構造は、他者との感情的な結びつきが私たちの生存にとってなくてはならないことを明らかにしてくれます。仲間を気遣うことで快感を生じさせるオキシトシン受容体は、古くから人間の脳にあります。ということは、私たちは太古の昔から人間性の一部として「思いやり」を必要としてきたのです。人間はひとりでは生きていけない社会的な生き物であり、まわりの人たちから気にかけてもらうことでより良く生きることができます。[48] 実は、「思いやり」の重要性は欧米だけでなく、他の地域の企業にも理解されるようになっています。

フォックスコン・テクノロジー・グループ（鴻海科技集団）は1974年に創設された台湾の多国籍企業で、世界最大規模を誇る電子機器部品メーカーです。同グループは、中国本土で100万人を超える従業員を雇用しています。フォックスコンの中国の工場では2010年に14人の自殺者が出ました。この悲劇を境に、創設者で会長のテリー・ゴウ（郭台銘）は「思いやり」の文化の構築に注力するようになったのです。

まずは、24時間体制の無料カウンセリングセンターを設置。続いて、管理者に「思いやり」を高めるための講習を受けるよう義務付けました。また、思いやり教育を徹底するため、「Campus Loving Heart」というウェブサイトを立ち上げ、マネージャーが従業員に「思いやり」を持って接するための最新のノウハウを提供するようにしたのです。さらに、この事件から学んだもう1つの教訓は、従業員は仕事であれプライベートであれ、コミュニティとの関わりを必要としていることです。同社はかつて、人件費のより安い内陸部に工場を建設していましたが、現在は大都市近郊に工場を建設することで、従業員が地域社会とかかわりを持ち、身近な社会的支援を受けられるようにしています。[49]

従業員を解雇しなければならない場面では、なおさら「思いやり」が重要になります。小児がん患者向け医療ゲームなどを手がける非営利組織HopeLabは、敬意と配慮を持ち、さらにはお祝い気分で同僚を送り出します。たとえば、辞める人がマイケル・ジャクソンのファンなら、「スリラー」のフラッシュモブ〔ウェブ上や口コミでの呼びかけに応じた不特定多数が集まり、公共の場でパフォーマンスを披露したりするサプライズイベントのこと〕を企画したこともあります。大抵は、風船やビーチボール、食事つきの賑やかなパーティーにします。スタッフ開発&カルチャー担当副社長のクリス・マーチソンは、この恒例の催しを「善意のあるお別れ会」と呼んでいます。マーチソンは解雇されることが決まった同僚たちのために、自身の人脈を頼りに、新たな就職先を見つける手助けもしています。そもそも高い技能を持つ人材は多くありません。したがって、あらゆる従業員を大切にし、とりわけ職場を去らなければならない従業員を丁重に送り出すようにすれば、「思いやり」の文化が浸透した組織であることを内外に伝えるメッセージになります。

ピーター・ドラッカーは、2002年に『ハーバード・ビジネス・レビュー』に寄稿した論文「アウトソーシングの陥穽」の中で、有能な人材は企業が競争に勝つために必要な存在であり、大切にしなければならないと主張しました。そして次のように結んでいます。「人生と仕事に成功をもたらす実践能力の中で最も重要なものは、共感力である」[50]

つまるところ、分け隔てなく人を思いやることが重要なのです。アリゾナ州立大学サンダーバード国際経営大学院の研究によると、意図的に「思いやり」のない扱い方をされた従業員の2人に1人は、仕事に対する意欲が下がり、3人に1人は仕事の質が落ちることが分かりました。[51] 私たちは社会的な生き物であるがゆえに、「思いやり」のあるコミュニティに身を置くことがとても重要なのです。不躾《ぶしつけ》で意地悪でガミガミ怒鳴り散らすような配慮に欠ける行為は、相手の心や行動に長期間影響を及ぼすとも言われています。イライラすることは誰にでもあります。だからといってそのイライラを相手にぶつけるのではなく、何より一緒に働く人の人間性を認めるべく努めなければなりません。その姿勢を後押しするのが「思いやり」の文化なのです。

月曜の朝のリスト

- 「思いやり」をより強く意識する練習として、同僚の感情を読み取り、それを声に出して言ってみましょう。
- 優位性を誇示しないように、会議室ではテーブルの中ほどの席に座り、他の従業員に進行役を任せます。

・病欠した従業員に毎日電話をかけ、元気になるために手助けできることがないか聞き取りします。
・仕事の後の集まりにビールやワインを提供しましょう。
・オフィスに犬を連れてくることを勧めてみましょう。

第8章

Invest

あなたは従業員に十分な学習機会を与えていますか?

組織が従業員に「投資」するのは、1人の人間として成長してもらうことの大切さを認識したときです。組織の信頼の72%は「投資」で説明できます。

2015年のある調査で、人事部のマネージャーのうち「従業員を引き止められるかどうかが最大の懸念事項」と感じる人が、3人に1人に上ることが分かりました。誰もが知っていることですが、労働力は流動的なもの。実際、従業員のほぼ4人に1人は、「1年以内に新たな仕事を探すつもり」だと答えています。回答者のうち、「より高給を求めているから」と答えた人は23%でした。注目すべきことに、「より良い機会を望んでいるから」と答えた人が19%、「自分が感謝されていないから」と答えた人が16%、「社内教育に不満があるから」と答えた人が13%に上りました。

雇用主は、従業員の定着率に対する自己啓発やキャリア開発の重要性を過小評価する一方、主に給与や福利厚生の重要性を過大評価しているきらいがあります。[1] Bersin by《バーシン バイ》 Deloitte《デロイト》の創設者兼プリンシパルアナリストのジョシュ・バーシンは、「人材獲得競争は終わり、才能ある人材が勝利した」と指摘しています。[2]

実情はもっと深刻です。従業員の3人に1人は、現在の業務スキルでは生産性の向上が見込めないか、キャリアアップは諦めなければならないと考えています。経営者と従業員のどちらに問題があるのでしょうか。別の調査では、明確なキャリアパスがないと答えた従業員は75%、雇用主から十分なトレーニングを受けさせてもらえないと答えた従業員は31%に上っているのです。[3]

米国の労働市場ではSTEM（科学、技術、工学、数学）系の卒業生が引く手あまたですが、2015年にアクセンチュアが新卒者を対象に実施した調査によると、彼らが大企業の就職を望まない理由のトップは、「雇用主」である企業に、新入社員向けの研修に対する意欲も投資も不足しているというものでした。[4] 20代の若者にとって、職場選びでいちばん重要な要素は、専門性の育成なのです。[5]

世界中の企業が、従業員の定着率とエンゲージメントを「喫緊の」課題として挙げているにもかかわらず、平均的な企業が従業員の研修に費やす時間は年間で31時間に過ぎません。[6] 一方、高「投資」企業に分類される組織の研修時間は、平均的な企業を大きく上回り、年平均49時間に上ります。[7]

どの業界を見ても、OXYTOCIN因子の中でほぼ間違いなく評価が低いのが「投資」です。多くの組織は、後から付け足すように従業員に資金を投じていますが、最初から新たな投資を提供するほど、従業員に十分な信頼を寄せているわけではないと分かります。この場合の「投資」とは、従業員の研修時間を増やしたり、カンファレンスを開いたり、といった単純なアプローチではありません。「投資」とは、自発的に働く従業員が仕事や生活面でさまざまな目標を持っていると認識し、それに応えることなのです。「投資」は、従業員の人間的な成長を促すことで、組織に対する長期的なコミットメントの基盤をもたらします。

この章で取り上げる「全人的評価」は、これまで説明してきた各OXYTOCIN因子と組み合わせることで、毎年のレビュープロセスを、将来の成長を見越したプロセスへと劇的に変えるものです。この章では、SAS Instituteやザッポス、劇場経営の

Decurion Corp. など、さまざまな企業の事例を取り上げます。これらの企業が業績向上のために、従業員に対してどのような「投資」を行っているかを見ていきましょう。

脳細胞を活性化させる

人生を謳歌するには、社会の幸福のために行動することが必要なように、私たちが仕事に没頭するには、仕事以外のスキルを身に付けることが必要です。このことは、さまざまな研究によって証明されています。[8] もしあなたが、従業員に対して、業務のために身も心も捧げて欲しいと願うなら、彼らの専門性、個性、精神面の成長にどのような相互作用があるのか——私はそれを「全人的成長」と呼んでいます——を考慮する必要があります。

これは、哲学者や心理学者も認めていることです。アリストテレスは、人間の成長は実用的な知恵を身に付けることでもたらされ、それが人類の繁栄の基盤となっていると唱えました。また、カール・ユングからアブラハム・マズロー、マーティン・セリグマンに至る心理学者らは、人間が生き残るには成長が不可欠だという通説を裏付ける証拠を示してきました。さらに、最新の神経科学実験の結果、私たちは、人生を豊かにする経験が重要である理由について、さらに理解を深めるとともに、脳は絶えず変わり続けているという事実を知るようになりました。

神経科学の分野で、ここ10年間で最も驚くべきニュースは、加齢による神経細胞の死は避けられないとする従来の定説が覆されたことでしょう。確かに、一部の神経細胞は加齢に伴って失われます。しかし、ソーク研究所のフレッド・ゲージらの研究グループが、成人の脳で新しい神経細胞が生成されることを証明したのです。ゲージらは、非常に優れた学際的なアプローチを使って、私たち人間が、たとえ白髪の高齢者であっても、脳内で新しい神経細胞を生成することを突き止めました。このプロセスは、激しい運動や、頭をフル回転させることでも加速化される可能性があります。新しい神経細胞は、脳内のあらゆる部位で生じるわけではなく、主に学習や記憶、情動に関連する領域で生成されます。

職場で難しい問題に直面することは――ここで「期待」の役割を考えてみましょう――自転車レースや10キロマラソンに挑戦するのと同じように、脳に影響を及ぼすことが分かっています。私たちの身体や脳が一生懸命活動しているとき、脳は再構成にリソースを投入します。リソースの投入によって、皮下脂肪が減ったり、筋肉量が増えたり、部分的に新しい神経細胞がつくられたりします。特定の課題を何度も繰り返すことで、上達することが分かりました。ところが残念なことに、数週間練習をさぼると、せっかく苦労して身に付けたことが、あるいはそうでないことも含め、うまくできなくなってしまうのです。クロスワード・パズルがアルツハイマー病の予防にならなくても、運動したり、職場で頭を使ったりすることで、予防になる可能性はあります[9]。

従業員の健康のために「投資」する組織は、プラスの効果が得られる可能性が高いと言います。米国では企業向けのウェルネス産業【10】（「ウェルネス」は心身ともに健康で充実した状態を指す）が年間60億ドル規模に達しており、今後も成長が見込まれています。

実はウェルネスプログラムに参加する従業員は仕事満足度が高く、欠勤が少なく、医療費の支出も抑えられています。たとえば職場にジムを併設するなど、1日8時間の就労時間以外に、組織が従業員の健康のために金銭的な貢献を行っているなら、それは従業員のためにきちんと目を配っていることの表れです。ウェルネス文化は、従業員の仕事を持続させ、気力の充実につながるため、賢い投資だと言えるでしょう。

「神経新生」と呼ばれる新しい脳細胞の生産は、健康な大人ならそれなりの頻度で発生します。ところが、脳細胞の生産が阻害される場合もあります。退屈さや、座ったままのデスクワーク、慢性的なストレス、それに睡眠不足は、脳の働きを低下させる原因です。困難でもやりがいのある仕事が脳に良い理由は、まさにこの点にあります。神経新生のメカニズムから見ても、高い「期待」を設定した後は、回復のための休憩やしっかり睡眠をとるなどの「オベーション」の時間を与えることが重要です。仕事は、私たちにとっていちばん能力が試される課題であり、チームメートの力を借りて克服することもよくあります。しかし、これだけでは「投資」を導く方程式の半分に過ぎません。もう半分は、家族の絆を維持しつつ、自分がどこに向かい、何に取り組んでいるのか、じっくり考える余力を持つことなのです。

Tips1 楽しいものにする

第3章で説明したように、年に1度のレビューを通じて従業員にフィードバックするのを待っていては、業績改善にはなかなか結び付きません。なぜなら、脳が学習するには、すばやいフィードバックが必要だからです。

年に1度のレビューではうまくいかないばかりか、たいした効果は望めないと、企業も理解し始めています。マイクロソフトやアドビ システムズ、アクセンチュア、デロイトをはじめ、「ランク・アンド・ヤンク」（年に1度、業績が最も低い社員を特定し、解雇する人事評価制度）の熱烈な支持者であったはずのゼネラル・エレクトリック（GE）までもが、年に1度のレビューを廃止してしまいました。プロジェクトが1年周期で運営されることは滅多にありません。ということは、従業員の評価を1年周期にする意味もありません。こうした企業では、すばやいフィードバックが可能なコーチングモデルに移行しつつあります。アドビの人事部門を統括するドナ・モリスは、年に1度の人事評価制度を廃止した当事者です。彼女はこの制度について、「（従来の）プロセスはバックミラーを見ているようなもので、1年も前に終わったことに目を向けている」と話しています。これらの企業では、管理職に直属の部下の評価を年1度提出するよう求めていましたが、それも廃止しました。こうした評価は主観的で一貫性がなく、偏見に基づくことも多いというのがその理由です。[11]

2013年、グーグルは41項目にも及ぶ複雑な人事評価をやめ、分かりやすい5段階評価に移行させました。また、従業員一人ひとりに、自分が得意なことを1つ挙げてもらうようにしました。その狙いは、さらなる研修や目標について上司に相談できるきっかけづくりにありました。グーグラーは、あるチームから別のチームに移るごとに定期的にフィードバックを受けます（平均的なチームの人数は9人で、3週間一緒に作業します）[12]。デロイトのアプローチは、新たに開始した四半期ごとのレビューで、チームリーダーにこれからのことについて4つの質問をするようにしたことです。これらの質問は、将来のプロジェクトで彼らが部下個人について何を考えるかではなく、彼らに何をやらせるつもりかに着目しています。これらの質問に加えて、デロイトが「キラーアプリ」と呼ぶ管理職向けアプリに毎週チェックインしています[13]。

Tips2 人間としての成長を評価

グーグルは採用前の候補者に厳しい選考プロセスを課しています。それだけに、1度見つけた「ユニコーン」（本来は、シリコンバレーのベンチャーキャピタルが使い始めた言葉で、巨額の利益をもたらす可能性のある非公開企業のこと。ここでは「優れた逸材」という意味）はなかなか手放しません。同社では、期待通りの成果が出せなかった従業員を解雇する代わりに、社内の業績ランキングで下位10％の従業員にスキルアップしてもらうための「投資」を行っています。それだけではなく、どの従業員にも、実にさまざまな研修機会を提供しています。グーグルで社内教育プログラムを活用する従業員は、年間10万人超に上ります。[14] さらに、第3章で述べたように、グーグルでは、マネージャーの専門性の育成に関する議論と報酬に関する議論は切り離されています。技能の獲得に報酬を結び付けることは学習の妨げになるというのが、グーグルの元人事担当上級副社長であるラズロ・ボックの考え方です。[15]

もしもマネージャーが「期待」を設定するとともに、目標を達成した従業員に「オペレーション」を実施しているのなら、従来の年次レビューは必要ありません。マネージャーが従業員に「委任」と「委譲」で権限を与えている場合も、同じように年次レビューは不要です。さらに、マネージャーが周囲の人に「思いやり」をもって接しているなら、給与に的を絞った年次レビューも不要。これらに代わって登場するのが「全人的評価」なのです。「全人的評価」では、今後の見通しをチェックし、目標到達度や必要とされる手順に着目します。仕事の目標に加え、従業員の個人的、精神的な目標も評価します。私が言う精神性とは仕事や家族以外のことすべてを指します。精神性という言葉はあまり使いたくないという人は、気晴らしや情動性と言い換えてもいいでしょう。私が精神性という言葉を使う場合は、本当の自分とは何か、どんな人になりたいか、今の生き方はどうかについて、じっくり考えることを意味しています。ポジティブ心理学の調査からも、こうした問いに答えることが長生きのために本当に必要だとする結果が出ています。[16]

先見性のある効果的な年次レビューにするには、組織がどのように従業員の暮らしを良くしているかを評価すべきです。もちろん、レビューに書かれていることは正しく理解します。信頼の高い組織は従業員のために奉仕する組織です。従業員はそのお返しに、組織の目標達成に進んで協力します。あなたが勤務する会社が、あなた自身の生活の質を落としているのなら、別の職場を探した方がいいでしょう。優れた文化を持つ組織が人への「投資」に積極的な理由はここにあります。こうした組織は、従業員を1人の人間として扱うことを約束しているのです。

実際に「全人的評価」を始める前に、まず対象となる従業員の仕事ぶりを把握しておきましょう。その従業員の生産性は標準以下か、それとも突出して高い生産性の持ち主か。こういったことをあらかじめ話し合っておくのはもちろん、問題があれば修正し、成功すれば祝福するプランを作成しておくのです。生産性の評価は1年に1度のレビューではなく、毎日と毎週のフィードバックに取り入れましょう。

全人的評価の3つの質問

「全人的評価」は、次の3つの質問をベースにします。

1 職業的に成長していますか?

2　個人的に成長していますか？
3　精神的に成長していますか？

このうちのどれか1つでも行き詰まると、従業員はフラストレーションを抱え、生産力が落ちることは科学的にも証明されています。[17] 状況が行き詰まると、モチベーションは下がり、パフォーマンスも落ちます。「全人的評価」の質問は自由形式にし、必ずプライベートな形で実施します。

マネージャーがこれらの3つの質問をするとき、ピーター・ドラッカーの次の言葉を念頭に置きましょう。「今日の人事考課制度に忠実に従って、部下の弱みに焦点を合わせたりすれば、上司と部下との関係は破壊されてしまう」。[18] 代わりに、ドラッカーは1966年の古典的名著『経営者の条件』で、従業員に対する内部規定にとらわれない、将来の可能性を見据えた評価を提唱したのです。

将来を見据えた職業的成長を評価するには、私ならこう質問します。「私は、あなたの次の仕事につながる手助けをしていますか？」。このような質問をとっかかりに、従業員の専門的スキルの向上に組織が十分「投資」してきたかどうかを話し合うことができます。その人の次の仕事は、今いる組織の仕事かもしれないし、別の組織の仕事かもしれません。従業員がボランティアの形で、同僚のために別の就職先を見つける手助けをするのは、組織にとって好都合なこともあります。新しい会社に移った元同僚と、同じプロジェクトで共同作業する、あるいは数年後、別の職場で豊富な経験を積んだかつての同僚を再び元の会社に呼び戻す、といったこともあるでしょう。

グーグルは、他社に転職した元グーグラーの「メーリングリスト」を運用しています。元グーグラーにグーグルの近況を発信するのが目的ですが、実はその一方で、グーグルにいる同僚が彼らと連絡を取り合えるようにしているのです。グーグルを辞め、しばらく別の会社で経験を積み、新しいスキルを習得したあと、再びグーグルに戻ってくる社員も多くいます。こうした出戻り従業員たちは、外部で貴重なトレーニングを受けています。もちろん、グーグルがそのために資金を投じているわけではありません。近年では、従業員を他社に長期的にレンタル移籍〔出向を活用し、別の企業へ人材を貸し出すこと〕して新たな業務経験を積んでもらい、受け入れ先の組織と協力関係を築いている企業もあるほどです。

仕事とプライベートの統合

個人的な成長を評価するとき、私ならこう質問します。「あなたとご家族は幸せですか」。たとえば、従業員が配偶者や子どもたちを連れてきても受け入れてもらえる職場か、配偶者も仕事の内容やその他の活動に満足しているか、子どもたちが学校で元気に過ごしているか、などを確認します。前もって同僚に話を聞き、潜在的な危機を抱えていないか知っておくのは、万が一のときのために大切です。確かに、家族との不和に悩み、突如仕事を辞めた同僚がいるような場合には、状況を知っておくのが望ましいと言えるでしょう。

家族に関する質問は、同僚のワーク・ライフ・インテグレーションがうまくいっているかどうか判断する手がかりにもなります。[19]「ワーク・ライフ・インテグレーション」（統合）が「ワーク・ライフ・バランス」（均衡）とどう違うのかというと、前者の場合は「委任」と「委譲」が実施されていることが前提です。従業員は自宅やコーヒーショップで、あるいは夜間にも、自分やチーム、さらには家族のライフスタイルに合わせて柔軟に仕事ができます。仕事（ワーク）と生活（ライフ）をどう統合するか話し合うことは、従業員の個人的成長を評価するときにとても有益です。

実際にこのようなレビューを実施すると、「現在の仕事に満足しており、おかげで自らの人生も順調なので、昇進はしたくない」という話を聞くこともあります。ライフスタイルと仕事の業績は双方向に影響を及ぼします。この2つがまったく無関係であるかのように振る舞うべきではないのです。

反対に、こうした関係性が成り立たない場合もあります。長年勤務しているからという理由だけで昇進させるのは、多くの場合間違っています。現場で優れた手腕を発揮している従業員が優れたマネージャーかというと、そうとは限りません。また、優れたマネージャーだからといって、必ずしも優れた幹部になれるわけではありません。成功するためのスキルセットは、顧客対応の従業員、マネージャー、上級幹部それぞれで異なります。

従業員の中には、一定レベルの職業生活を維持することでプライベートを充実させている人もいます。そういった実情を認識することは、企業の序列に属さない自由な労働の重要性を認めることになります。

人生の目標をサポート

「全人的評価」で見る3つめの要素は、精神面の成長です。これについては、あなたなりの質問を考えてみましょう。ただし、質問の主旨は、従業員が人として成長しているかどうかにあることに留意します。その従業員が仕事以外に情熱を持っていることは何か。社会や私たちをより良くするためにどのような取り組みをしているのか。精神面の成長が育まれないと、やがては物事に対する興味を失い、憂いを感じるようになります。このような状態は、パフォーマンスを阻害することはあっても、促進剤にはなりません。

私の研究室のメンバーの1人、ベスの場合は、ランニングが精神修行になっています。ベスは「全人的評価」の中で、ランニングが彼女にとっていかに大切かという話をしていました。私は、週に2日、朝のランニングができるように出社時間を10時にするよう提案してみました。私の提案に彼女が喜んだことは言うまでもありません。彼女はもちろん、私も、本当にできるかどうかわくわくしていました。彼女は、幸せすぎて一生この研究室にいたいと言っています（私もぜひそうして欲しいと思っています）。私たちは時折、プロジェクトに相当のめり込むことがあります。夜中の3時にベスからメールを受けたことがあるほどです。それほど彼女は仕事とプライベートの両方に情熱を注いでいる人なのです。

アパレルメーカーのルルレモン・アスレティカは、全従業員にコーチングを実施。個人、ビジネス、健康／アクティビティの各面で目標を設定するよう求めています。各自で決めた目標は、各店舗に掲示されます。このアプローチの狙いは、従業員同士の会話を通じて目標の達成に向け、互いに助け合えるようにすること。同社では、人事部のことを「People Potential〔人間の潜在能力という意味〕」と呼び、従業員が人生の目標を達成できるよう会社がサポートする姿勢を前面に打ち出しているのです[20]。

スターバックス、フェイスブックの実例

たとえば、従業員の大学授業料を企業が負担するなど、自己啓発と専門性の育成は同時に達成できます。

スターバックスは最近、勤務時間が週20時間を超える従業員13万5000人全員のインターネット大学の受講料を負担することを表明しました。大学の課程を修了するために多くの従業員がスターバックスを休職することになりますが、この「投資」を活用して同社

の経営に対する理解を深め、管理職に昇格する人もいます。

あるいは、従業員への「投資」として、職場で新しい仕事にチャレンジする機会を設けるという手もあります。フェイスブックは、エンジニアが新しいチームやプロジェクトを体験し、そこに異動したいかどうかを自分自身で見極められる「hackamonth《ハッカマンス》」というプログラムを用意しています。[21] コンサルタント会社のブーズ・アレン・ハミルトンには「Inside First」という社内リクルート制度があります。これは、空白のポストを埋めるために必要なスキルを身に付けてもらおうとキャリアコーチが従業員をサポートする仕組みです。部下に次にどんな仕事をしたいのかを尋ねるだけで、教育やトレーニング、カンファレンスへの参加、さらには仕事の目標を達成する方法について話し合うきっかけになります。

貴重な従業員が職場以外の場所でボランティアができる世界では、従業員への「投資」が有能なアンバサダー（親善大使）を生み出す手段にもなります。自らの仕事を愛する従業員であればこそ、彼らの活動が組織のための採用活動につながる可能性もあるのです。口コミが最強のマーケティングツールであるように、組織の伝道に勤しむ従業員は採用活動にうってつけです。

ザッポスで調査を実施したときに私が実際、目にしたことですが、オフの日にこの調査に参加してくれた「ザッポニアン」（ザッポスの社員のこと）の約半数がザッポスのロゴ入りTシャツを着ていたのです。私がその理由を尋ねると、彼らはザッポスの価値観に共感しており、ザッポスのために働くことが彼ら自身のアイデンティティの大きな部分を占めているから、と話してくれました。ザッポスが同社の宣伝に進んで協力してくれる熱心なファンを生み出してきたことはよく知られています。2013年には350件の求人に対し、約3万人が応募するほどの人気ぶりでした。ザッポスは翌2014年に公開求人を全面的に廃止。現在は、「アンバサダー」が専用のソフトウェアプラットフォームを活用して、在職者からの紹介を頼りに非公開で採用活動を行っています。[22]

「投資」が生むプラスの効果

私は以前、経営刷新に取り組んでいたある大手人材育成会社を調査したことがあります。Ofactor調査は、誰もが感覚的に捉えていた問題を明確化しました。「投資」がなされていなかったのです。より良い機会を求めて、同社から有能な人材が次々に去っていく理由がこれで説明できました。新たな幹部陣は、全従業員が参加するタウンホールミーティングを実施。従業員の不安に耳を傾け、先のOfactor調査で特定された問題点の解消に取り組む意向を伝えました(「オープン化」)。

私はこの新しい経営チームと協力して、「期待」、「委任」、および「投資」を増やすことに重点を置いた戦略プランを策定しました。従業員のトレーニングプログラムに資金を投入し、キャリアカウンセリングを提供し、外部でトレーニングを受ける機会を支援するための予算が承認されました。「全人的評価」も取り入れました。社長が、全社集会での年間業績レビューを廃止すると発表すると、従業員たちからざわめきとともにスタンディングオベーションが起きました。それまで、レビューする側だった管理者も、現場の従業員同様、ほっと胸をなでおろしました。こうして次々に刷新が行われた結果、1年後には職場に活気があふれ、売上高もアップ。従業員は日々会社に行くのが楽しみになるほど変化したのです。

すべての介入と同様、「投資」の変更は実験と見なすべきです。私が協力した金融サービス会社は、部門間のOfactorスコアに著しい差異が認められました。特に信頼性の低い部門は保険を担当する部門でした。保険の販売は将来性のない仕事と見なされていたせいで、離職率の高さに悩まされていました。上級副社長が私にこぼしていたように、「ここの従業員はすぐに辞めてしまう」からこそ、「投資」は特に低く抑えられていました（40パーセンタイル）。私は、やんわりと、因果関係を逆にたどってみてはどうかと提案してみました。その上で、「投資」を改善する一連の施策を検討するお手伝いができると伝えたのです。

私たちが設計したマネジメント実験は、従業員の離職率を主な成果指標とすることで改善点を把握するようにしました。計画ではまず、保険担当部門の従業員と面談し、もろもろの変更について話し合うことにしました。この面談では、今後のキャリアパスを提示し、従業員が保険の販売担当から、他の保険のポジション、さらには会社内の他のポジションに昇進できることを示唆します。従業員にプロとして成長してもらうための投資も承認されました。電話対応業務からより短期間でキャリアアップできるトレーニングを提供することにしたのです。私は、部下のキャリア設計や相談に管理者が積極的に関与するためのトレーニングも提案しました。残念ながら、最後のこの提案は実現しませんでした。担当副社長に「その時間がない」と断られてしまったからです。代わりに提案したのは、メンター／キャリアコーチ／ライフコーチの採用です。これなら、会社が従業員の可能性に投資している証となるだけでなく、従業員に対する長期的なコミットメントを構築しようという明確な意思表示になります。

折しもこのマネジメント実験を実施していた2008年にリーマン・ショックが発生。同社の財務状況が悪化したため、実験はやむなく中止されました。もはや、離職率の低下と業績の向上に実験がどのような影響を及ぼしたのか追跡することはできませんでした。しかし、このアプローチに間違いはありません。まずは最低のOfactor因子に対するマネジメント実験を実施し、主な成果指標を変えてその有効性をテストする。その作業を繰り返せばいいのです。

ザッポスでは、長年、驚くほど面倒見の良いフルタイムのライフコーチを抱えていました。彼女の名前は、オーガスト・スコット。私もザッポスの文化を評価しているときに会ったことがあります。彼女は、ザッポニアンのために、住宅購入資金を蓄える方法や育児と仕事を両立する方法、果ては大学で学位を取る方法まで、実にさまざまなアドバイスをしていました。また、嫌なことがあった人（あるいは、いいことがあった人）がいれば、話を聞いてあげたりもしました。彼女は先日ザッポスを退職しましたが、今では別の人がライフコーチを務めています。

Tips3 ゲームを活用する

専門教育は「投資」の中核部分です。経済誌『フォーチュン』の「働きがいのある会社」にランクインする企業の多くが、そうでない企業と比べ、社員教育にはるかに多くの資金を投入しています。たとえば、スターバックスのバリスタは、入社後最初の4週間のうち、少なくとも24時間のトレーニングを受けています。中にはコーヒーの歴史やドリンクの準備、顧客サービス、小売業について学ぶクラスがあります。その他にも、スタッフは全員、完璧なコーヒーの入れ方を学ぶ4時間のワークショップに参加することが義務付けられています。The Container Storeでは、入社1年目のフルタイムの従業員が年間263時間のトレーニングを業務時間内に受けています。ちなみに業界の標準的なトレーニング時間は年で約8時間です。しかも、同社の場合、2年目以降も年間100時間以上のトレーニングが受けられます。[23]

世界最大の小口貨物輸送会社のＵＰＳは２０１０年からトラック運転手向けトレーニングにビデオゲームを導入したことで、大きな成果を挙げています。同社はマサチューセッツ工科大学（ＭＩＴ）、バージニア工科大学、および非営利組織「Future of Life Institute」と提携し、最先端技術を使った次世代型トレーニング施設「UPS Integrad」を設立しました。

この施設は、ミレニアル世代の訓練生がＵＰＳの配送プロセスを学べるように設計されています。同施設は、３Ｄシミュレーションやウェブ配信授業の他、従来型の教室での講義も提供しています。訓練生は初回の講義が終了すると、ＵＰＳトラックに乗り込む前に、ＶＲビデオゲームを使ったテストを受けます。この訓練ゲームは、本物そっくりのバーチャル空間を走行しながら、路上の障害物を特定し回避する能力をテストするもので、プレーヤーは20分間に５件の配達を完了しないとレベルをクリアできません。こうした魅力的なトレーニング手法を採用したことで、運転中のけがによるコストは56％低減。配送コストを12％削減し、７％の効率アップを達成しました。同社の試算では、このプログラムによる費用対効果は9.2％でした。運転中の事故が減り、顧客満足度がアップしたことは言うまでもありません。ＵＰＳは世界全体で10万２０００人に上るドライバーを抱え、年間走行距離は延べ30億マイル（約48億キロメートル）超ですが、それに対して、１００万マイルあたりの事故件数は1.00未満と、世界でも類を見ない高い安全運転実績を誇ります。[24]

Tips4 睡眠に「投資」する

従業員向けのトレーニングを充実させる他にも、睡眠に「投資」する企業も多くなっています。ザッポス、グーグル、P&G、ハブスポット、フェイスブックは、昼寝用の部屋に「投資」しました。

最近のある推計によると、睡眠不足による生産性の低下は年間630億ドル規模に上るそうです。[25] 昼寝は認知力を高めるだけでなく、海馬内で神経伝達物質アセチルコリンの分泌が上昇することで、記憶力も向上します。海馬は、短期記憶を長期記憶に変える重要な働きを持つ器官です。昼寝は脳から毒素を排出させ、年齢とともに神経細胞が受けた累積的な損傷が軽減されるのです。

多くの企業は、赤ちゃんが誕生したばかりの両親や、出張などで慢性的な睡眠不足状態にある従業員を抱えています。昼寝専用スペースの導入は、従業員の睡眠不足を「思いやり」と「投資」で解消しようという取り組みでもあるのです。たった10分の睡眠でも、認知力を高めるには十分ですから、そのための投資をぜひ検討してみましょう。[26]

投資銀行業界で週100時間働くような社員が話題になった時代は終わりました。今では優秀な大卒者の多くが、金融業界ではなくテクノロジー業界に将来性を見出していま す。ゴールドマン・サックスでは、優秀な大卒生を確保するため、ゴールドマン・サックス・ユニバーシティーを設立。専門能力の育成を目的とした「投資」を実施しました。一方で、休憩を取ることも指導しています。従業員は、金曜の午後9時から日曜の午前9時まで、オフィスに出勤することが禁じられています。同時にこの期間は、在宅で仕事をしないよう要請されています。従業員はさらに、年に3週間以上の休暇を取るように言われています。ゴールドマン・サックスが実施したもう1つの「投資」。それは、新規採用のアナリストに適用していた2年ごとの更新契約を廃止することでした。今では契約期限を設けずアナリストを採用しています。

ゴールドマン・サックスの「投資」部門の共同責任者は、次のように述べています。「目的は、当社のアナリストにこの会社でキャリアを続けてもらうこと。従業員には与えられた課題に取り組んでもらいたいが、われわれとしても彼らに留まってもらえるようなペースで運営していきたい。当社で身に付けたスキルは、一生もの。これは精神論ではなく、マラソンだ」。ゴールドマン・サックスでは、アソシエート向けのマインドフルネス瞑想クラスも始まりました。その効果は、従業員1人あたりの医療費負担が約2000ドル節約できたのに対し、1人あたりの生産性は3000ドル増加したと推定されています。[27]

Tips5 生産的な休憩を入れる

ゴールドマン・サックスは、過労を減らすためのガイドラインを定めています。その取り組みは正しく、以下の調査でも明らかです。それは、2015年に60万人以上の労働者を対象に行われた分析で、週55時間以上勤務した人は、週35〜40時間の勤務だった人と比べ、脳卒中に見舞われる確率は33％高く、心疾患を患う確率は13％上回ることが分かりました。[28] 米国は、従業員1人あたりの労働時間が年平均1768時間と、世界で最も労働時間の長い国の1つです。一方、フランスやドイツは年間1500時間未満です。米国では、休暇を使い切れない人の割合は従業員の3人に1人に上っています。また、1日2回以上の休憩を取る時間がないと答えた人も2人に1人に上っています。[29] タワーズワトソンの調査では、少なくとも90分ごとに1回、短い休憩を取る人は、休憩が1日1度だけ、あるいはまったく休みなしで働く人と比べて、集中力が28％高いことが分かりました。また、前者は、健康や幸福面でも後者を30％上回る結果を示しました。[30]

現ローマ法王フランシスコも、仕事はほどほどにするよう提唱しています。フランシスコ法王は、2014年の枢機卿らに向けたクリスマスのあいさつで、「仕事をした人には休みが必要。それは良いことであり、真剣に受け止めるべきだ」と述べ、働き過ぎを厳しく批判しました。[31]

2001年のこと、英国・オランダの一般消費財メーカー、ユニリーバは危機的な状況に直面していました。ストレスや過労のために上級幹部が相次いで辞職したのです。その対策として、ユニリーバは「Lamplighter」〔街灯に明かりをつける人の意〕という、安全と福利厚生のためのプログラムを立ち上げ、慢性的なストレスを減らして上級幹部が自身の行動力や任務遂行能力を管理できるようにしたのです。このプログラムが早期に成功を収めたことから、同社はただちに、世界各地の従業員17万2000人を対象に適用を開始しました。

プログラムでは従業員の心身の健康を評価し、個人のスコアカードを作成。チームのメンバーは、このカードを参考にして個々のワーク・ライフ・インテグレーション計画を作成します。これらの計画には、エクササイズや栄養面の目標の他、必要に応じて心理カウンセリングも含まれています。ユニリーバの分析では、プログラムに1ポンド支出するごとに、3.73ポンド分がリターンとなって生産性向上に貢献していることが明らかになりました。[32]

従業員に週40時間勤務を約束することも、健全で安定した職場をつくり出すことへの「投資」です。週40時間の仕事に全力を尽くしたら、それ以上仕事をしない勤務スタイルは、「ファーム40」と呼ばれています。ファーム40を採用している住宅ローン融資会社のUnited Shore Financial Servicesなどの企業は、午後6時5分には駐車場を空っぽにして、しかも従業員には仕事を家に持ち帰らないよう求めています。[33] 私は以前、午後8時を過ぎないと誰ひとり帰らない職場と、反対に午後5時にはオフィスがガラガラになる職場で仕事をした経験があります。8時を過ぎないと帰れないと知ったら、必然的に買い物は会社からオンラインで注文し、何度も休憩するなど、5時に消灯するのが分かっている場合と比べて、日中の仕事に身が入らなくなるでしょう。午後5時もしくは6時に帰宅させる規定をつくることは、従業員が活気に満ちることへの「投資」になります。

従業員が長く働ける環境づくり

組織文化への「投資」に熱心な組織は、従業員の専門的および個人的な能力開発に積極的に取り組みます。第7章で触れた統計解析ソフトを手がけるSAS Instituteでは、さまざまな方法で従業員への「投資」が行われています。具体的には、ありとあらゆるスキルが学べるクラスが用意されており、キャリア・メンターのアドバイスも受けられます。SASでは他にも重要な「投資」判断を行っています。それは、下請け会社への委託をできるだけ抑え、代わりに同社が必要とする人材を雇用するということ。これによって、従業員はSASにコミットし、SASも従業員にコミットできるようになります。また、専門分野以外にも「投資」しており、高齢の両親のためにケアサービスを見つける手助けや、養子を育てるための金銭的支援や有給休暇の支給、企業併設のスポーツ・レクリエーション施設、アーティスト・イン・レジデンスの招へい、ヘルシーな食事の提供など、実にさまざまです。おかげでSASは人材獲得競争で勝利しています。同社の求人は、毎回200件以上の応募があるほど高い人気があります。[34]

ダヴィータ・ヘルスケア・パートナーズは、ダヴィータ・ユニバーシティーを設立し、従業員の専門能力と個人的な能力開発として、対面授業とオンライン講座を700本近く提供しています。ダヴィータの調べによると、コースを受講していない従業員の離職率が28%であるのに対し、コースを受講した従業員の離職率はわずか12%でした。ダヴィータは従業員の能力開発プログラムに年間1000万ドル超を投じており、これまでに制作されたコンテンツは延べ100万時間分を上回っています。ダヴィータはまた、医療・歯科治療給付、利益配当、授業料の払い戻しを含むさまざまな教育支援も提供しています。こうした従業員一人ひとりに焦点を当てる取り組みが評価され、ダヴィータは『フォーチュン』の「世界で最も称賛されている企業」リストで毎年上位にランクインしています。[35]

劇場運営と不動産開発のDecurion Corp.は、全人的成長を軸として文化が形成されています。同社のウェブサイトのトップページを見ると、まず目に付くのが、「Decurionは、私たちの豊かな暮らしの基盤を提供します」というスローガンです。社長のクリストファー・フォアマンは、「ビジネスとは、一体性やつながり、豊かさ、目的を持つ場所のことだと考えている」と述べています。[36] そのため、同社では、1100人の「メンバー」（従業員ではありません）に対して、教養、専門性、感性を豊かにする「投資」を行っています。プロとしての成長を後押しするために、メンバーの配置換えや、新しい能力や資格を取得したメンバーを社内の全員に知らせる「オベーション」も行います。技能の習熟度を高めるため、メンバー同士でスキルを教え合います。一人ひとりの関心や目標を担当業務とすり合わせることで個人の成長を促します。Decurion のマネージャーは、コーチ、さらにはサーバントリーダー〔「奉仕型リーダー」とも呼ばれる。従来の「支配型リーダー」とは対照的に、控えめで誠実で思いやりがあり、ときには自己犠牲も厭わない〕としての訓練を受け、目標（「期待」）に集中するメンバーとの対話をリードし、リスクを取ることを推奨します（「委任」）。他にも「委譲」に重点を置いた「自己管理実践」と呼ばれる10週間のコースを設けており、これもメンバーへの「投資」の1つです。

「委譲」を重視したアプローチなら、トレーニングや育成においても、自立した個人が自分の学びたいことを選択して学べるようになります。このようなアプローチを導入するには、さまざまな学習機会をさまざまな時間に設定し、従業員が自分の関心に応じて参加できるようにすることが必要です。作業時間を自己管理する従業員は、新しい知識やスキルを習得する際に、どの時間帯（日中、夜間、週末など）にどのような方法（対面授業かオンライン講義か）をとるか、選ぶことができます。

従業員が主導するトレーニング方式を採用している企業は数多く存在します。教えるのは仕事以外のスキルでも大丈夫。同僚にTED talk のやり方、サルサの歌や踊りを教えることでも、信頼の支えとなる社会的な絆は形成できます。米国では定型業務のジョブシェアリング率が25%に低下したことを考えると、この点は特に重要です。私たちの誰もがスキルの更新に「投資」することが必要なのです。

幅広い教育機会を提供し、将来を見据えた「全人的評価」を採用することで、従業員のエンゲージメントと定着に「投資」することができます。優れた組織は、「投資」を優先させ、専門的なスキルの習得にとどまらず、幅広い教育機会を提供することで、従業員が物質的にも精神的にも満ち足りた生活を送れるようにします。その結果、従業員が組織のために長く働き続けることが保証されるのです。

月曜の朝のリスト

- 将来を見越した「全人的評価」を作成しましょう。
- さらなる教育やトレーニングの機会を提供するか、補助金を支給しましょう。
- 職場でウェルネスプログラムを提供するか、外部プログラムを利用するための補助金を支給し、それらが生産性に及ぼす影響を追跡してみましょう。

- 従業員の専門性と教養を深める教育プログラムを作成しましょう。
- 従業員を仕事面・生活面で支える専属のコーチ／メンターを採用し、就業時間中に相談に乗れるようにします。

第9章

Natural

あなたは同僚にとって話しかけやすい存在ですか？

誠実で謙虚なリーダーがいる組織は、従業員が「自然体」でいられる組織です。
組織の信頼の82％は「自然体」で説明できます。

ミシガン州ホランドにあるハーマンミラーの本社を訪問したときのこと。ハーマンミラーの北米担当社長、カート・ピューレンの姿が目に入りました。彼はオープンオフィス（それがまた実に素晴らしい！）のソファに腰かけ、ノートPCに何やら打ち込んでいます。ピューレンを見かけたのは実に1年ぶりでした。私は、あいさつがてら彼を休憩に誘ってみることにしました。ちょうど次年度の戦略プランを練っていた彼は、「一息つこう！」と言って立ち上がり、一緒に併設のコーヒーバーに向かいました。ラテのカップを手に2人で話し込んでいると、何人かの従業員たちが彼にあいさつしに来ました。ピューレンはその都度、フレンドリーで思いやりのある面持ちで接しています。まさに、リーダーにふさわしい振る舞いです。彼は友好的で、とても優秀。それなのに飾り気がなく（実際、シャツもノーネクタイ！）、リラックスしていて、一人ひとりの名前もちゃんと覚えているのです。神経科学によって証明されていることですが、これらはいずれも信頼の文化をつくり出す上で大切なポイント。ピューレンは要職にありながら、自分がそうしたポジションにあることをまわりにひけらかすことはありません。

ピューレンは「自然体」で、リーダーのあるべき姿を絵に描いたような人です。私と話をしていたときも、親しみやすく、率直で気配りができ、しかも、人の反対を行くへそ曲がりな私の意見にも耳を貸してくれました。とにかくまわりの人に心から優しくできる人なのです。私たちは、お互いの子どものこと、お互いが目指しているキャリアのこと、それらの目標をどのように叶えていくかについて語り合いました。私は、ピューレンと1時間語り合い、幸運を感じました。彼は、年間10億ドルを稼ぎ出す部門の責任者なのです。

弱さをさらけ出せるか否か

私たちは、社会的な生き物であるがゆえに、リーダーを必要とします。「自然体」のリーダーとは、試合に負けたときに自分の責任を受け入れ、勝った相手を祝福する人であり、最前線の現場から重役室まで、あらゆるレベルで組織を知り尽くしている人のことです。リーダーの資質は、部下のエンゲージメントにおける70%までの変動を説明できます【1】。この章では、「自然体」のリーダーとはどのような人なのか、科学と実践の両面から具体例を挙げて説明しましょう。

人間はインチキな人とそうでない人を見分けるのが得意です。そのため、信頼の高い組織を率いるリーダーは、誰が見ても間違いなく信頼できる人物でなければなりません。信頼の必要性を説くだけでなく、自ら具体化して見せる必要があるのです。私の研究室が行った神経科学実験で分かったことですが、信頼を構築するには、リーダー自身が自らの弱さをさらけ出すのも効果的な方法になります。あっけにとられている人のために、ここでちょっと説明しておきましょう。

まず言っておきたいのは、リーダーは全知全能の神ではありません。彼らも組織のために最善を尽くそうと努力している人たちです。「自然体」のリーダーは自らの弱さを受け入れ、それを隠し立てしません。それは強さの裏返しでもあります。なぜなら、他者に対する優位性を誇示するのではなく、チームワークを大切にしているというメッセージだからです。

オープンソースソフトウェアの開発・販売を手がけるRed HatのCEO、ジェームス・ホワイトハーストは、かつて次のように語っています。「自分が知らないことを正直に打ち明けることは、実は思っていたのとは正反対の効果があることに気付きました。私自身に対する信頼を構築する上で役立ったのです」[2]。グーグルのチームマネージャー、マット・サカグチも、チームの軋轢《あつれき》について話し合うために集まったあるオフサイトの会合で、これと同じことを経験しました。マットは、数年前からステージ4の癌と闘っていましたが、体調が一向に良くならないと打ち明けたのです。彼のこの告白に促されるように、チームメートもそれぞれが直面している困難を語り始めました。会合が終わるまでに、それまでの軋轢は解消し、マットは有能なリーダーとしてチームメートたちに温かく受け入れられたのです[3]。

他人に助けを乞うなど愚にもつかない話、ましてや相手の説明を求めるどころか、自分から分からないことを聞くなんて、自分の弱みをさらけ出すようなもの——多くのリーダーはそんな風に考えているようです。私の研究室の実験では、「自然体」の人を見るとオキシトシンが分泌され、組織の目標のためにより一生懸命取り組もうという気持ちになることが分かっています。[4]「自然体」のリーダーになるには、従業員の助けを求めることを日々の習慣にすべきです。互いに協力するという、太古の昔から人類に備わっている衝動を活用しない手はありません。「委任」と「委譲」を実施したときは、実際に部下に助けを求めることが不可欠です。上から尊大な態度で結果を要求するのは恐怖による誘導であり、明確な「期待」を設定しつつ支援を要請するのは、信頼による誘導です。半導体メーカー、クアルコムのCEOスティーブ・モレンコフが、リーダーシップの資質として特に大切にしているのは「(自分には)答えが分からない」と素直に認めることだと話しています。[5]

ただし、深刻な事態が起きている場合にこのルールは当てはまりません。このようなとき、リーダーはルールの変更を宣言する必要もあるでしょう。とはいえ、ほとんどの場合、あなた自身がすべての答えを持っているわけではないと素直に認めることが、従業員の関心を引く効果的な方法です。人に助けを求めることで、リーダーなら何でも知っていると見なされることの精神的負担を取り除く助けにもなります。組織の戦略的計画は、プロジェクトを進めるためにリーダーが最善の判断を下すこと、つまり、1つの実験なのです。もしも何かがうまくいかなくても、「自然体」のリーダーなら自分のミスを認め、何か違うことを試してみましょう。

テストステロンの影響に抗う

「自然体」の科学は魅力的です。男女ともにリーダーなど社会的地位の高い人は、慢性的にテストステロンが高い傾向があります。第7章で述べたように、テストステロンは、身勝手さを増し、共感力を弱めます。この2つの欠点は信頼を台無しにします。高いテストステロンの影響は行動だけではなく、心理面にも表れます。

背が高く筋肉質の人の脳は、若いころからテストステロンを吸収してきました。私は「フォーチュン50」に名を連ねる金融サービス企業の上級幹部を前にプレゼンテーションを行ったとき、彼らが男女ともに大柄だったことが強く印象に残っています。「ここは、アルファ・メイルとアルファ・フィメイルたちの職場だ」――思い起こすとそんなことを考えていました。アルファたちは組織の重役室に行けばどこにでもいます。米国では、男性の14.5%が身長6フィート（約183センチメートル）超の人々で占められています。しかも、「フォーチュン500」企業の中で身長が6フィート超の男性CEOが占める割合はなんと58%。[6] 組織のトップに立つと、「自然体」のリーダーとしての能力が落ちるのは、ある意味、やむを得ないことなのです。

このような生物学的な特徴を克服し、「自然体」リーダーを目指すにはどうすればいいのでしょうか？　それにはまず、問題点を自覚することから始めます。自己認識は、反射的な行動を観察し修正する能力をもたらします。それには自分のことに夢中になる衝動を自制する必要がありますが、そうすることは可能です。脳はエネルギー集約的な器官であるため、脳の回路は変化を受け入れないモードに初期設定することでカロリーを節約しています。これが私たちの行動習慣を支える神経科学的な根拠です。習慣を変えることは簡単ではありませんが、意識的な努力と、それに対するまわりからのフィードバックがあれば達成できます。あるいはマイケル・デルのように、古い習慣を新しい習慣に置き換えるために、エグゼクティブコーチをつけるという手もあります。

ミスを認めることで信頼が増す

さらに驚くべきことに、「自然体」のリーダーは不完全さを受け入れています。これは、それほどおかしなことではありません。心理学者は、優れた人がへまをすると、周囲の好感度が上がることを発見し、これを「しくじり効果」と呼びました。

一例として、ジョン・F・ケネディ大統領の人気が高まったのは、1961年のピッグス湾上陸作戦（キューバ侵攻）に失敗した責任を認めたからでした。[7] この「失敗」は、彼が最善の決断を下そうとしたことの表れであり、より有能なリーダーたるべく、国民の支持を必要とする姿勢を示したのです。1960年代に行われた実験によると、人々は完璧に思える人物には嫌悪感を持ち、自分と同じように不完全に見える人物には好感を抱く傾向があることが分かっています。[8] うわべだけ完璧になろうとするリーダーは、周囲に不安を与えるだけです。

ミスを認めることは信頼できる人かどうかの証になります。大統領時代のビル・クリントンが、モニカ・ルインスキーとの関係を記した宣誓供述について大陪審で問われた際、苦し紛れにこう証言しました。「それは is という言葉がどういう意味かによる」。また、リチャード・ニクソンは、ウォーターゲート事件の責任を問われると、他人事のように「過ちが犯された」という表現を使っていました。対照的に、スティーブ・ジョブズは、「革新的なことをしていると、たまに過ちを犯す。いちばん良いのは、すぐその過ちを認めて、次の革新を急ぐことだ」と発言しました。[9] 安心感があるのはどちらのリーダーでしょうか。信頼や自信を呼び起こすのはどちらのリーダーでしょうか。ピーター・ドラッカーは次のように述べています。「地位は特権や権力を与えるものではない。それは責任を課すものだ」

ひとつ重要な注意点があります。それは、欠点を隠さないリーダーが信頼を生むのは、その人物が有能だと見なされている場合に限られるということ。無能なリーダーが部下に助けを求めても、信頼感を損ねるだけです。

リーダーが文化を形にする

組織の文化には、創設者だけでなく現在のリーダーの振る舞いや人柄がにじみ出るものです。リーダーは組織の計画を設定し、組織の文化を左右し、組織の内外に対し文化のお手本となります。経営コンサルティング会社マッキンゼー・アンド・カンパニーでは、組織の文化を変える取り組みのうち、約半分が失敗していました。理由を調べたところ、リーダーが新しい行動の手本を示さないこと、従業員が保守的なあまり変化を受け入れようとしないことなどが分かりました。[10] 組織文化に真の変化をもたらすには、リーダーが本気で取り組む必要があるのです。

リーダーシップの質は、医師など主に自己管理している人のエンゲージメントにも影響を及ぼします。医師の46%は、長時間勤務による疲弊を訴えています。メイヨー・クリニックによる調査で、経営幹部のリーダーシップが及ぼす効果を医師に評価（60ポイント評価）してもらったところ、経営陣のリーダーシップに対する評価が1ポイント上昇するごとに、医師が感じる疲労の程度は3.3%改善されたことが分かりました。[11]

どんなスキルも同じことですが、「自然体」のリーダーとしての心構えや振る舞いも、やり方次第で板についてきます。この章の残りの部分では、そうした例をご紹介します。たとえ最初はしっくりこなくても、じっくり取り組めば習慣化できます。

Tips 1

飾らない

「自然体」のリーダーは、ありのままの自分の姿を見てもらおうとします。どんなに隠そうとしても、素の自分はいつか表に出てしまうもの。無理に隠そうとエネルギーを無駄遣いせず、気楽にやりましょう。2013年末に行われたザッポスの全社集会で、CEOのトニー・シェイがマイリー・サイラスそっくりの衣装でステージに登場したのです。ちょうど、彼女が「MTVビデオ・ミュージック・アワード」で挑発的な腰振りダンスを披露したことが物議を醸していた頃でした。このパフォーマンスはシェイ自身も含め、従業員たちに大うけ。リラックスしたムードの中、シェイはザッポスの次年度の戦略について語りました。

自分らしさをさらに深く追求したのが、アップルのティム・クックCEOでしょう。彼は、2014年の『ブルームバーグ ビジネスウィーク』への寄稿で、ゲイであることを告白。「自然体」のリーダーとしての評価を高めました。[12] クックCEOが自らの性的指向に嫌悪感を持つ人がいるであろうことを認めた上で、プライベートな生き方を進んで公表したことに多くの人々から称賛の声が上がりました。

私はアルゼンチンのある市場調査会社を訪問したとき、自分らしさを示す素晴らしい方法に出合いました。なんとその会社の社長から手渡された名刺には、ポニーにまたがった自身の子ども時代の写真が印刷されていたのです。これほど相手にありのままの自分をオープンにする方法はないでしょう。他の従業員の名刺も子ども時代の写真付き。社長の名刺の写真に負けず劣らず、どれもちょっぴり気恥ずかしい、あどけない子ども時代の写真です。同社は、このような個性的な名刺を配ることで、同社の従業員に親しみを持ってもらうことを思いついたのでしょう。そしてその名刺を受け取った人たちに、大人は子どもを大きくしただけ、というメッセージを伝えているのです。私たちは皆、個性あふれる人間ですから、自分の人と違う部分を利用すればいいのです。

Tips 2 皆の声に耳を傾ける

ここまでの章で述べてきたように、リーダーは新しい情報を吸収し、それを広く共有する必要があります。上級幹部に直接相談したり、従業員とオープンに接したりする時間があれば、組織内における双方向のコミュニケーションはより容易になります。米投資信託大手バンガード・グループの前CEO、ジャック・ブレナンは、定期的に従業員とともに昼食をとりながら、彼らの関心事について話し合う時間を取っていました。一緒に食事を取ることで、会社のトップと面と向かって話す緊張感をなくし、従業員からブレナン自身をチームメンバーとして見てもらうことができたのです。ブレナンは、次のように語っています。「私たちは興味のある人（リーダー）に目を向け、良くも悪くもその人の行いを模倣する」[13]。「自然体」のリーダーは、あらゆるレベルの従業員とつながっています。あなたは、清掃スタッフの名前を知っていますか？　彼らも職場にいる他の従業員と同じように大切な人たちであり、最前線の情報を把握している立派なチームメートです。

これとは逆のアプローチを取っている企業も確かにあります。私は、アメリカ南部に拠点を置く法人向けサービス企業の経営再建についてアドバイスしたことがあります。その企業には広大なキャンパスがあり、敷地内に引退した幹部の名前を冠したカンファレンスルームがありました。なぜ、カンファレンスルームに30年間勤めあげた建物管理人の名前を付けないのでしょう？　組織の目標を達成しようと取り組むとき、従業員の労に報いることは、組織が一人ひとりを大切にするというメッセージになります。

「自然体」のリーダーは、自分のことを知ってもらうために、従業員とも知り合いになろうと努力します。自分の価値観や経験を共有し、この組織があなたにとって大切な理由について話し合い、従業員との情緒的な結び付きを形成しましょう。従業員にハグであいさつすれば、オキシトシンの分泌も刺激できます。オキシトシンが放出されると、まわりの人にも伝搬します。

Tips3 ファーストネームで呼ぶ

親しみやすいリーダーになるために、名前の上から仰々しい肩書を外してしまった人もいます。中国のパソコンメーカー、レノボ・グループ（聯想集団）は、1999年から本格的なグローバル化に乗り出しました。当時は、同社の文化は極めて中国的でした。階級を意識せず自由に発言することはできない。会議には毎回お茶が出される。そして、肩書が圧倒的にものを言う職場だったのです。楊CEOは社員から「楊首席執行官」と呼ばれていました。そんな中、情報のフローを促進し、イノベーションを強化するため、楊CEOはレノボの文化を刷新することにしたのです。さっそく実行したことのひとつが、「こんにちは！　私の名前は元慶です」というステッカーを身に付け、自ら北京の本社ビルのロビーに立つことでした。彼は1週間以上にわたり、玄関を出入りする人たちと自ら握手を交わしました。従業員には自分の名前をファーストネームで呼んでもらうようにしました。さらに、オフィスの公用語も英語に変更しました。

一連の変更は功を奏しました。レノボはアジア圏だけで展開していたブランドから、パソコン出荷台数で世界トップの巨大グローバル企業へと変貌を遂げたのです。同社の年間売上高は460億ドルを上回ります。[14]「オペーション」も取り入れています。2012年に300万ドルのボーナスが支給されたときは、楊CEOは受け取りを辞退し、そのお金を1万人のレノボ社員に分配したのです。楊CEOはいまや、投資専門紙『バロンズ』が公表する「世界のベストCEO」ランキングの常連です。[15]

Tips4 最前線に立つ

組織のリーダーだからといって、役員室にこもる必要はありません。リーダーなら情報の獲得が必要ですし、自ら取ってくる情報ほど価値の高いものはありません。サウスウエスト航空の創設者ハーバート・ケレハーは、定期的に搭乗して機内の乗客に飲み物をサービスしたり、変わった帽子やおかしな服装で空港ロビーに現れて人々を笑わせたり、リラックスさせたりしていました。経済誌『フォーチュン』がケレハーを米国のベストCEOの1人に選出したのも、彼が自ら現場に赴き、他の従業員と同じように顧客に対応していたこと、また、そうすることを心から楽しんでいたことが理由です。[16]

同じようなケースとして、全米ベストホスピタルにランクされているクリーブランド・クリニックでも、幹部陣が医療スタッフに混じって治療の現場に立つ「リーダーシップラウンド」体験が義務付けられています。ザッポスの従業員は、クリスマスシーズンの繁忙期になると、少なくとも10日間、顧客サービスセンターの電話業務に当たることになっています。CEOのトニー・シェイも例外ではありません。シェイは、まわりからCEOと呼ばれても彼自身はそう認識しておらず、顧客ロイヤルティーチームの席に座って、他の従業員と同じように10時間の顧客対応業務をこなしています。

現ローマ法王は、ローマカトリック教会の最高位聖職者に選出されると「フランシスコ」を名乗りました。そしてすぐに、バチカンで働く職員たちが利用する食堂で一緒に昼食をとることに決めたのです。法王は自ら食事を受け取るためにトレーを持って列に並び、倉庫係の職員たちと同じテーブルにつき、一緒に食事をしながらサッカー話に興じていました。このように、フランシスコ法王はとても謙虚な人なのです。その人間味あふれる人となりは、多くの人々に親しみを与えています。[17]

最前線の現場に立つことで組織がうまく機能しているか確認する任務はこれまでも、後方からの指示のもとに行われてきました。「自然体」のリーダーは、自分以外の従業員の成功を実現することが任務であり、組織のトップに君臨する最強の司令官ではないと自覚しています。そのために、敢えて自分以外の人々にスポットライトを当てるのも「自然体」のリーダーならではのやり方です。プログレッシブ・ロック・バンド「トゥール（Tool）」は、ボーカリストのメイナード・ジェームス・キーナンがステージ後方でパフォーマンスするのに対し、ドラマーとベースがステージの前面に陣取っています。ステージ上のキーナンは、なぜか聴衆に目を向けず、バックドロップ（舞台幕）や舞台袖の方を向いていることがよくあります。彼はバンドのリードボーカリストですが、その職人的なこだわりは、文字通り、自分ではなく他のメンバーにスポットライトを当てることにも表れています。

Tips5 誠実になる

「自然体」のリーダーは信用を保つために正直であろうとします。何でも知っているふりをすると、いつかぼろが出て、あなたの信頼に傷がつきます。ベライゾン・コミュニケーションズのローウェル・マクアダムCEOは、これを簡潔に「(CEOとして)誠実さこそあなた自身のブランドだ」と表現しています。[18] 誠実さは健康の秘訣でもあります。ある調査で、5週間なるべく嘘をつかないよう指示された人は、いつも通り嘘をつくことが認められていた対照群の人よりのどの痛みや頭痛、吐き気を催す頻度が低かったことが分かりました。[19] 正直であることが最善策である理由は、簡単に認識できるからです。正直でいることで、嘘をついたり、真実を捻じ曲げたりするときよりも、希少な神経資源を浪費せずに済みます。どんな嘘もいつかばれるもの。わざわざリスクを冒す必要はないのです。

要するに、正直は信頼を生むということ。ゼネラル・エレクトリック（GE）の元CEOで、冷徹な経営手腕で知られるあのジャック・ウェルチでさえ、同じ見方をしています。「『Leadership 2.0』の中心にあるものは（中略）真実と信頼だ」[20]〔「Leadership 2.0」は世界経済フォーラム内のセッションの1つ〕

Tips6 他者に敬意を払う

『ハーバード・ビジネス・レビュー』が行った世界的な調査では、リーダーが他者に敬意を払うことは、組織の目標に対するコミットメントに影響を及ぼす、最も重要なリーダーシップ行動であることが明らかになりました。[21]

「自然体」のリーダーは、相手に不快感を与えることなく、高い「期待」を設定します。ネットフリックスのCEO、リード・ヘイスティングスは、同社には「頭のいいろくでなし」は要らないと宣言しています。誰も一緒に働きたがらないような人がいると、結局「効果的なチームワークにするためのコストが高くつく」という理屈です。ヒューレット・パッカードの元CEO、カーリー・フィオリーナも「人の神経を逆撫でする人は成功しない」と語っています。[22]

ミーティングを定時に開始・終了させるのも、リーダーが従業員に敬意を示す1つの方法です。私も数年前から実行するようにしました。すると、他のことまでスケジュールどおりこなそうと心がけるようになったのです。既にあなたが部下に権限を「委譲」しているなら、ミーティングは極力短くし、さらには参加をオプションにすることでも従業員に敬意を示すことができます。ただし、全社集会だけは例外です。それ以外のミーティングは、従業員自身でプロジェクトを管理しているならば、十分出席に値するものかどうかを彼らより自身に判断してもらうべきでしょう。部下にミーティングの出席を強制するのは、彼らよりも自分の方が時間の管理の仕方を知っていると言っているようなものです。

リーダーと従業員の適切な給料差

従業員のスキルを認め、適切な対価を支払うことも彼らに敬意を示す方法です。言い換えれば、リーダーに途方もない金額を支払わないこと。2011年のことですが、ピーター・ドラッカーは米証券取引委員会に宛てた書簡で次のように指摘していました。「これまでに何度も経営者に申し上げてきたことですが、従業員の反感やモラルの低下を招きたくなければ（上級幹部と従業員の給与格差は）20対1を超えるべきではありません」。[23] ところが現実はそうはいきませんでした。2015年にS&P500企業のCEOに支払われた平均給与額は1380万ドルでした。一方、同じ企業の従業員の給与額は中央値が7万7800ドルと、177倍もの開きがあったのです。[24] これではドラッカーも立つ瀬がありません。

「自然体」のリーダーのお手本と言えば、コストコの創設者兼CEOのジム・シネガル氏でしょう。彼は、公平さに重きを置いた事業展開を進めることで、自社を米国第2位の小売業者に押し上げたのです。シネガルは、35万ドルの年収を得ていましたが、取締役会ですら、その額では少ないと指摘するほどでした。彼の給与は同社の平均的な社員の給与の10倍程度、最高給を稼ぐストアマネージャーの給与の2倍ほどでした。ジムは、毎日、自分の名前が書かれたコストコのネームタグを着用し、少なくとも月に1度はストアに赴き、現場で仕事をしました。彼は常にチームプレーヤーとして振る舞いました。[25] ジムは多くの人々に愛され、多くの従業員が彼のために仕事に励みました。そのひとつの証拠が、店舗における（顧客および従業員による）盗難率の低さに表れています。コストコの盗難率は、なんと業界平均の10分の1です。[26]

給与やボーナス、ストックオプションに関するうわさは、いずれ組織内で漏れ聞こえるようになるもの。幹部の給与が高すぎると、特に普段から部下に厳しい経費削減を求めている場合には、上層部に対する信頼が揺らぐ原因になります。実際、CEOの給与が増えると、企業の業績は悪化するというデータもあります。こうした高額報酬を受けているCEOが組織のトップに君臨する期間が長ければ長いほど、株価や会計利益の両面で業績が低迷する傾向が認められています。[27]

こうした「（組織の幹部に対する）給与の払い過ぎをやめさせよう」という動きは、「最高のパフォーマンスを得るには特に有能な幹部に高い報酬を支払わなければならない」というモチベーションにおける「X理論」的な見方に逆行します。一方で、モチベーションに関するほぼすべての研究は、「Y理論」を支持しています。すなわち、お金よりも内発的動機付けのほうが、より効果が高く、より持続性があるという見方です（「X理論」「Y理論」は人間の動機付けに関わる2

つの対立的な見解のこと。人間を「本来怠け者で、強制されたり、命令されたりしなければ仕事はしない」と解釈するのがX理論、「生まれながらに仕事が嫌いということはなく、条件次第では自ら責任を引き受けようとする」と解釈するのがY理論）。極めて高額な給与は、テストステロン濃度の上昇を引き起こし、自信過剰になったリーダーが自己中心的な決断を下したり、他人のアドバイスに耳を貸さなくなったりする原因になります。リーダーと従業員の給与にかなりの格差がある職場では、「自分たち」より「自分」が優位に立ちます。

反対に、信頼度の高い組織は、「自分」より「自分たち」が優位に立ちます。リーダーはドアの前でまず自分のエゴをチェックし、腕まくりして、他の従業員とともに最前線に立たなくてはなりません。もしもあなた自身が企業を創設した経験がある、あるいは上級管理職として十分な期間勤めてきたというのであれば、株式報酬が付与される可能性が高くなります。もちろん、それは理にかなっています。とはいえ、あなたが信頼を維持したいと思うなら、給料は妥当な金額に抑えるべきです。

「自然体」のリーダーか確かめるリスト

大手PR会社Ketchum《ケッチャム》の調査によると、企業ではCEOをトップとする従来の垂直型リーダーシップに代わって、フラットな「全員によるリーダーシップ」が急速に支持を広げています。これは、あらゆるレベルの従業員に決定権を付与する文化です。[28]「委譲」が行われている組織では、必然的に、誰もがリーダーとして、同時にフォロワー（部下）としての役目を果たすことが求められます。信頼が高いと、従業員一人ひとりが、さまざまなタイミング、さまざまな場所でリーダーシップの役割を担います。そこで、「自然体」でいることが上級幹部だけでなく、組織の全員にとって重要なのです。「自然体」は、誰もがリーダーシップの任務を引き受ける文化を確立します。これには、組織のあらゆるレベルで正式なリーダーシップトレーニングを提供することが必要です。もっと控えめなやり方をするなら、上級幹部の「顧客」は前線の従業員だということを行動で示せばいいのです。たとえば、ファーストフードチェーンのChik-fil-A《チックフィレイ》のＣＥＯ、ダン・キャシーのように、一部の企業ではリーダーが従業員のために洗車をしたり、朝食を運んだり、靴磨きをしたりしています。謙虚さはとても魅力的です。それは、ＣＥＯから客室清掃員まで、誰もが皆同じチームの一員であるという意識の表れなのです。

私は飛行機で移動することが多く、飛行機のことは何でも興味があります。民間航空機での空の旅が始まった頃、機長は絶対に過ちを犯さない「空の神様」であり、他人のアドバイスは、たとえそれが副操縦士によるものであっても聞き入れないのが当たり前でした。しかし、１９５０年代に飛行機を利用する旅行者が増加するのに伴い、「空の神様」たちによる墜落事故が急増。多くの乗客の命が犠牲になったのです。[29] こうしたことを背景に、良い機長と悪い機長の行動の違いを突き止めようと広範な調査が行われました。次の「責

A. 欠点のある機長とは

- □ 典型的な「男らしさ」と「(パイロットに)不可欠な資質」を併せ持っている。
- □ ストレスにさらされている乗務員、あるいは非常事態に直面している乗務員に能力差があることを認識していない。
- □ 手が空いている乗務員のリソース(スキルや知識、経験など)を活用することができない
- □ 他の乗務員が抱える問題や反応に鈍感である。
- □ コックピット内の緊張感を増幅させやすい。
- □ 乗務員のチームワークを頼りにコックピット内の雰囲気づくりをする可能性が低い。

B. 有能な機長とは

- □ 乗務員に個人の限界があることを認識している。
- □ 緊急時に乗務員の個人的な意思決定能力が低下していることを認識している。
- □ 自身の決定や行動に乗務員が釈然としないとき、疑問の声を挙げられるようにする。
- □ 個人的な問題が乗務員のパフォーマンスに影響しかねないことに敏感である。
- □ 個人の限界についてオープンに話し合う。
- □ 操縦時に、計画された行動や手順を声出し確認する必要性を認識している。
- □ 機長として、他の乗務員を指導する立場にあると認識している。
- □ コックピット内をリラックスした協調的な雰囲気にしなければならないことを認識している。
- □ 管理方式は状況や乗務員の構成によって異なるはずだと認識している。
- □ 機長には、乗務員の職務を調整する責任があることを強調している。【30】

任感のあるパイロットのためのガイドライン」は、「自然体」のリーダーのための優れたチェックリストです。思いやりと共感力のある「自然体」のリーダーとして、すべきこと、すべきでないことを簡潔に示しています。また、このリストからは、スタッフが対処できないときに、リーダーが進んで状況処理に当たる必要があるのが分かります。

サーバントリーダーも「自然体」のリーダーと言えます。[31] サーバントリーダーが第一に重視するのは、組織のメンバーの成功と充実した生活を手助けすることです。最近の調査によると、「世界の覇者」的な強気のリーダーよりもサーバントリーダーの方が、従業員の信頼が高いことが分かりました。[32]「自然体」のリーダーは、日々の仕事に情熱や強みや弱みを持ち込むことによって信頼の文化を強化します。信頼の文化は、リーダーがそれを完全に受け入れ、またリーダー自身も信頼できる人でないと、維持することができません。

ハーマンミラーのかつてのCEO、マックス・デ・プリーは、次のように記しています。「リーダーの責務は第一に事実を明確にすることだ。そして最後は『ありがとう』と言うこと。その間、リーダーは1人の奉仕役でありたい[33]」

月曜の朝のリスト

- 最低でも月に1度は現場に出て仕事をしてみましょう。
- 相手に結果を出すことを求める代わりに、助けを要請してみましょう。
- 自分が話をする2倍、相手の話を聞くようにしましょう。
- 謙虚に自分の思いを他者と共有してみましょう。
- すべての人に敬意を示すことを忘れずに。これを確実に実践するために、誰かを不当に扱ってしまったときは、その都度自分に10ドルの罰金を科す、あるいは慈善事業に寄付しましょう。

「喜び」は信頼と目標意識から生まれます。「信頼×目標」と「喜び」の相関係数は0.77です。

第10章

Joy＝Trust×Purpose

あなたの組織は、
目標が明確で、
働く人たちが
生き生きしていますか？

仕事での幸福

北欧言語には英語にはない独特の意味を持つ単語があります。デンマーク語の*arbejdsglaede*もその1つ。「仕事での幸福」という意味です。世界でも珍しいこのような言葉を、デンマークの人たちが使っているのはなぜなのでしょう。

その理由を探るために、私たちチームは1週間ラスベガスに滞在しました。コンベンション・センターに現れるデンマーク人をひそかに見張る……ためではありません。ラスベガスの中心街にあるオフィスビルの最上階の部屋にこもって、れっきとした神経科学実験を行っていたのです。被験者となったのは、全米で最も幸せな企業の1つといわれる、ザッポスの従業員、つまり「ザッポニアン」たちです。ザッポスに「*arbejdsglaede*」があるのは、この会社が「根っからの幸せ者」ばかりを採用しているせいなのか、それとも、同社の文化がそれを可能にしているのか？ ここから先は、難しいデンマーク語の代わりに、簡単に「喜び」と呼ぶことにしましょう。

私は研究室の同僚たちとともに、レンタカーのパネルバン（ボディがパネルでできた箱型の荷台を持つトラックのこと）でラスベガスまで乗りつけました。荷台に積んできたのは、注射器に採血用試験管、ドライアイス、それに無線センサー。センサーは、心調律、迷走神経の緊張、手のひらの発汗を測定するのに使います。ザッポニアンはちょっと変わった人たち。仕事中の彼らの脳活動を調べれば、なぜあんなに楽しそうに仕事ができるのかが突き止められるはず。そう踏んだのです。もしも、情熱的で献身的な従業員を雇用すれば間違いない、ということであれば、組織文化は一般に言われているほど重要ではないのかもしれません。これまでの章で、新しい従業員を採用する際は、その人が組織の文化に馴染めるかどうか（親和性）が重要だと述べました。一方で、組織文化を特に変えなくても、ある決まったタイプの人材を採用することで「喜び」がもたらされるなら、彼らが成果を出すのに必要な条件が組織文化に組み込まれていれば十分です。組織にとって信頼が大切なことに変わりはないのですが、おそらくは、ふさわしい人材を見つける方がより重要になるでしょう。結局、エンゲージメントの高い従業員を生み出すには、組織が正しい採用をすべきなのか、それとも正しい文化を持つべきなのか。この章を読めば、その答えとして両方必要なことが分かります。

また、この章では、効果的な組織文化を築くことが「喜び」につながる理由についても説明し、「目標」についても言及します。「目標」は言ってみれば、業績を高める触媒のようなもの。「目標」と信頼の相乗効果から生まれるポジティブなフィードバックを、「喜び」＝信頼×「目標」という方程式で表します。まずはこの式を詳しく分析し、その裏付けとなる実験データも多数紹介します。本書を読んで何ひとつ頭に入らないという人も、「喜び」＝信頼×「目標」だけは頭に叩き込んでください。エンゲージメントを育む文化を生み出すにはどうすればいいかが一目瞭然です。従業員が絶えず仕事で「喜び」を感じられるとき、そこには素晴らしい文化があるということを覚えておいてください。

企業の大きな目標

ところで、仕事で感じる喜びのどこに、株主の利益を最大化させる余地があるのでしょう？　株主は名目上、会社を所有しています。その株は――得てして短期間ですが――いずれ高値がつくと見込まれて買われています。いまだに多くの経済学者がこのような福音を説いていますが、相関関係と因果関係を取り違えているところが問題です。企業の価値が上がるのは、正しい相関関係がもたらした結果に過ぎません。つまり、高いエンゲージメントやイノベーションを生み出す文化を構築する、顧客を大切にする、そして会社に託されたリソース（人材など）のよき管財人に徹するといった行動と相関関係にあるのです。

誤った因果関係を信奉していると、企業の幹部は株主の価値を最大化することだけに目を向けます。その結果、ショートターミズム（短期主義）〔長期投資を控え、自社の株価を短期的に押し上げようとすること〕や、けた外れの報酬、節操のない企業合併を招き、さらには企業にとって最も重要な2つの要素である「従業員と顧客」がないがしろにされてきました。働いてくれる人がいなければ事業は成り立たず、顧客がいなければ給料も支払えません。[1]

かつてゼネラル・エレクトリックのCEOを務めたジャック・ウェルチは在任中、こうした株主利益の最大化を積極的に支持していました。そのウェルチが、「（それは）世界で最も愚かな考えだ。株主の利益は1つの結果であり、戦略ではない」と、厳しく批判するようになったのです。[2] いまや思慮深い多くの企業リーダーがウェルチを支持しており、1970年代にもてはやされた「株主価値の最大化」という概念そのものに異を唱える経営者も増えています。クエーカーオーツカンパニーの社長、ケネス・メイソンは、1979年に次のように記しています。「十分な食い扶持を得ることが人生の目的ではないのと同じで、儲けることが企業の目的ではない。十分な食い扶持を得ることはあくまで生きるための要件に過ぎない。私たちが望む人生の目的は、もう少し広くてやりがいがあることだ。ビジネスと利益にも同じことが言える」[3]。私は、組織が遂行するさまざまな目標の集合体を、より大きな目標と呼びます。

本質的に、組織が存在する理由は、顧客や従業員、もっと言えば社会の人々の生活を向上させることにあります。これが組織の持つ超越的な目標です。顧客が企業のサービスに対価を支払う理由は、人生をより良くすることに他なりません。より大きな目標を見極め、状況を測定し、達成されたかどうかを評価することは、どんな組織でも可能です。

より大きな目標は、組織の業務上の目標と区別すべきでしょう。どのビジネスにも、材料の発注から商品やサービスの生産、顧客への提供にいたる効率的な業務を可能にするプロセスがあります。業務上の目標とは、企業が利益を上げるために極めて重要な日々の仕事を指します。一方、より大きな目標とは、それよりも大きな概念で、組織がいかにして人々と関わり、ニーズに応えるかということです。この章では、このような広義の概念を「目標」（目的意識）という言葉で表すことにします。そして、その意味が明白なときには、

「より大きな目標」という代わりに、「目標」とします。

「喜び」がない仕事は業務でしかない

神経科学では、信頼の高い組織かどうか予測するとき、信頼と「目標」を組み合わせると、仕事の「喜び」になる——という、一見何のことやら分からない説明を使います。私の研究室をはじめ、さまざまな機関による実験結果から、信頼性の高い文化の中で仕事をすると、喜びが緩やかに増加する仕組みが明らかにされています。信頼は、オキシトシンとドーパミンの相互作用によって「喜び」になり（第2章を参照）、信頼されたチームのメンバーがそばにいるだけでも気分が良くなるのです。他者から信頼されることは、慢性的なストレスレベルを下げ、「喜び」の障害を取り除くことにもなります。さらに、社会のために組織が生み出す価値を理解するのも、オキシトシンの分泌を促すもう1つの要因です。他者を助けることは——それが遠くにいる相手であっても——強力なオキシトシンブースターの役割を果たします。[4]

科学は、これまで多くの組織が見落としてきた重要な点を浮き彫りにしてくれます。組織は、従業員を無理に幸せにしようとしなくてもいいのです。「喜び」は、「目標」に向かって、信頼できる従業員とともに力を合わせた結果、得られる成果なのです。

OXYTOCIN因子の役割は、重要な目標の達成に向け、従業員のモチベーションを高めることにあります。そして、研究で明らかになっているように、目標を達成しようと努力することが達成感へとつながります。[5] 私たちが仕事に意欲を持ち、難しい課題をこなし、仕事ぶりを認めてもらうとき、「喜び」は自然に湧き起こるものなのです。

たとえば、コメディアンのクリス・ロックのお決まりのネタに、こんなエピソードがあります。彼は高校を中退して、「レッドロブスター」で皿洗いをしていたのですが、厨房の流しの前で1日中、客が使った皿にこびりついたエビの殻をひたすらこそげ落とす作業をしていました。そのとき彼は、時間がうんざりするほど長く感じることが「業務」なんだと悟ったそうです。今では「キャリア」ができたおかげで、わくわくするプロジェクトが次々に舞い込んで、時間がいくらあっても足りない忙しさなのだとか。彼に言わせると、こうなります。「キャリア（天職）があると、1日24時間じゃ足りねぇんだよ」。[6] 実は、この面白おかしいトークの中に真実があります。「キャリア」は「喜び」を生む。一方、「業務」だとこうはいきません。

神経科医かつ精神科医であり、アウシュビッツからの生還者であるヴィクトール・フランクルは、次のように記しています。「幸せの追求こそが幸せの妨げとなる」。これは仕事にも、仕事以外にも当てはまります。従業員にとって、「喜び」は信頼を得て自立に至るまでの過程で得られるもの。しかも、組織の「目標」を受け入れているかどうかが決め手になります。つまり、その企業や非営利組織が顧客や学校の生徒たち、あるいはどこかの都市の住民のニーズにいかに応えようとしているかということです。フランクルはこれを、「意味の探求」と呼びました。[7]

20世紀を代表する偉大なマネジメントの思想家であるピーター・ドラッカーとW・エドワーズ・デミングの2人はどちらも、高業績の達成に組織の「目標」が不可欠だと考えていました。ドラッカーは、「今日の組織社会においては、ほとんどの者にとって、成果をあげ、自己実現し、コミュニティに位置づけられるための手段が、仕事である」と記しています。[8] 中世の思想家で神学者のトマス・アクィナスは、「仕事に喜びがなければ人生に喜びなどあり得ない」と簡潔に述べました。[9]

「目標」を見つける

デロイト／ハリス世論調査の調べによると、企業の「目標」が世界的なピンチに陥っています。従業員の68％、経営幹部の66％が、組織があまりに無策で「目標」のある文化が生み出せていないと回答したのです。

興味深い結果も出ています。「目標」の高い組織で働く従業員に質問したところ、「会社が過去に好業績を上げたことがある」と答えた人は91％、「会社の顧客サービスが非常に優れている」と答えた人は94％、「自分の仕事に満足している」と答えた人は79％に上ったのです。一方、「目標」の低い組織の場合はどうでしょう？「過去に好業績を上げたことがある」は66％、「顧客サービスが非常に優れている」は63％、そして「自分の仕事に満足している」が19％という結果です。「組織の『目標』について知っている」と答えた人に至っては、回答者の2人に1人だけでした。[10]

「目標」のパワーを活用するには2つの行動を実践しなければなりません。まずは組織の「目標」を特定し、それを簡潔に表現すること。次に、従業員がその「目標」を確実に体験できるようにすることです。多くの企業は「目標」、すなわち企業理念を箇条書きにしています。これについては後ほど述べるとして、「目標」は、要点を短い語句でまとめるよりも、ストーリー仕立てにするほうが、より効果的な場合もあります。

組織の「目標」を見つける前に、まずは創業にまつわるエピソードの収集から始めましょう。企業の創設者たちはなぜ、自らの人生を投げうってまで会社を立ち上げようとしたのか。当時のビジョンは今も生きているか。組織の誰もが同じビジョンを共有しているか。実は、組織の「目標」を、創設者とその苦労話を盛り込んだストーリーにすると、抜群のコミュニケーション効果を発揮するのです。「目標」に関するストーリーでは、創設者が顧客や地域のコミュニティ、世界の人々の暮らしにいかに貢献してきたかを語るようにします。創設者自身の出世志向を中心に据えるのではなく、必ずまわりの人々のニーズに焦点を置くのがポイントです。

たとえば、過去に何度も合併を繰り返してきたなどの事情で、組織の誕生にまつわる話には触れたくない、といったこともあるでしょう。そのような場合、過去ではなく将来どうしたいかに目を向けてみるのも一案です。創設者はもともと、自分の最終的なキャリアをどのような形で人々に記憶してもらいたいと考えていたのか。あるいは現在のCEOはどう考えているのか。それが分かったら、次に組織としてどんなことに取り組んでいるのかを問うのです。このように組織の「なぜ」を掘り下げることで、「目標」に関するストーリーを構築することができます。

「目標」は意図的に広げよう

「目標」に関するストーリーの影響力を最大限に発揮したいなら、組織の隅々に浸透するまで繰り返しましょう。サンフランシスコのリンクトインの本社を訪れたとき、私が出会った従業員は皆、会話の最初の5分間に同社の「目標」であるミッションステートメントに触れていました。それは、「世界のプロフェッショナルをつなぎ合わせ、生産性アップと成功をもたらす」というフレーズです。このように外向けに発信されるステートメントは、ストーリーではありませんが、自分たちの取り組みが人々の生活をいかに向上させているかが分かるように、簡潔で覚えやすいフレーズになっています。「文化と価値は、リンクトインで最も重要な競争優位性です」。ジェフ・ウェイナーCEOは、私にそう話してくれました。リンクトインでは各部署がこのステートメントに照らし合わせて、それぞれのプロジェクトを推進すべきか否かを評価しています。ただし、ウェイナーCEOは、「何度も繰り返し過ぎないこと」とくぎを刺しました。[11] 彼の言う通り、「目標」は、従業員一人ひとりの頭に入ることで影響力を持つのです。

「目標」ストーリーは、淡々と事実だけを述べるよりも、ドラマチックにする方が記憶に残りやすいもの。情熱的なストーリーにすると、行動に駆り立てる可能性も高くなります。[12] 経営理論家のジム・コリンズとジェリー・ポラスは、効果的な「目標」ストーリーの例として、第二次世界大戦前夜にイギリス首相ウィンストン・チャーチルが国民に向けて行った演説を挙げています。チャーチルは「ヒトラーをやっつける」とは言いませんでした。彼は、1人の英雄の葛藤を次のようなストーリーにして語ったのです。

ヒトラーは知っている、この島において我々を倒さない限り、この戦争に敗北するしかないことを。我々が勝てばヨーロッパは解放され、世界は太陽の輝く高台に移ることができます。もし我々が負ければ、アメリカ合衆国を含む全世界、そして我々が知り、大切にしてきたすべてが、ねじ曲がった科学の光により長引かせられた新しい暗黒時代に入ります。よって我々は全力を尽くし、1000年のちの大英帝国の人々にもこう言わせたいものです。「これが彼等の最良の時だった」と。[13]

これこそ、まさに「目標」のストーリーです。

「目標」ストーリーをつくる

多くの組織は、その存在理由をより明確にするため、定期的に「目標」ストーリーを更新しています。中でも効果的なストーリーは、主人公の旅に沿った等身大の物語にすることです。すなわち、普通の人々の目線で非日常の体験をわくわくドキドキするような、ときには心に響く物語に仕立てるということ。【14】ストーリーに登場する人々は、組織の同僚でもいいですし、実際に組織の誰かのおかげで助けられた顧客でもいいでしょう。ストーリーの筋立てを考えるには、関係者から次の5つの「なぜ」を聞き取ることが必要です。

1 なぜこの製品・サービスを売るのか?
2 なぜ今のような経営スタイルを取っているのか?
3 なぜその取り組みが世間から関心を持たれているのか?
4 なぜその取り組みを続けるべきなのか?
5 なぜ重要なのか?

リーダーはこれらの情報を集めて、最大限の効果を狙ったストーリー構成にします。

トレーダー・ジョーズは、毎月発行している社内ニュースレターで、顧客のために活躍した従業員を紹介しています。たとえば、2000年代初めごろのあるニュースレターを見ると、雨の中、買い物帰りにバッテリー切れで立ち往生していた車を見かけた従業員が、自分の車のバッテリーをつないで助けた話が書いてありました。助けられた客はそのとき受けた親切が忘れられず、CEOのダグ・ローチあてに感謝の手紙を送っていたのです。手紙には、顧客を第一に考える社風を生み出したローチCEOに対する感謝の気持ちがつづられていました。しかも、店で買い物をしてから数日経っていたにもかかわらず、です。ローチCEOは私に、「顧客に喜んでもらうことがトレーダー・ジョーズの存在意義」だと話してくれました。彼によれば、たまたま食品を売ることで、その意義を実現しているだけなのだとか。バッテリー切れで立ち往生した顧客を救った話は従業員たちの間で広まり、彼らのやる気を鼓舞したと言います。[15] 組織に存在意義（＝「目標」）があれば、職場はただの仕事場から、理念をかなえる場所へと変わるのです。

私の研究室では、10年ほど前からストーリーに関する神経生物学的研究を行っています。ある種のコミュニケーションがなぜ説得力を持つのか解き明かすのが目的です。人間は社会的な生き物。ゆえに脳は共感できる人物が登場する物語が大好きです。優れた物語には登場人物の葛藤があり、対立があり、ほぼすべてに大きな意味が込められています。大抵は、人間臭く勇敢で、とてつもないことを成し遂げようと悪戦苦闘する主人公が登場します。

これまでの研究で明らかになったことですが、そうした物語に刺激されて脳がオキシトシンを生成すると、私たちには主人公に共感し、登場人物のようになりたいという願望を抱き、態度や考え方、それに行動を真似ようとする性質があるのです。言ってみれば、物語はそうやって私たちの脳を「ハック」することで、人間には新たな高みに到達する能力があることを教えてくれるというわけなのです。

ストーリーにまつわる私たちの研究の一部は、アメリカ国防総省による資金提供を受けていました。私は、特殊部隊の兵士たちに、これまでとは違う武器を装備してもらいたいと考えたのです。兵士たちが一致団結して力を発揮できるようにする最強の武器、それが「ストーリー」なのです。現在、私たちの研究の成果はフォート・ブラッグ陸軍基地内の訓練で採用されています。もし、「目標」ストーリーが戦地での自発的な協力の火付け役になるのなら、組織でも使えるかもしれません。[16]

体感できるストーリー

一方、顧客によって語られる「目標」ストーリーには説得力があるのが特徴です。なぜなら、顧客自身の体験に基づく特別なストーリーだからです。

ミシガン大学には、あらゆる高等教育機関と同様に、電話機をずらりと並べた部屋（フォーンバンク）にスタッフ——多くは学生たち——が詰め、卒業生に電話で募金を呼びかけるための「Advancement Office」〔「Development Office」とも呼ばれる〕があります。大抵の人は、知らない番号からかかってきた勧誘の電話には「結構です」と断ったり、無言で電話を切ったり、果ては電話の向こうの相手を怒鳴りつけたりするものです。ミシガン大学の卒業生アダム・グラント（現在はペンシルバニア大学ウォートン校の教授）が考案したある介入実験があります。Advancement Officeのスタッフだったグラントは、実際に奨学金を受けている1人のミシガン大生にフォーンバンクに来てもらい、他のスタッフの学生たちの前で、彼らの仕事がこの学生自身の人生にどれほど大きな影響を与えているかを話してもらったのです。すると、次の1カ月間で、寄付金は171%アップしました。[17] 組織の「目標」を感じ取った学生たちは、この生き生きとしたストーリーを頭の片隅に置きながら電話の相手に募金を呼びかけることができたのです。

ウォルト・ディズニーが生み出したテーマパークの「目標」は、訪れる人々に幸福を与えることでした。この「目標」は、オリエンテーションの初日にキャスト間で共有され、その後も映像やニュースレターを通じて繰り返されます。リーダーもそのストーリーを共有しています。キャストたちは本来の役割にかかわらず、ごみを拾い、バースデーピンを付けたゲストを見かけたらお祝いし、ゲストからの質問に答えます。なぜなら、その一つひとつの仕事に、「地球上で一番ハッピーな場所」で働くことの意味が込められているから。ディズニー・パークスの従業員は、なんと園内を歩き回るだけで「目標」を体感できるというわけです。

ディズニー・パークスが「目標」の浸透を深めるために取り入れているもう1つのアクティビティに、真夜中に従業員が探偵のようにチームを組み、パズルを解くための手がかりを探すイベントがあります。毎年恒例のこのイベントは、従業員から高い評価を得ています。[18]ディズニーは、日頃ゲストのために尽くしている従業員にも最高の幸せを体験してもらおうと、特別な行事（儀式）を用意しているのです。

チームワークを強化し、「目標」を伝達するための行事を開く企業は他にもあります。ダヴィータ・ヘルスケア・パートナーズは、「ダヴィータ・オリンピック」を開催しています。ちょっとした運動競技や寸劇や歌を通じてチームが競い合い、優勝すると金メダルがもらえるのです。非営利組織Taproot《タップルート》の創設者、アーロン・ハーストは、組織として取り組むべきこととして、「目標」を1つの動詞と見なすことを推奨しています。

このような行事は「目標」を深め、従業員同士を「思いやり」で結び付けます。行進や歌、瞑想などのグループ活動がオキシトシンを分泌する原因となることで社会的な絆が強まることは、私の研究でも判明しています。[19]実は、「目標」が目の前にあると、「思いやり」はより簡単に引き出すことができるのです。仕事だと、楽しくないことが当たり前ですが、大抵の人は、その行動が誰かのために役に立つと分かると、楽しくない仕事にもやる気を出せるのです。

私の研究室ではアメリカ空軍からの依頼で、9カ月間におよぶ、難しい神経科学実験プロジェクトを実施しました。1週間に6日、10時間勤務が続き、きつい作業でした。チームの面々が疲れて不満そうにしていると、私は彼らに、ここまでひどく大変な実験に取り組んでいる理由は、軍の人たちの命を救うためだと言い聞かせていました。それが私たちの「目標」ストーリーになっていたのです。こうして数カ月後、私はチームとともに10テラバイトにおよぶ膨大なデータを収集し、人間同士の信頼に関する、大胆で意欲的な神経科学実験を終えることができたのです。それは私たちが経験した中で最大のプロジェクトであり、おそらく、他のどの研究室も成し得なかった壮大なプロジェクトでした。自分たちが一生懸命その作業に取り組む意義を理解していたおかげで、私たちは辛い時期を乗り越えることができたのです。

「目標」を放映する

「目標」ストーリーを放映することで、組織の壁の向こうにいる従業員や顧客の心を動かすこともできます。1997年、アップルの暫定CEOとして復帰したスティーブ・ジョブズは、4100人の従業員の31%をレイオフしリストラを断行する中、1億ドルの広告キャンペーン「Think Different.」を開始しました。当時、アップルの手元には90日分の資金しか残っていませんでしたが、それでもジョブズは、広告を打つべきだと譲りませんでした。キャンペーンは外向きに夢を発信する内容で、コンピュータのことには一切触れられていません。映像では、マハトマ・ガンジー、トーマス・エジソン、パブロ・ピカソなど、因習を打破し、時代を変えた偉人たちの姿が次々に映し出されます。そこに秘められていたのは、顧客以前に、他でもないアップルの従業員たちのやる気を引き出すためのメッセージでした。[20]

2013年には、現CEOのティム・クックもジョブズに倣い、「Designed by Apple in California」と名付けたキャンペーンを始動させました。アップルの従業員を鼓舞することを意図したこの取り組みは、後にインターネット上でも、「This is why」のキャッチフレーズで公開されたのです。これらは、アップルの従業員が美しく、シンプルで革新的な製品をつくるためにいかに熱心に取り組んでいるかを示すことで、組織の「目標」をうまく活用した一例です。アップルは、同社の技術者たちの努力を称賛するとともに、従業員（そして顧客）一人ひとりに、同社の「目標」に誇りを感じて欲しいと願っているのです。

「目標」が企業の中核的な使命とは別のところから生まれる場合もあります。美容整形とメディカルスパ事業を展開するBeautologieは、自社クリニックでタトゥー除去治療を無料で提供すると決めるまで明確な「目標」がありませんでした。今では、同社の支援のおかげで500人を超える元ギャングたちがタトゥーを消して過去と決別し、より良い仕事に就き、より良い人生を送っています。クリニックのスタッフがそのことに誇りを感じているのは、美容や利益とは別次元の社会的貢献につながっているからです。[21] Maritz「Travel」では、性的目的の人身売買を通報する「目標」プログラムを立ち上げました。同社が事業を展開するさまざまな国で起きている、この忌まわしい因習を終わらせることが目的です。MaritzやBeautologieの従業員は、人々がより良い人生を送る手助けをすることが、強いモチベーションになっていると回答しています。[22]

消費者参加型のストーリーにする

「目標」ストーリーを使ってビジネス目標を明確に描き出すことを、「ストーリードゥーイング（storydoing）」と呼ぶ動きもあります。[23]

トムスシューズが展開する「One for One」モデルは、ストーリードゥーイングの好例です。同社では、顧客が靴を1足購入するごとに貧しい地域の子どもたちに1足寄付しています。つまり、顧客はトムスシューズの靴を購入して同社の「目標」ストーリーに参加しているのです。そのストーリーは、子どもたちや貧困、善意に関するもので、トムスシューズのエコシステム全体に通じるテーマとなっています。同社は最近、アイウェア（眼鏡）分野に参入し、「One for One」型のアプローチを使って、子どもたちの視力改善にも取り組んでいます。トムスシューズはいまやスニーカー会社から、「ストーリードゥーイング」企業へと転身を遂げています。

もう1つのストーリードゥーイング企業を紹介しましょう。この企業は、あるアクシデントから創業者が1本のドリンク剤に出合ったことが始まりです。1982年のこと。オーストリアの歯磨き粉メーカーの営業担当だったディートリヒ・マテシッツは出張先のタイに到着するなり、ひどい時差ぼけになってしまいました。マテシッツは、地元の人にトラックの運転手や肉体労働者が滋養強壮のために飲んでいる「Krating《カティン》 Daeng《デン》」という栄養ドリンクを売っている店を教えてもらったのです。飲んでみたら効果は抜群。若いアスリート向けの栄養ドリンクとして販売すれば大きな市場を開拓できるとひらめいたのです。マテシッツは地元の製造業者と契約し、このドリンクの製造販売会社を設立。当初は彼もそのパートナーたちも、とにかく仕事で忙しい人たちのライフスタイルに取り入れてもらうことを意図していました。もうお気付きですね？ タイ語の「Krating Daeng」は英語で「Red《レッド》 Bull《ブル》」。レッドブルはスカイダイビングや雪山登山、急流下りといったエクストリームスポーツのスポンサーに就いています。そのことは、レッドブルを飲むと、不可能に挑むエリートアスリートに仲間入りした気分になります、というメッセージの役割も果たします。[24] あなたもシエラネバダ山脈でレッドブル社の従業員たちと同じリゾートホテルで週末を過ごしてみたらどうでしょう。同社の「目標」に誇りを持つ彼らの威勢のよさに度肝を抜かれること請け合いです。

他にも、ストーリードゥーイングを実践している企業に、ディズニー、ターゲット、スターバックス、アメリカン・エキスプレス、アップルなどがあります。「ストーリードゥーイング」と「ストーリーテリング」いずれかを実践している企業の2007〜13年の決算を比較・分析したところ、前者の売上高成長率が年率9.6%だったのに対し、後者は6.1%でした。[25]

包括的な「目標」

組織の「目標」は、包括的なものにすることも大切です。たとえば、イーベイの「目標」は、「私たちが商取引を通じて生み出す価値によって、一人ひとりがより良い暮らしを追求し、人とのつながりを構築できるようにする」というものです。「私たち（We、Us）」という言葉を使うことで、利益や株価の最大化を目標とするのではなく、人類のためになることをしようという明確なメッセージになります。サービスは「目標」ストーリーにも欠かせません。「目標」が明確で、かつ十分に浸透している組織の従業員は、「私」よりも「私たち」を使う確率がはるかに高くなります。アスレチックギアのルルレモン・アスレティカの「目標」は、「平凡な世界を偉大な世界に引き上げる」リーダーを育てることだと言います。組織の内外に目を向けた、向上心の高い、壮大な目標を掲げていることが分かります。

大手農薬会社モンサントのストーリーは、「世界中の人々に食糧を」というシンプルかつ直接的なフレーズになっていて、[26]これも組織の存在意義をうまく捉えています。行動を呼びかける、ストーリードゥーイングでもあります。派手な言葉を使わず、分かりやすく、かつ誰にでも受け入れられる表現にしたことで、効果を発揮していることは、データにも表れています。モンサントは『フォーブス』が２００９年に発表した優良企業番付にランキングされ、売上高は１５０億ドルを突破しました。

ハーレーダビッドソンは、２００３年の創設１００周年記念に創業当時の物語を蘇らせました。同社のデザイナーであり、創設者の孫であるウィリアム・ゴッドフリー（通称「ウィリー・G」）・ダビッドソンの手による回顧本を制作したのです。創業当時からのアーカイブ資料や写真を使用し、黒いラバーの表紙に、オイルタンクに付けるお馴染みのアルミ製エンブレムを施した特注品です。従業員や顧客に同社を知ってもらうのに、これほど魅力的な方法はないでしょう。そこに映し出されたのは、等身大の英雄の姿であり（ハーレーダビッドソンは１９７０年代末に倒産寸前まで追い込まれていましたが、１９８１年にダビッドソンが私財を投じてAMF Inc.から買い戻したのです）、楽しく、夢があります。そして何より、同社がなぜオートバイに情熱を注ぐのかを浮き彫りにして見せたのです。

「目標」ストーリーは、経営幹部から語り継がれるものでなくてもいいのです（幹部はもちろん全面的にサポートすることが必要です）。現場の従業員から聞き取ることもできます。

世界四大会計事務所の1つ、KPMGのジョン・ビーマイヤー会長は2014年、従業員に「仕事のモチベーションの源泉は何か」を書き出してもらいました。驚いたことに、集まったコメントの中には「平和を促進すること」「国を守ること」「科学を進歩させること」といったものまでありました。このプログラムのおかげで、同社は「目標」を「社会に信頼を、変革に力を」という2文で定義することに成功したのです。ですが、それをウェブサイトに掲載するだけでは、聞こえの良い飾り文句にすぎません。従業員がそれを感じ取り、それに沿って行動できるようでなければなりません。そこでKPMGは一連のビデオを制作し、同社の掲げる「目標」が、さまざまな国際問題の解決にいかに役立ってきたかを紹介したのです。映像には、第二次世界大戦の終結に向けた交渉に始まり、イランアメリカ大使館人質事件、南アフリカの反アパルトヘイト運動の旗手ネルソン・マンデラの大統領選出に至るさまざまな歴史的資料が収録されました。ビデオのリリースを受け、オフィスにポスターも掲示しました。顧客や社会、そして世界の人々の暮らしを良くするために、同社の従業員がいかに貢献してきたかを明らかにしたのです。

自社の「目標」ストーリーを探していく中で分かったのは、従業員は喜んで自分自身の「目標」ストーリーを提供し、他の従業員のストーリーを読みたがるということでした。そこで、同社は、「1万本のストーリー」と題するアプリを開発。従業員がそれぞれの思いをシェアできるようにしたのです。結果は大成功。既に4万を超えるストーリーが集まっています。

「目標」プロジェクトを開始する以前、素晴らしい組織に勤務していると答えた従業員は82％でした。それが開始から2年で、89％に増加したのです。「目標」ストーリーを上司から十分伝えられた従業員は、そうでない従業員と比べ、最大限の成果を達成する意欲が50％高く、離職する可能性も半分であることが判明しました。今ではKPMGのリーダーシップ育成プログラムに、説得力のあるストーリー伝達能力を養うためのコースが設けられています。こうして従業員がKPMGに対する誇りを強める一方で、『フォーチュン』の2015年版「働きがいのある会社」において同社のランキングが17ポイントもアップしたのです。[27] ビーマイヤーは次のように語っています。「CEOが組織に果たすあらゆる務めの中でも、文化は最も重要だという信念がある」[28]

米保険最大手AIGは、従業員のアイデアから着想を得た「目標」ストーリーづくりを開始しました。同社の韓国事業所が、あるPR映像を自主制作したのがきっかけでした。顧客に奉仕すると仕事が楽しくなるのはなぜだろう、というストーリーで、もともと国内向けにつくられたものです。そのアイデアはたちまち世界各地の事業所に広まりました。AIGの経営陣もこれらの映像を気に入り、各事業所に制作を促しています。[29] 外部の制作会社に依頼するわけではないので、その分コストも浮きます。最近では、ヴァージン・アメリカが似たようなことをしていました。新オフィスの開設に合わせて、乗務員たちが楽しそうに踊るミュージックビデオを公開したのです。CEOのリチャード・ブランソンもその動画を見て称賛していました。[30] 同じように、ロマリンダ大学医療センターでも、臨床医に患者のケアを通じて得られた特別な体験を共有してもらおうと、それらのストーリーを年に1度『LOV（Living Our Values）』という冊子にして全従業員に配布しています。

社会に貢献する

「目標」を持つことが個人の心の健康に不可欠だという証拠は数知れません。従業員は自らの行動が意味を持つとき、職場とプライベートの両面で物事に集中し、生き生きと過ごし、ストレスからの立ち直りも早いという研究結果があります。[31] また、たとえ困難な状況にあっても、生きる「目標」が明確な人は、そうでない人より人生に対する満足度が高いとされています。ヴィクトール・フランクルは、「もし人生に意味があるなら、苦しみにも意味があるはずだ」と記しています。[32] 確かに私たちは、仕事や締め切りに追われたり、実際立った成果を挙げようともがき苦しんだりすることがよくあります。それでも、「目標」を持ち、信頼するチームメートと力を合わせてその目標に到達できたとき、苦しみは喜びになります。ある実験で、氷水にできるだけ長く手を入れてもらうように言われた被験者のうち、付き添いの友人がいる人ほど苦痛に長く耐えられたという報告もあります。[33] 多くの組織は従業員に対して、自らのリソースや専門知識を共有することで人々の役に立つ機会を与えています。

グーグルには、グーグラーに年に1度インフルエンザの予防接種を促すプログラムがあります。グーグラーが予防接種を受けると、途上国の子どもたちが髄膜炎予防のための肺炎球菌ワクチンの接種を受けられるようにグーグルが資金を援助する仕組みです。[34] ダヴィータでは、チームメートが途上国で透析クリニックの開設に協力できるようにする「The Bridge of Life」と呼ばれるプログラムを設けています。[35] また、リンクトインには従業員が高校生にコーディングを教える「ミッション・デー」があります。これは、「LinkedIn for Good」と呼ばれるイニシアチブの一環として実施されているもので、兵役経験者、そして非営利組織と提携し、彼らの民間部門への就職を手助けしています。リンクトインは新しいビルを建てると、壁に「LinkedIn for Good」のパネルを掛け、誰でも同社の「目標」が分かるようにしています。

公益性を追求する「ベネフィット・コーポレーション」〔略称は「B Corp」。米国の一部の州で認められている法的な法人形態を指す。なお、民間認証制度である「Bコーポレーション」も同じ略称で呼ばれることがある〕として法人化することで、社会的使命を標榜する企業も出始めています。ある自然派洗剤メーカーは、２０１３年に企業形態をB Corpに変更し、社会や環境に配慮する「目標」を内外に明確に打ち出しました。B Corpは他の企業と比べ、従業員の満足度とエンゲージメントが向上する確率が46%高いという報告もあります。[36] B Corpの認定を受けるには、企業として利益を挙げながら、社会や環境に関する高い倫理基準を満たさなければなりません。また、従来の企業より透明性の要求レベルも高く、株主だけでなく、あらゆる利害関係者に及ぼす影響を報告する義務があります。これまでに実にさまざまな企業がB Corp化を選択し、社会や環境への配慮を明確にしました。年間売上高500億ドルを誇る一般消費財メーカーのユニリーバも、2015年にB Corpの認証取得を目指す意向を表明。企業が社会貢献を「目標」に取り込む動きは広がりつつあります。[37]

ピーター・ドラッカーは晩年、営利企業は非営利企業から学ぶべきと主張しました。非営利組織は「目標」の文化の上に成り立っているからです。[38] ボランティアは「目標」の正しさを信じるがゆえに、非営利組織の仕事に関わろうとします。それならば、営利目的の企業も同様に、自発的な従業員に参加してもらえるようにすべきでしょう。ドラッカーの言葉を借りると、「必要なものは金よりもビジョンである。機会、活力、目的意識である」[39]。株価が上がって嬉しくない人はいません。しかし、長期的なモチベーションを得るには「目標」が必要です。

「目標」の効果をテストする

私たちの研究室は、「目標」が人を動かし、信頼がそれを強固にする仕組みを理解するため、いくつかの実験を行いました。

最初に行ったのは、非営利法人キバ（Kiva.org）から融資を受けるための申請フォームを使った神経科学実験でした。キバはアフリカの女性の経済的自立を支援するため、仲間同士の連帯保証を取り入れた少額融資（マイクロローン）サービスを提供しています。実験では、借り手が入力する申請フォームに「目標」を書き入れた場合と入れなかった場合で、どのような違いがあるかを調べました。たとえば、少額融資を希望する理由として、女性の就業機会を増やすことで、女性に対する暴力を減らしたいというものもあるでしょう。これが「目標」です。私たちは、貸し手となる122人の被験者を対象に、融資の申請フォームに目を通している間の脳データを収集しました。「目標」の有無は、融資を促す動機付けになるのか。もしそうならば、その理由は何かを明らかにするためです。結果、「目標」が記入されたプロジェクトは、そうでないプロジェクトと比べ、45％多くの人々が融資に参加し、28％多くの金額を集めることができました。しかも借り手となる申請者のことが信頼できると感じられた場合には、融資が成立する確率がさらに上がりました。神経科学データからは、「目標」が記入された申請フォームは、そうでない申請フォームと比べ、脳内のより広い範囲でオキシトシンの反応を引き起こしたことも分かりました。[40]

もう1つは、アメリカ中西部のあるメーカーで行った現場実験です。私たちは100人ほどの従業員に協力をお願いし、脳の動きを測定する間、仕事に関係するタスクに取り組んでもらいました。その結果、自社の「目標」との整合の度合いが上位4分の1の従業員は下位4分の1の従業員に比べて生産性が14％上回り、統計学的有意差が認められました。[41]

3つ目の方法は、信頼と「目標」の関係性を評価するため、米国内の就労者1095

人を対象に収集したデータを分析したものです（この調査については、第11章で詳しく述べます）。調査では、8つの**OXYTOCIN**因子の他、チームメートへの信頼、さらに組織が「目標」をどの程度設定しているかを評価し、それらの結果をもとに、「信頼×目標」と「喜び」の相関係数を求めました。「喜び」の度合いは、「普段の日は、仕事をどのくらい楽しんでいますか」と質問し、5段階評価で測定しました。その結果、「信頼×目標」と「喜び」の間に0.77という高い正の相関関係が示されたのです。[42]

これらの3つの調査は、それぞれ異なる方法論を用いたものですが、「目標」と信頼が「喜び」を生むことが裏付けられました。それとともに、高い「目標」を掲げる組織は業績も向上したことを示す証拠も得られました。

「目標」が業績を向上させるという私の分析結果は、異なる分析手法を用いた、他の研究でも裏付けられています。バブソン大学のラジェンドラ・シソーディア教授は、「目標」の高い組織として特定した一部の上場企業を抽出し、その株価を調査しました。その結果、1996〜2006年に、「目標」の高い組織の株式リターンは、S&P500企業の平均を1〜8倍上回っていたのです。[43] 元P&Gのグローバル・マーケティング責任者のジム・ステンゲルは、これとは異なる定義の「目標」と期間に基づいて株式リターンを分析しました。ステンゲルの分析によると、2001〜12年に、「目標」の高い組織の株式リターンは、S&P500企業の平均を400%上回っていました。[44] 株式リターンは市場参加者の将来の利益予想を反映するもの。したがって、これらの分析結果が示唆するように、証券取引所で取引する大勢のトレーダーは、「目標」によって業績が上がると確信しているのです。他にも、「目標」を設定すると、高校生が「退屈な」課題に取り組むときのパフォーマンスが向上するのも分かっています。[45]

ザッポスの「喜び」とは

最後に、ザッポスの実験の話に戻りましょう。私たちは従業員を2つのチームに分けました。そして片方のチームをさらに4人ずつのグループに分け、彼らにザッポスの「目標」について話し合ってもらいました（チームA）。もう片方のチームもやはり4人ずつのグループに分け、同社が拠点を置く地元ラスベガスの小売売上高について、新聞記事をもとに議論してもらいました（チームB）。私たちは議論の前後に採血をし、被験者にアンケートを実施。さらに、議論の開始から終了までと、仕事関連のタスクをこなしてもらっている間にも神経科学的データを複数回にわたって収集しました。

分析の結果、チームAは肯定的な感情が基準値を10％上回り、反対にチームBは肯定的な感情が基準値を3％下回りました。また、チームAは、同僚に対する親近感が16％向上したのに対し、チームBは7％低下しました。特に注目すべき点は、ディスカッションの間、チームAの心拍数は基準値を超えたものの、チームBを44％下回ったのです。つまり、ザッポスの「目標」を議論している間、チームAの面々はいたって平静だったというわけです。それだけではありません。被験者が周りの従業員に親近感を感じているとき、生産性が15%高くなることも分かりました。

それでは、文化との親和性についてはどうでしょうか。神経科学的データに加えて、私たちは各被験者の愛想の良さや温かさといった性格特性に関する情報も収集しました。これらのデータを用いて、測定された生産性をもたらした要因として、「(性格的に)ふさわしい人を採用した」からなのか、ザッポスの「目標」を議論したからなのか、それぞれの割合を突き止めることができたのです。その結果、生産性の55%が友好的で社交的な人物の採用によるもので、45%は「目標」によるものと判明しました[46]。

この実験から分かったのは、少なくともザッポスでは、組織文化が従業員をやる気にさせ、生産性を高める有効な手段になっているという事実です。つまり、誰を採用するかだけでなく、文化も同じく重要だということ。したがって、採用の際は、候補者自身の目的意識と組織が掲げる「目標」の相性を評価すべきでしょう。2つの相性が合えば、その候補者は、エンゲージメントの高い従業員として、同じ組織に長期間勤務する可能性が高くなります。さらに、そのような候補者なら、提示される給与が他と比べて低くても、「目標」の高い職場で働く喜びを選ぼうとします。実際、ある実験で、複数の組織に被験者をランダムに割り当て、双方の「目標」がうまくマッチする場合とそうでない場合で、被験者の生産性にどのような違いが出るかを調べました。すると、前者の生産性は後者を

72%上回ることが分かりました。[47] 要するに、ふさわしい人材を信頼性の高い文化に受け入れ、その文化に「目標」を組み込むことで、最高のパフォーマンスが生まれるのです。スティーブ・ジョブズはかつてこう語りました。「素晴らしい仕事をする方法はただひとつ。その仕事を好きになることだ」[48]

デンマークの人たちは、なぜ職場で大きな喜びを得られるのでしょうか？ その答えを探るために、コペンハーゲンの幸福研究所が、国内の就労者2600人を対象にアンケートを実施しました。その結果、喜びを生む理由の第1位は目的意識（「目標」）で、2位の「優秀な管理者」を2倍ほど上回りました。[49] 続いて多かったのが、適度な勤務時間（「期待」）、フラットな組織構造（「委譲」）と、仕事を命令するのではなく周囲に助けを求めるリーダーの存在（「自然体」）、国が保障する「生涯学習」制度（「投資」）、そして年間5〜6週間におよぶ休暇取得制度（「思いやり」）でした。私がデンマークに滞在してみて分かったことですが、デンマークの人たちは言葉だけでなく、本当に仕事と「喜び」を両立していました。彼らがそれを実証しているのです。

月曜の朝のリスト

- あなたの組織の文化がいかに良いものかを判断するために、仕事での「喜び」を測定してみましょう。
- 「喜び」を体現している従業員にその秘訣を尋ね、「喜び」を生み出す機会を増やしましょう。
- 創業者の物語をもとに「目標」ストーリーを作成しましょう。
- 従業員から「目標」ストーリーを集め、全社で共有しましょう。
- 従業員が組織の「目標」に沿って行動できる機会をつくりましょう。

第11章

Performance

信頼が業績に与える影響

信頼度が上位4分の1の組織に属する従業員は、下位4分の1の従業員と比べ、生産性が50%高く、仕事に対するやる気も106%高いことが分かっています。

無人のオフィスビルの、クモの巣だらけのフロア。それがすべてを物語っていました。私は打ち合わせ先に向かってビルの中を歩いていました。アメリカ西部に本拠を置くそのコンサルティング会社は、かつてこの地区を代表するトップ企業でした。今は見る影もありません。同社は、２００８年のリーマン・ショックで深刻な打撃を受けましたが、経営は既に10年ほど前から傾き始めていたのです。原因は、優れた先見性で同社を成功に導いた創業者を亡くしたことでした。

ビルの3階でエレベーターを降りると、まるで、１９８０年代に逆戻りしたように、パーティションで仕切られた小部屋がずらりと並んでいます。私は新社長と上級幹部らとこれから打ち合わせをすることになっていました。いざ、会議室へ——ふとその手前で「役員用キッチン」と書かれたドアプレートに目が留まりました。ちょっと紅茶でもお願いできるかな？ そう思って立ち止まると、ドアプレートの下にはさらにこんな張り紙が。「役員と秘書以外の者は立ち入るべからず！」。随分前にテープで貼られたものなのか、端がめくれ上がっています。

私がこのミーティングのために集めたデータは、悲惨なものでした。信頼は低迷、「目標」は不明瞭、「投資」ときたら皆無です。以前の社長は生産ラインを縮小し、予算を削り、業務を補完するために他社を買収しましたが、再び成長に向かうことはありませんでした。一方、新たに就任した社長は革新的なリーダー。私は彼のチームのために、文化の再生に向け一肌脱ぐつもりでした。

Ofactor調査の意義と活用法

大抵の職場だと、採血や脳活動の測定をしたくてもできません。そこで私が考案したのが「Ofactor調査」です。第1章で実際にやってみて欲しいとお願いした、あのアンケートのことです。Ofactor調査は、**OXYTOCIN**因子だけでなく、「目標」、そして仕事の「喜び」も一度に測定できる優れもの。組織は、このOfactor調査から得られた洞察をもとにマネジメント実験を実施し、成果指標を改善します。文化を変えることで改善できる主な成果には、やる気や生産性といった主観的なものと、利益や病欠日数、従業員の定着率といった客観的なものがあります。

Ofactor調査は、本書で述べた8つの因子の科学を使って開発されました。信頼を神経生理学的指標を用いて評価するOfactor調査の予測性能は、私たちの研究だけでなく、2つの営利企業で実施した実験でも折り紙付き。特にこの2つの企業では、従業員にOfactor調査に協力してもらい、仕事中の神経学的データ（血中のオキシトシン量や心電図、皮膚伝導反応などのデータ）を収集しました。2つの現場実験では、被験者にやる気を起こさせ、かつ時間の制約を設けた課題に取り組んでもらい、生産性や創造的な問題解決能力を客観的に測定するとともに、これらの値と自己評価との相関関係も突き止めました。

Ofactor調査の有効性が証明できたところで、私たちは、文化の定量化と向上のために、このツールを多くの組織が利用できるようにしました。私自身、これまでに、米国、欧州、アジアといった世界各地で、さまざまな業界の企業や非営利組織に招かれ、調査に協力してきました。この章では、これらの組織でOfactor調査の回答を依頼された従業員約5000人から収集したデータを紹介します。また、米国の成人労働者で、同じくOfactor調査を受けた人々をサンプルとし、得られたデータも示します。そもそも依頼元は、自社の文化をよくするために私に支援を求めてきた企業です。したがって、この調査を実施するにあたり、そうした企業からデータを収集する際は、先入観が入らないよう細心の注意を払いました。全国調査の結果はOfactor調査の結果を踏まえてマネジメント実験を実施した企業から収集したデータと似通っていますが、まったく同じではありません。

それでは、最初に基準値の設定から。Ofactor調査は、**OXYTOCIN**因子と組織の信頼度を示すOfactor測定値（すなわち「Ofactor」）が0～100の範囲となるように設計されています。これまでに、これらの因子が1つでも100に達した企業はありません。ですから、100を目標にするのは現実的でありません。米国内のサンプル調査の結果に基づき、Ofactorスコアが80パーセンタイルを上回る組織は信頼度の高い文化を持つということになります。Ofactorスコアが89パーセンタイルに近づくか、超えた場合は、信頼度が極めて高い組織です。

文化的介入のためにOfactor調査を利用した全企業のデータを比較したところ、組織の信頼が最高値に達した企業は、経営も業績も断トツに優れていることが分かりました。この企業でOfactor調査を受けた従業員は1000人強。同社の信頼の平均は88.05でした。また、OXYTOCIN因子は、84.11（「オープン化」）～92.32（「自然体」）の範囲でした。これらの数値は、組織が達成可能な最高レベルの値の目安になります。

各OXYTOCIN因子は信頼スコア全体に線形に寄与します。ですから、OXYTOCIN因子の中に極めて低い値がいくつかあるだけで、信頼は低下します。つまり、OXYTOCIN因子がすべて（あるいはほぼすべて）高い値なら、信頼度の高い文化とみて間違いありません。Ofactor調査の値から、リーダーはどのOXYTOCIN因子を改善すればいいかが分かります。生物学や経済学における効果と同じように、ある因子が最大値に向かって増加すればするほど、業績に及ぼす影響力の変化率は下がります。したがって、大抵の場合、企業が実行する最初のマネジメント実験では、最低のOXYTOCIN因子を引き上げることを目的とします。これは賢明なアプローチですので、組織のデータに基づいて、同様に実施することをお勧めします。

マネジメント実験は、ただ測定するだけではなく、改善に向けて行動に移すのが目的です。この章では、実際に組織における介入を始めてもらえるように、Ofactor値をさまざまな成果指標に関連付けて解説しています。

営利企業での信頼の効用

組織文化の向上のために私が協力した企業にはOfactor調査に取り組んでもらいました。実際にデータを集めると、興味深い結果がいくつか浮かび上がりました。Ofactorスコアの平均は73.17。文化の改善が必要なことを示す低い値です。これらのデータの標準偏差（測定値のばらつきの度合いを表す）は14.03です。つまり、これらの企業または部署の中に、信頼度が極端に高い文化と極端に低い文化が含まれていることを示しています。信頼度が極めて低い文化を持つ企業は、Ofactorスコアが59以下の企業です。個々の従業員から集めたデータを調べると、組織の信頼に対する評価は、11～100までの開きがあります。

また、OXYTOCIN因子間でも大きなばらつきが認められます。第8章で述べたように、私がこれまでに協力した企業の大半は、「投資」因子が最低でした。そうした経験を裏付けるように、「投資」の平均値は8つのOXYTOCIN因子の中で最低の62.54、2番目に低い因子は「期待」の64.46でした。

一方、最も平均値が高い因子は「自然体」で、82.42でした。組織の文化を改善しようと私に助けを求めたリーダーたちですから、「自然体」の平均値はおそらく上方にぶれている可能性があります。つまり、「自然体」のリーダーであるがゆえに、Ofactor調査を使って文化を向上しようという意識も他のリーダーより高いとみていいでしょう。実際、米国内のサンプル調査では「自然体」の平均値が70.33ですから、Ofactor調査に回答した企業リーダーのほうが「自然体」のスコアが高めなのは明らかです。全OXYTOCIN因子の標準偏差の平均は18を上回り、ばらつきが広範囲なことが分かります。やはり、著しく優れた側面を持つ文化を構築してきた組織がある一方で、多くの組織はすべてのOXYTOCIN因子を引き上げようと苦心しているということです。

　これらのデータは、信頼の文化が従業員のエンゲージメントにどのような影響を及ぼすかを知る手がかりになります。私たちはまず、慢性的なストレスについて調べました。信頼と慢性ストレスは負の相関にあり、ほぼ完全相関に近いマイナス0.93という値になりました。〔相関係数rはマイナス1以上1以下の値で、r=±1の場合は完全相関と言う〕このことは、慢性ストレスは信頼を壊す要因であり、裏返せば、信頼の文化はストレスの緩衝材になるという、研究結果を裏付けるものです。

　その理由を突き止めようと、私たちは、組織の信頼度が上位４分の１の従業員（平均値90.94）と、下位４分の１の従業員（平均値51.98）との相違点に着目しました。信頼度の高い文化で働く従業員は慢性ストレスを感じる機会が74%低く、仕事の喜びを感じる機会が36%高く、また、組織の「目標」に対する整合度が28%高いことが分かりました。これらの結果から、信頼の文化がいかに従業員のやる気を左右するかがうかがえます。

　私がコンサルタントとして協力した一部の企業グループから得た調査結果を裏付けるため、私のチームはOfactorを使った全国的なサンプル調査を実施しました。データは調査会社クアルトリクスの協力を得て、２０１６年2月に米国内のフルタイムまたはパートタイム勤務者1095人から収集しました。これらのデータは、米国の人口統計学データや地域別の人口密度、職種に合致しています。回答者は、家庭や健康、幸福にまつわる質問にも回答しました。このセクションでは、営利企業で働く869人の回答者の答えに注目します。

各**OXYTOCIN**因子は、信頼度との間にプラスの関連性を示しました。全体として、組織の信頼は70.24と、Ofactor調査に基づいて組織の文化を定量化したサンプル企業の統計値をわずかに下回りました。8つの因子のうち、最大値は「期待」の72.57、最小値は「オベーション」の66.71でした。また、前述の企業データがそうであるように、「投資」はやはり低く、70.63でした。初回の解析結果が示唆するのは、米国の平均的な企業が「オベーション」を強化したり、従業員への「投資」プログラムを策定したりすれば、文化を改善し、業績を向上させる可能性があるということです。実際のOfactor調査の結果がこれらの平均値と異なる可能性もありますが、まずは上記の2つの因子に注目してください。

Ofactorを用いた米国内のサンプル調査の結果は、コンサルティング調査と同様、組織の信頼度に大きなばらつきがあります。米国の従業員の47%は、組織の信頼度が平均より低い企業に勤務しており、信頼度のスコアが15と極端に低い企業も含まれています。反対に、信頼度のスコアが89と極めて高い企業に勤務する従業員は17%です。これはがっかりする数字ではありません。信頼度が非常に高い企業は組織の規模が小さい傾向があるのです。事実、サンプル企業全体の平均従業員数は333人であるのに対し、信頼度が非常に高い企業の平均従業員数は222人です。こうした企業は、テキサス州からフロリダ州にかけてのアメリカ合衆国南部に集中しており、専門職または技術職として勤務する従業員が圧倒的多数を占めているのが特徴です。

従業員のモチベーションに与える信頼の効果については、全国的なサンプル調査でもコンサルティング調査と似通った結果になりました。組織の信頼度が上位4分の1（Ofactorスコアが85〜100）の企業で働く従業員は、下位4分の1（Ofactorスコアが15〜58）の企業で働く従業員と比べ、生産性が50%、仕事に対するやる気が106%、勤務中の集中力が76%上回ります。また、「今後1年間は今の職場に留まるつもり」と回答した人は信頼度の高い企業のほうが50%多く、「家族や友人に今の職場を勧めるつもり」と回答した人も88%多くなっています。全体として、信頼度の高い企業に勤める従業員のほうが、現在の仕事に対する満足度が56%高いのが分かります。

また、信頼度の高い組織に勤務する従業員は、そうでない組織の従業員と比べると、仕事で「喜び」を感じる機会が60%多く、企業の「目標」に対する整合度が70%、同僚に対する親近感が66%、それぞれ高くなっています。信頼度の高い組織文化がもたらす効果は、従業員同士の接し方にも表れています。信頼度の高い組織の従業員は相手に対する共感が11%高いのに対し、同僚にぞんざいな態度を示す確率は41%低く、燃え尽き症候群に陥る確率も40%低くなっています。信頼は同僚の達成感も高める効果があります。高信頼性組織では、低信頼性組織より、一人ひとりの達成感が41%高いのです。

　私たちの分析結果が明らかにしたのは、こうした業績の向上によって、高信頼性組織が従業員により給与を多く支払っている点でしょう。信頼度が上位4分の1の企業で働く従業員は、下位4分の1の企業で働く従業員に比べて給与が17%上回り、年間で6450ドル多く受け取っています。競争的な労働市場において、高信頼性組織が従業員により高い給与を支払うとすれば、彼らが低信頼性組織で働く従業員よりも生産的だからという理由に他なりません。これは、信頼が直接利益の向上に結びつくことを強く物語っています。

　営利企業の従業員から集めたこれら2つのデータ群からは、文化の持つ意味は極めて大きく、個人の働き方や人生を充実させ、組織の業績を引き上げているのが分かります。

非営利組織にも信頼は必要か

　非営利組織でも信頼は大きな意味を持つのでしょうか？　自発的な従業員、しかも正真正銘のボランティアがいなければ成り立たない非営利組織だからこそ、労働の対価を支払っている営利企業より、はるかに文化が重要だと思われがちです。

　しかし、私の経験から言うと、文化を自ら管理しようと本格的に取り組んでいる非営利団体はほとんどありません。非営利組織が直面している問題がもう1つ。それは、企業と違って、成功を評価する指標が明確でない場合が多い点です。たとえば、成功とは奉仕を受けた人の数なのか、助成金なのか、寄付金の額なのか。これらがすべてあてはまる場合もあれば、まったくあてはまらない場合もあるでしょう。

私は米国やカナダ、欧州、アジアの29の非営利組織のリーダーを対象にしたあるプログラムで、組織の文化を理解し、改善する方法を指導しました。そのプログラムの一環として、各組織にOfactor調査を実施してもらい、職員およびボランティア計278人から回答を得ました。全組織を対象としたOfactorスコアの分布は49〜95で、Ofactor値が11と極端に低いスコアも1件ありました。平均値は68.79。Ofactor因子で最低だったのは「投資」で、58.35でした。私は以前、複数の非営利組織の幹部から、スタッフの訓練や教育にほとんどお金をかけられないという話を聞いていました。上記の結果は、その話と合致します。「思いやり」と「期待」もかなり低い値でした。

これらのデータからは、信頼の文化がボランティアや職員のパフォーマンスに影響を及ぼしているのが分かります。営利企業の場合と同様、信頼は慢性的なストレスを軽減し、やはりその2つには、ほぼ完全な負の相関関係（マイナス0.96）が認められました。また、非営利組織の場合も、信頼の文化によって職員のエンゲージメントが高まったことが、複数の測定値から推定できました。信頼度が上位4分の1のグループに属する回答者と、下位4分の1の回答者を比較すると（両者のOfactor平均のスコアは92.03対40.41）、高信頼の組織文化では、仕事中の熱意が１０９％、集中力が64％、生産性が24％、喜びが39％高く、一方、病欠日数が17％、慢性ストレスが86％少ないことが分かりました。

この結果を、Ofactorを使った全国的なサンプル調査と比較してみましょう。このサンプルには、非営利組織で働く122人が含まれています。信頼度は平均で72.71。この値は、私が指導した非営利組織のグループからのサンプルと、営利企業の全国平均をいずれも上回りました。興味深いことに、非営利組織における信頼のばらつきの度合いは、企業のそれと比べて19％低く、大半の非営利組織がかなり良い文化を持っていることが分かります。

この非営利組織のサンプルでは、スコアが最も高かったのは「委譲」の75.36でした。また、営利企業と同様にスコアが最も低かったのは、「オベーション」で、68.82でした。「投資」は74.0という適度な値を示しました。特に「オベーション」の低さは意外でした。同僚の仕事ぶりを褒めるのは、コストをかけなくてもできるからです。また、営利企業のデータと同様、信頼の文化は非営利組織が関心を寄せる、仕事の「喜び」や、組織の「目標」との整合性といった成果指標と強い相関関係があるのが分かります。実際、営利企業と比べると、サンプルの対象となった非営利組織の職員は、「喜び」の度合いが5％高く、「目標」に対する整合度が10％高いことが分かりました。信頼は、職員のやる気や生産性、定着率、エンゲージメントも高めていたのです。

これらの分析結果から、非営利組織の文化はおおむね企業よりも優れており、そうした文化を構築するカギは自己管理にあるのが分かります。また、データが示すように、非営利組織の文化的な優位性として、高い信頼と高い「目標」の結びつきが挙げられるでしょう。

神経科学研究が予測したように、非営利組織のスタッフは、営利企業の従業員よりもさらに大きな「喜び」を味わえるのです。これは、興味深いことです。なぜなら非営利組織部門に携わる人の収入は、企業の従業員と比べて平均で12％低い（3万6950ドル対4万1900ドル）のですから。どうやら非営利組織の職員たちは、収入を二の次にしてまで、崇高な「目標」を掲げる組織文化の中で、信頼を受けながら働いているようです。企業が魅力的な文化を創出したいと考えているなら、非営利組織をお手本にすべきでしょう。

政府機関は軒並み悪い結果

Ofactorを使った全国的なサンプル調査の結果には、地方や州、連邦政府の機関に勤務する回答者105人から得たデータも含まれています。サンプルの規模が小さいため、研究結果が完全に信頼できるものだと言い切れない部分はありますが、それでも、おおむね想定の範囲内と言えるでしょう。

信頼は、営利企業より非営利組織のほうが高いものの、政府機関の職員に対する組織の信頼はおおむね低く、67.43という結果でした。各**OXYTOCIN**因子の平均値も、政府機関は民間企業と比べて軒並み低く、下から、「オペレーション」が63.14、「思いやり」が67.29、「投資」が67.43という順番でした。唯一好ましい結果は、「目標」が営利企業を上回る76.29だったこと。それでも、非営利組織の「目標」の高さには届きません。結局、この3つのセクターのうち、政府機関における「喜び」の平均値は最低の75.43でした。

政府機関の回答者から得たデータは、貧弱な組織文化を反映するもので、成果指標の測定値は営利企業の測定値を全面的に下回りました。これらの差は、政府職員のサンプル数が少ないことによる統計的差異ではなく、実態を示しています。つまり、政府機関の組織文化には、固有の問題が内在しているのです。このように解析すると、文化が刷新されれば、政府機関の業績も改善されると予測できます。

働く人のモチベーションと幸福感を高める

第10章で述べた、私たちがザッポスで実施したフィールド調査は、「信頼が生産性にどう影響するか」という問いに洞察をもたらすとともに、Ofactor調査の結果も教えてくれます。

たとえば、同僚と一緒に仕事をするときストレスを感じるという場合、組織の文化がその緩衝材になるのです。ザッポスの文化について議論した被験者グループと、地元の小売業の売上動向を議論した対照群とを比較すると、同僚と一緒に課題に取り組むときの心拍数の基準値からの増加は、前者が後者の半分でした。これは、即効性のストレスホルモン、副腎皮質刺激ホルモン（ACTH）の血中濃度を測定した結果、9％低下したことからも裏付けられました。同時に、オキシトシンも18％上昇。ザッポスの文化について話し合ったときの、これらの神経生理学的変化は、小売業の売上を議論した他のグループと比較して、幸福度が10％上昇し、他のザッポニアンに対する親密度が16％強まったことにも関係しています。では、彼らのOfactorスコアは？　78というなかなかの成績でした。組織の文化を語り合うと従業員同士のつながりが生まれ、ストレスが低く抑えられた、というわけです。

ザッポスの実験では、同社の卓越した組織文化が生産性の向上に直結しているのが確認できました。私たちは、ザッポスの従業員に、生産性を客観的に評価できるように考案した特別な作業に取り組んでもらいました。その結果、気分の高揚や親密さが増すことが、生産性の向上と関連していることが統計的に示されました。ポジティブな気分の度合いが上位4分の1のグループは、下位4分の1のグループよりも生産性が29％上回りました。同様に、他者に対する親密さの度合いが上位4分の1のグループは、下位4分の1のグループよりも生産性が49％上回りました。

私たちは、なぜザッポスの文化がこれほど高い生産力を生み出すのか、その理由をもう少し掘り下げようと、実験に参加しなかった1000人あまりのザッポニアンにもOfactor調査に協力してもらいました。結果は、**OXYTOCIN**因子すべてが84を上回る高い値を示し、信頼度は86近くに達しました。また、協力者の74%が、ザッポスの文化を変えたくないと回答しました。ザッポスの文化を際立たせている1つの側面は、アンケートに協力したほぼすべての従業員が、仕事中だけでなく仕事の後も従業員同士の交流があると回答したことです。

先述の作業を終えた従業員のストレスを計測したところ、社交性が特に高い人の心血管系のストレスは、社交性が低い人の3分の1でした。ザッポスにはプレイルームやハンモックなど、従業員が息抜きや、仲間と気楽に過ごせるスペースが用意されています。これまでの章で述べたとおり、こういった配慮は、時間を浪費させるものではなく、むしろ脳のバッテリーを充電し、社会的なつながりを構築できる有効な方法だと言えるでしょう。[1]

なぜ文化が従業員のエンゲージメントや健康、そして幸せに作用するのか。その理由は、神経生理学的データにも表れています。たとえば、ザッポスでは従業員の過去1年間の病欠日数は平均で7日間でしたが、「喜び」が上位4分の1のグループは、平均で3日間だけでした。信頼の文化は、従業員の気分や生産性、健康に影響を及ぼし、組織の業績に直接作用するのです。

さらに私の研究グループでは、米国のある消費者サービス企業の従業員112人を対象に、神経生理学的データと、Ofactorデータを収集しました。[2] ザッポスの調査のように、従業員に組織の「目標」について話し合ってもらうといった、文化を意識させるやり方を取らず、無線センサーを使って仕事中の従業員から生理学的データを収集しました。さらに、ザッポスの実験と同様、血液サンプルも採取しました。このアプローチは、部門間のばらつきに起因する組織文化の潜在効果を把握し、それらのデータをエンゲージメントの測定値と関連付けるのが目的です。

その結果、この会社における信頼度の総合得点は低く、64.17でした。それでもザッポスと同様、職場への信頼を高く評価した従業員ほど、「喜び」が統計的有意な高さを示しました。彼らは組織の「目標」との整合性や、仕事に対するやる気も高く、以前より生産性が向上したと回答しました。信頼はまた、従業員同士の親密さを高め、慢性ストレスを大幅に軽減しました。この会社では、組織の信頼度が上位4分の1の従業員は、下位4分の1の従業員より、生産性が21%上回りました。

これらの結果は、私たちが収集した生理学データからも説明がつきます。全体として、4人グループでの作業を終えた従業員はオキシトシンが9%上昇し、反対にストレスホルモンは3%低下しました。この会社では、信頼が上位4分の1のグループと下位4分の1のグループに統計的な有意差が認められます。信頼度が上位4分の1の従業員は下位4分の1の従業員と比べ、オキシトシンの上昇が228%上回りました。また、上位4分の1の従業員は、下位4分の1の従業員と比べて仕事によるストレスからの回復もずっと早いことも分かりました。仕事を終えた後の心拍数は155%高く、ストレスマーカーACT

Hの血中濃度も221%早く低下したのです。この結果から、文化は私たちの生理機能に影響を及ぼし、そこからさらに社会的行動や生産性にまで影響しているのが分かります。

第10章で述べた通り、はじめから従業員を幸福にする目的で組織の文化を構築しようと思わないでください。私たちは、仕事が「喜び」にどのような影響を及ぼすかを調べるため、被験者に対して、認知的負荷がかかる作業に3分間、単独で取り組んでもらうテストを実施しました。被験者には、その仕事を十分正確にこなした場合だけ、報酬が得られると伝えました。結果は、作業をうまくこなした人ほど、幸福度も高くなりました（相関係数は0.25）。これは、一般的な幸福度の基準値を考慮したときにも当てはまりました。つまり、必ずしも幸せな人を雇わなくても、いつもより少し「期待」値の高い仕事をやってもらうだけで喜びが生まれるというわけです。

他にも、仕事中にポジティブな気分が増すと、同僚に対する親近感が増すということも分かりました[3]。仕事と喜びという2つの効果が相まって、被験者は、私たちが次に依頼した仕事にもさらにやる気を出し、しかもその仕事を楽しめるようになったのです。もうひとつ、従業員同士の親密さが増すのと、仕事を終えた後のストレスマーカーACTHの減少には、線形の関係性があることも判明しました。仕事で同僚に対する親近感を覚えた従業員の脳は、同僚とのつながりが薄い従業員より、仕事のストレスをうまく逃すことができるのです。以上の分析結果から、信頼の文化は従業員のモチベーションに実質的な効果をもたらし、仕事中の「喜び」も増すのが確認できました。

信頼がイノベーションに与える効果

私たちは、アメリカ中西部のあるメーカーを対象にした研究を企画しました。文化がイノベーション能力にどのような影響を及ぼすか調査することが目的です。まず、従業員に4人1組のグループになってもらい、いつもと違う課題に取り組んでもらうことにしました。被験者には、17個の部品を使って、リンゴの皮むき器を組み立ててもらうようにお願いしました。[4] ちょっと意外な代物ですが、組み立ては簡単。ただし、少しだけやっかいな作業が伴います。私たちは、被験者のグループに完成品の写真を手渡し、3分間でできるだけ多くの部品を正確に組み立ててもらうように言いました。組み立てた部品の数で、そのチームがどれだけ創造力豊かに問題解決できるかを定量化するのです。

その結果、組織文化はイノベーションに間接的に作用しているのが分かりました。職場に高い信頼を置いていると回答した人は、より親近感を覚えながら同僚との共同作業に取り組んでいたのです。同僚に対する親近感が上位4分の1の従業員は、下位4分の1の従業員より13.10%多くの部品を組み立てました。しかも、互いに親近感をもって臨んだ従業員は、下位4分の1の従業員と比べて、課題を楽しむ度合いが10%高かったのです。

この因果関係は、私たちが他の実験から得られた神経生理学的所見とも一致します。信頼度の高い組織文化によって従業員の親近感が増し、親近感が増すと従業員同士の絆が強まり、共同作業の効率を高めるのです。こうした分析結果は、プライスウォーターハウスクーパース（PwC）の調査結果とも一致します。PwCの調査結果は、従業員同士の信頼度が高い企業ほど、イノベーションを生み出す力が高いことを示しています。[5] 信頼と「喜び」は、向こう1年間に従業員が発揮する創造性も予測するので、組織文化の持続的効果の見極めになります。[6]

信頼の健康への影響

米国では、仕事による慢性的なストレスが原因で年間12万人以上の人が亡くなっています。ストレス関連の疾患や死亡によるコストは、最大で年間1900億ドル規模と推定されています。仕事で身動きが取れなくなり、家族の義務を果たせない人は、ワーク・ライフ・インテグレーションを無理なく実践している人よりも不健康な生活を送る確率が90％高いとされています。仕事関係で死亡リスクにつながる最も深刻な要因は「仕事で自主性が認められていないこと」、つまり、信頼の低さにあります。[7] 心身の健康が損なわれると、生産性は落ち、従業員は別の仕事を探さなければという気持ちになります。

私たちは、高い信頼を実現し高い「目標」を掲げる組織文化が、仕事以外の生活面での向上に寄与するかどうかをテストするため、被験者に日常生活に関するさまざまな設問に回答してもらいました。私たちがアメリカ中西部のメーカーで実施した現場実験の結果からは、信頼度が上位4分の1の従業員は、下位4分の1の従業員と比べて、仕事以外の生活全般に対する満足度が12%上回ることが分かりました。次にその理由を探りました。[8]

私たちは、信頼によって、慢性ストレスを示すいくつかの測定値が減少することを突き止めました。まず、ストレスホルモンの基準値を調べたところ、信頼度が上位4分の1の従業員は、下位4分の1の従業員と比べ、8.3%低いことが分かりました。その上で、前者は後者よりも呼吸数が2.8%少なく、仕事を終えてから心拍数が通常の状態に戻るまでの時間も9.3%短いことが分かったのです。もう1つ、健康状態の指標となるのが体重です。組織に高い信頼を置く従業員と、そうでない従業員を比べた場合、169.3ポンド（約76.8kg）対185.1ポンド（約84.0kg）と、前者の体重が後者より9.3%軽いという結果になりました。また、前者は、病欠日数が40%少ないなど、組織に対する信頼度の強さが健康面で大きな差となって表れています。このような研究は、職場の信頼が個人の健康や幸福をもたらす仕組みを解明する手がかりになります。

以上の結果は理にかなったものですが、なにせ1社に限定されたデータなので、一般化はできないでしょう。私たちが実施したOfactorを使った全国的なサンプル調査では、上記の結果が有効かどうか見極めるため、生活の満足度をみるための成果指標も加えています。結果は「有効」でした。職場の文化への信頼度が上位4分の1に位置する人と、下位4分の1に位置する人を比べると、信頼度が高い従業員のほうが、健康状態は13％優れ、燃え尽き症候群になる確率は40％低く、仕事で自分を見失う――これは慢性ストレスのひとつの兆候です――確率も41％低いことが分かりました。信頼度の高い文化で働くことは、仕事に対するやる気が42％高く、仕事に対する熱意も55％高いという結果になりました。これらのデータが示すように、信頼があれば、個人が仕事で感じる充実感が高まり、対人行動も改善できるのです。

信頼度の高い文化のなかで働くと、個人の生活全体に対する満足度も29％向上することも明らかになりました。私たちの分析では、理由は2つあると考えられます。1つは、高信頼性組織で働く人々は、他者に対する共感性が11％高く、そのため、まわりの人たちと情動的な絆を形成できるということ。もう1つは、高信頼性組織で働く人々は、「自分自身を超越した何か」に38％近づけたと感じている点です。私たちがこのようなスピリチュアルな質問を盛り込んだ理由は、信頼の構成因子の1つである「投資」が、人々に人生の意義を感じる機会を与えるものかどうか見極めるためでした。これらのデータは、実際にその通りであることを示唆しています。組織の文化は従業員個人の生活にも浸透している――むしろ、そうでない確率は限りなくゼロに近いと言えるでしょう。

文化の変革がもたらす大きなリターン

信頼度の高い文化を生み出すことは、結果的に生産性の向上、離職率の低下、慢性ストレスの減少による病欠日数の減少となって返ってきます。従業員の病欠による生産性の損失は推計で18～60％に上ることから、企業の収益力に及ぼす文化の効果はかなりのものです。[9]

私たちは全国的なOfactor調査のデータをもとに、組織の文化の向上に対するリターンを算出しました。その結果、組織の信頼の度合いをさらに上の4分の1群に押し上げる一連の介入によって、生産性は25％、定着率は27％それぞれ向上することが予測できます。一方、従業員1人あたりの年間病欠日数は推測で2日減ることも分かりました。同じデータから、従業員1人あたりの平均収入は年4万550ドルとなります。従業員1人あたりの生産性を収入の3分の2と仮定すると、信頼を上位に押し上げることで、組織の生産性は1人あたり6762ドル増加します。

定着率が上がると、採用やトレーニング関連のコストも節約できます。これらのコストは、仕事の種類によってもかなり差がありますが、専門職の労働者の平均的な年収に相当するものと推定されます。米国の企業の離職率は、年15.1％。これを典型的な企業に当てはめると、信頼を上位に押し上げることで、離職率は11％に下がります。私たちのデータの平均的な給与では、従業員1人あたり年間1653ドルの節約になります。

最後に、病欠日数を減らすことで節約できるコストを集計しました。米国における、従業員の病欠による企業の損失額は年間5760億ドルに上るという試算があります。[10] それに伴う費用はかなりのもの。病欠者が出ると生産性が落ち（コストの39％）、臨時雇用者の賃金と休職中の労働者の給与で人件費が上昇（同20％）、医療費の支払いも発生します（同40％）。2015年の米国の従業員1人あたりの医療保険額は年間で平均1万7545ドル。この計算でいけば、こうしたコストは、従業員が健康になれば減らせるはず、というのが私の見立てです。[11]

残る2つの費用、すなわち生産性の低下と、臨時雇用者の賃金、そして休職中の労働者の給与に充てる費用は、前述のデータを使って見積もることができます。3つの支出を抑えると、医療費を従業員1人あたり年間1770ドル節約できます。[12] 信頼を上位に押し上げた結果、生産性と定着率の向上、病欠日数の低下によるコスト削減額を合計すると、1万185ドルになり、これを今後各従業員が生み出すであろう追加収入と見なすことができます。

たとえば、従業員500人を抱える組織の場合、信頼を上位に押し上げることで年間売上高が509万ドルの増加になります。このような文化の変化を10年間維持すると仮定すると、文化への投資から得られる将来のキャッシュフローの現在価値は2650万ドルとなります。[13] 年率12％という代表的なハードルレート〔新規事業を選定する際の判断基準となる利回り水準のこと〕を設定するなら、企業が文化を更新するために必要な投資額は最大850万ドルとなります。文化の更新に対するリターンが大きいと分かれば、企業のリーダーは信頼を引き上げるためのマネジメント実験に、本格的に踏み切れるでしょう。

私たちの研究の成果は、他の研究グループの研究でも裏付けられています。たとえば、従業員のエンゲージメントが高い企業は、エンゲージメントが低い企業と比べ、顧客からの満足度が89％高く、売上高の伸び率も4倍高いことがヘイグループの報告で明らかになっています。[14] 別の調査研究では、従業員のエンゲージメントが平均以上の組織は、エンゲージメントが平均並みの組織よりも顧客の忠誠心が50％高く、利益は27％高いという結果が出ています。[15]

素晴らしい文化を持つ企業は売上高も高くなる傾向があるのは、ペンシルバニア大学ウォートン校のアレックス・エドマンスによる分析にも反映されています。彼の分析によれば、『フォーチュン』の「働きがいのある会社ベスト100」に選ばれた企業の株式のリターンが、1984〜2005年にかけて同業他社を73.5％上回っていたことに気付きました。[16] 企業の文化が優れているとより生産的になり、その結果、売上高は同業者を上回り、株価の評価を押し上げるのです。

コンサルティング会社のその後

冒頭のクモの巣だらけのオフィスビルにあるコンサルティング会社では、文化を変革し、従業員に自信を与え、再び成長へと転換するプランを練り上げました。この仕事に取り掛かる前、私に「従業員にこびへつらうなんて馬鹿なことを」と苦言を呈する幹部もいました。こんなときにこそ、自発的な協力の大切さを科学的に解説し、その裏付けとなるデータを提示すべきです。私は2日がかりでこの会社のOfactorデータを調べ上げ、幹部チームからアイデアを引き出せるように、既に信頼度の高い文化を生み出してきた企業の事例を資料にしました。次はもちろん、「どこから取り掛かるべきか」が問題です。

まずは、ポジティブな改善が進んでいることを印象付けるために、目に見えた形での変化を起こすことが急務でした。私は、役員用キッチンのドアに貼られた例の注意書きについて言及しました。「役員と秘書以外の者は立ち入るべからず!」という文言はどうみても、チームワークについて誤ったメッセージを伝えている、そう指摘したのです。すると、社長がこう言いました。「1年前からここで仕事をしているけど、あの貼り紙を見るたびに引っかかっていたんだ」。そこで私は、「ビル、きみは社長だ。だったら、あの紙を剥がせばいい」と提案したのです。ビルは会議室を出て、例の貼り紙を手に戻ってきました。彼がその紙をビリビリと引き裂いて宙に放り投げると、部屋中に歓声が響き渡りました。

2日目も終わる頃には、私の協力のもと、幹部チームは目標を明確にし、実施すべきマネジメント実験を特定することができたのです。2カ月後、ビルはタウンホールミーティングを開催し、さまざまな変革が進んでいることと、それらがなぜ、そこで働く一人ひとりのためになることなのかを説明しました。オープンオフィス化に向け、パーティションで仕切られた小部屋は徐々に取り払われ、トレーニングの受講者やカンファレンスの出席者が戻ってきました。組織の戦略プランも従業員全員で共有するようになりました。最高教育責任者はマネージャーたちに、コーチになるためのトレーニングを指導するとともに、明確な「期待」を設定する方法を伝授しました。目標までの進捗状況を確認するため、日々のハドルも導入しました。中でも特に大きな変更は、年に1度のレビューを廃止し、将来を見据えた「全人的評価」に切り替えたこと。初めてのことに、従業員も管理者もわくわくしています。一連の文化の変更は幹部チーム「全員」が関わりました。ただし、「馬鹿なことを」と吐き捨てた例の幹部だけは別でした。改善の効果が出始めると、社長は彼に「そろそろ新しい場所を探してみては」と勧めたのです。

最後に、基準値となるデータの収集から1年後のデータを見ながら、この組織のマネジメント実験の効果を定量化してみましょう。幹部チームが実施したマネジメント実験は時間を要したため、ここで紹介するのは約6カ月分の効果を表すデータです。計1841人の従業員が2回にわたるOfactor調査に回答しました。マネジメント実験を開始する前の組織の信頼は74.68でした。1年後、信頼は78.98に上がっていました。各

OXYTOCIN因子はいずれも上昇し、増加率は3.3〜9.1%でした。最も増加率が高かったのは、「期待」の9.1%、「投資」の7.1%でした。どちらも、基準値ではかなり低い値を示していたものです。また、「目標」が7%、「喜び」が7.3%の増加、反対に仕事で感じるストレスが14%以上の減少でした。文化の向上で仕事に対するやる気は11.1%増加、自己申告による生産性は4.3%増加、エンゲージメントは8%近い伸びでした。開始1年目から2年目にかけて報告された変化はいずれも、統計的にゼロより大きい値になりました。

信頼度の高い文化を構築する意義

結局、大切なのは文化だということ。信頼の文化と「目標」は、人間の持つ社会的な性質と響きあい、エンゲージメントや「喜び」を生み、利益をもたらすのです。本書はまた、信頼度の高い文化を構築することが、いかにトリプルボトムライン〔企業を財務のみで評価するのではなく、企業活動の環境的側面、社会的側面、経済的側面の3つの側面から評価すること〕の推進力となるかを示してきました。それは、従業員のため、組織のため、そして社会のためにプラスに作用します。あなたにもぜひ、今ある組織の文化を、戦略的な資産と見なして欲しいと思います。どんな資産でもそうですが、監視と管理は必要です。組織の文化を管理しなければ、間違いなく、あなたが文化に管理される側になるでしょう。

なぜ自発的な従業員は毎日職場にやってくるのか。なぜ組織の「目標」を前進させるために自らのエネルギーを投じるのか。なぜ、ときには午前3時という時間にメールを送信するのか。神経経済学は、これらを解き明かす枠組みを提供します。神経科学は、重役室にも、工場のラインにも、そして店舗の売り場にも、なくてはならない知恵を授けます。組織が「思いやり」の大切さを理解するならば、職場の誰もが、リソースとしてではなく1人の人間として見なされるようになります。そこにあるのは、ロケットを飛ばすための科学ではありません。私たちの行動と神経反応を知るための科学です。現代にふさわしいスマートな企業の姿がそこにあります。

月曜の朝のリスト

- 収集したOfactorデータを用いて、最も低いOXYTOCIN因子を特定しましょう。

・最も低い OXYTOCIN 因子が影響しているかもしれない業績を特定し、計測してみましょう。
・マネジメント実験を計画する際は、最低の OXYTOCIN 因子に手を加え、その変化を維持する期間を指定しましょう。
・これから実施する変更計画の内容とその理由を従業員に伝えましょう。
・マネジメント実験の期間が終了したら、OXYTOCIN 因子と、影響させたかった主な成果指標を測定しましょう。
・他の OXYTOCIN 因子を使って、右記のステップを繰り返しましょう。

あとがき

思いやりと共感、信用と信頼の差異を明らかにすることで

「我々は人間についてあまりにも知らない。絶望的に知らなすぎる」

とは、私が敬愛するヘルマン・ヘッセ（詩人・ノーベル文学賞）の言葉である。たしかに私たちは、宇宙や自然、生物について、多くのことを明らかにしてきた。しかし、こと人間となると、ほとんど分かっていないのが、偽らざる現状だろう。ましてや、人間があつまって織りなす「組織」については、一体どれほど語るべきものがあるだろうか？

むろん、歴史を振り返れば、偉大なる組織を率いたリーダーたちの事例に事欠かない。あるいはその逆の事例も。しかし、それらはあくまで事例でしかなく、現代における「あなたの組織」にあてはまるかといえば、必ずしもそうとは言えないであろう。

だからこそ、私たちに必要なのは、大胆にノイズを取り除いた「本質」なのである。す

なわち、次の問いに対する科学的な知見が求められているのである。

「人間の本質とは何か？」

「組織を率いる上でもっとも本質的なことは何か？」

本質とは言い換えれば、「変えてはならないものは何か？」ということに近いだろう。もちろん変化の激しい現代においては、時流に合わせて変わっていかなければならないこともあるだろう。そのような意味で、「我々は、何を変えるべきで、何を変えてはならないのか？」という「さじ加減」がわからなくなった時に、組織が衰退していくのだと考えられる。

さて、上記を踏まえてあらためて本書の意義を整理すると、次のように要約することができるだろう。

「神経経済学の知見に基づき、社会的動物としての人間の本質を喝破し、組織を運営するうえでもっとも本質的な要因が『信頼』であることを説いた本」

と言われても抽象的すぎるかもしれないので、ひとつずつ丁寧に振り返っていくことにしよう。

人間は感情を持った社会的動物である

まず見ていきたいのは、人間の本質とは何か、という問いである。もちろん言うまでもなく、この問いには無数の見方がありうるが、著者はたとえば、次のように述べている。

私たちは社会的な生き物であるがゆえに、「思いやり」のあるコミュニティに身を置くことがとても重要なのです。

ちなみに著者の専門である脳神経科学では、「思いやり」と「共感」は区別されて考えられている。

すなわち「共感」とは、相手の感情をわが身のように受け入れること（I feel you）をいう。その一方で、「思いやり」とは、共感に加えて、相手の力になりたい（I want to help you）という気持ちがある状態だといわれる。実際、チューリッヒ大学のタニア・シンガー博士は、他者の苦痛を共有したとき（共感）と、他者の苦しみに対して親切な反応をしたとき（思いやり）では、脳の活性部位が異なることを発見している。

面白いのはここからで、同じように苦しんでいる相手を前にしたとき、「共感」だけでは私たちまで苦しくなってしまうのに対して、「思いやり」で臨めばむしろ私たちの脳はポジティブな状態になることが知られているのだ。

これはつまり、困っている人に手を差し伸べることを「快楽」と感じるように、そもそも人間の脳がプログラミングされている可能性があるのだ。このような現象は、他の哺乳類と比較すると顕著に立ち現れてくる。たとえば、およそ300種類いる哺乳類のうち、「同じ群の仲間」にエサを与える動物はいても（たとえば、ゴリラなど）、「赤の他人」にエサを分け与えるのは人間だけなのだ。これは、「困っている人に手を差し伸べること」が快楽として感じないと、起こりえない現象であろう。

あるいは、人間の本質について、著者は次のようにも述べている。

1　職業的に成長していますか？

2　個人的に成長していますか？

3　精神的に成長していますか？

このうちのどれか1つでも行き詰まると、従業員はフラストレーションに陥り、生産力が落ちることは科学的にも証明されています。

すなわち、人間は本質として、成長を求める生き物であるということである。しかし、ややもすれば、「成長」という言葉を毛嫌いする人もいるだろう。「別に成長したいわけではない」と。

そこで、あえて私なりに「成長」という言葉を言い換えると、「変化や驚き」ともいえよう。つまり人間は、生活を送る上で「変化や驚き」がなくなると、フラストレーションに陥るのだ。仮にも組織を率いる立場にあるのなら、組織内のメンバーが日々「成長や変化、驚き」を感じられているか、細心の注意を払うべきだと著者は述べている。

さて、すべてを紹介するには紙面が足りないので、ここで一度整理したい。著者は人間の本質について、専門の神経経済学のみならず、心理学や経営学、哲学など、様々な学問領域から知見を引き出し、本書の中で披瀝している。それが「思いやり」であったり、あるいは「成長」であったりするわけだ。もちろん、それらが向かう先は、「信頼」である。

組織を率いる上で最も本質的なことは、「信頼」である

「世の中にはなぜ、成功を収める組織とそうでない組織が存在するのか」

組織を率いる人間なら、100万ドルを出してでも知りたいこの問いに、著者は明快な回答を示した。それが「信頼の文化」である。なぜ信頼が重要で、信頼を高めるには何が大事か、という点については、すでに本書で十分すぎるほど説明されているので、改めて繰り返すまでもないだろう。しかし、本書を通じて、おそらく日本人なら誰もが感じるであろう疑問について、私見を述べさせて頂きたい。それは、

「信用と信頼はどう違うのか?」

という問いである。いろいろと調べてみたのだが、腹落ちする定義が見つけられなかったものの、おそらくその違いは次のようなことではないかと思っている。

信用　→　相手に対する「理性的」な判断

信頼　→　相手との「感情的」な結びつき

すなわち、信用とは、相手の肩書や過去の実績などから「理性的」に相手を判断することなのに対して、信頼とは、相手がどのような人物であるかはさておき、「感情的」に結びつくことなのではないかと。実際、信頼関係とはいっても、信用関係とはいわないように、お互いの関係性が伴うかどうかというのは、信用と信頼をわかつ重大な違いのように思える。

なぜ、わざわざこんなことを書いているかというと、「信頼」という概念を理解する上で、「信頼が何ではないのか?」という点を明らかにすることが重要になるからだ。すでに、「思いやり」と「共感」は異なるという話をしたが、「信用」と「信頼」の違いをここで明示しておくことは、読者にとってさらなる理解の一助になるのではないかと考えた次第である。むろん、私とは違う考えがある方もいると思うが、重要なのは著者が述べているように、「曖昧でとらえどころのないもの」を少しずつ具体的に定義していくことである。科学はそうやって発展してきたし、これからも同様であろう。

そのような意味で、著者は「組織」という実に曖昧でとらえがたいものを対象に、極めてイノベーティブな研究を行ってきた。成功する組織には、信頼の文化が重要であることを明らかにしただけでなく、信頼には「オキシトシン」というホルモンが関わっていることを実証した。さらに、研究を行うだけでなく、実際に企業の現場に出かけ、いかにして信頼の文化を醸成できるか、自らコンサルティングまで行っている。

言うまでもなく、要因を明らかにすることと、いかにしてその要因を動かせるか、ということは全く別次元の話である。「組織」を対象にして、そのどちらもやりとげてしまった著者は、まこと驚くべき才覚であり、まえがきにも記したがまさに本書は、「組織を率いるすべての人にとっての教科書」になったといえよう。ぜひ手元に置いて、折に触れては何度も読み返していただきたい。不朽の古典になることだろう。何より小さな研究所を率いる私自身にとっても、人生を変えるような出会いとなる本であった。

あとは、いかにして私たちが、本書の内容を実践していけるかである。「月曜日の朝のリスト」を参考に、まずは身近な人たちとの信頼を確かなものにするところから、始めていければと思う。

石川善樹（予防医学研究者）

解説

石川 善樹（いしかわ よしき）

1981年、広島県生まれ。東京大学医学部健康科学科卒業、ハーバード大学公衆衛生大学院修了後、自治医科大学で博士（医学）取得。

「人がよりよく生きるとは何か」をテーマとして、企業や大学と学際的研究を行う。専門分野は、予防医学、行動科学、計算創造学など。

著書に『疲れない脳をつくる生活習慣』（プレジデント社）『最後のダイエット』『友だちの数で寿命はきまる』（以上、マガジンハウス）など。

Twitter：@ishikun3

参考資料

序文

1. J. Henrich, "Culture and Social Behavior," Current Opinion in Behavioral Sciences 3 (2015): 84–89.
2. P. J. Zak, "Building Trust Is a Blood Sport," Ivey Business Journal. November/December 2015.
3. Danny Miller and Jon Hartwick, "Spotting Management Fads," Harvard Business Review, October 2002.
4. P. J. Zak and S. Knack. "Trust and Growth," The Economic Journal, 111 (2001): 295–321.
5. S. Knack and P. J. Zak, "Building Trust: Public Policy, Interpersonal Trust, and Economic Development," Supreme Court Economic Review 10 (2002): 91–107.
6. P.J. Zak. The Science Behind Building a Culture of Trust. TD Magazine, June 2016: 48–53.
7. James K. Harter, Frank L. Schmidt, and Theodore L. Hayes, "Business-Unit-Level Relationship Between Employee Satisfaction, Employee Engagement, and Business Outcomes: A Meta-analysis." Journal of Applied Psychology 87, no. 2 (2002): 268.
8. Laszlo Bock, Work Rules! Insights from Inside Google That Will Transform How You Live and Lead (New York: Twelve, 2015).（※邦訳：ラズロ・ボック著、鬼澤忍、矢羽野薫訳、『ワーク・ルールズ！―君の生き方とリーダーシップを変える』、東洋経済新報社、2015 年）
9. Accenture, "7 Ways Federal Agencies Can Reduce Cost and Improve Workforce Productivity," https://www.accenture.com/us-en/insightseven-ways-reduce-costs-improve-workforce-productivitysummary.aspx.
10. Bourree Lam, "Why Do Workers Feel So Unhappy? Just One-Fifth of Employees Report Believing That Their Workplaces Strongly Value Them," Atlantic, November 4, 2014.
11. "Employee Job Satisfaction and Engagement: Optimizing Organizational Culture for Success," SHRM, 2015. https://www.shrm.org/hr-today/trends-and-forecasting/research-and-surveys/pages/job-satisfaction-and-engagement-report-optimizingorganizational-culture-for-success.aspx.
12. http://www.nytimes.com/2016/02/28/magazine/what-googlelearned-from-its-quest-to-build-the-perfect-team.html?_r=1.
13. PricewaterhouseCoopers, 18th Annual Global CEO Survey, http://www.pwc.com/gx/en/ceo-agenda/ceosurvey/2015.html.
14. "4 Ways Businesses Can Build Customer Trust," World Economic Forum, https://www.weforum.org/agenda/2016/01/4-ways-businesscan-build-trust/http://www3.weforum.org/docs/WEFEvolutionTrustBusinessDeliveryValues_report_2015.pdf.
15. John F. Helliwell, and Haifang Huang, "Well-Being and Trust in the Workplace," Journal of Happiness Studies 12 no. 5 (2011): 747-767.
16. Boston Consulting Group, "Global Workforce Crisis Puts $10 Trillion at Risk in World Economy, Study Says," press release, December 11, 2014.
17. Maurer, Roy, Skills Gap, Turnover Are Top Talent Concerns, 2015, Society for Human Resource Management,

https://www.shrm.org/resourcesandtools/hr-topics/talent-acquisition/pages/skills-gapturnover-talent-concerns.aspx.

18. Anne Bahr Thompson, "The Intangible Things Employees Want from Employers," Harvard Business Review, December 3, 2015.

19. Bill George with Peter Sims, True North: Discover Your Authentic Leadership (New York: Jossey-Bass, 2007.（※邦訳：ビル・ジョージ、ピーター・シムズ著、梅津祐良訳、『リーダーへの旅路―本当の自分、キャリア、価値観の探求』、生産性出版、2007 年）

20. For example, Alan E. Hall, The 7 C's of Hiring (Seattle: Amazon Digital Services, 2012); Bock, Work Rules!（※邦訳：ラズロ・ボック著、鬼澤忍、矢羽野薫訳、『ワーク・ルールズ！―君の生き方とリーダーシップを変える』、東洋経済新報社、2015 年）; Martin Yate, Knock 'em Dead Hiring the Best: Proven Tactics for Successful Employee Selection (New York: Adams Media, 2014).

21. Issie Lapowsky, "Zappos Goes Flat, Gets Rid of Managers," December 30, 2013, http://www.inc.com/issie-lapowsky/zappos-gets-rid-of-managers.html?cid=readmore.

22. V. Alexander and P. J. Zak, Office Design Affects Creative Problem Solving: A Neuroscience Study (in review).

23. Edward G. Mahon, Scott N. Taylor, and Richard E. Boyatzis, "Antecedents of Organizational Engagement: Exploring Vision, Mood and Perceived Organizational Support with Emotional Intelligence As a Moderator," Frontiers in Psychology (2014): doi: 10.3389/fpsyg.2014.01322; Liz Ryan, "The Employee Engagement Scam," (2014), LinkedIn, https://www.linkedin.com/pulse/20140926142036-52594-the-employee-engagement-scam; Laurie Bassi and Dan McMurrer, "Does Engagement Really Drive Results?," Talent Management Magazine, March 2010; P. M. Wright, T. M. Gardner, L. M. Moynihan, and M. R. Allen, "The Relationship Between HR Practices and Firm Performance: Examining Causal Order," Personnel Psychology 58, no. 2 (2005): 409–446.

24. Caroline Fairchild, "Workplace Happiness Survey Finds Friends Are More Important Than Salary," Huffington Post, October 23, 2012; J. A. Barraza and P. J. Zak, "Empathy Toward Strangers Triggers Oxytocin Release and Subsequent Generosity," Annals of the New York Academy of Sciences 1167 (2009): 182–189; J. A. Barraza, M. E. McCullough, S. Ahmadi, and P. J. Zak, "Oxytocin Infusion Increases Charitable Donations," Hormones and Behavior 60 (2011): 148–151.

25. http://www.druckerinstitute.com/2013/07/of-customers-andcomrades/.

第 1 章

1. Nikita Lalwani, "In Trust We Trust," Times (London), June 2, 2012.

2. P. J. Zak, R. Kurzban, S. Ahmadi, et al, "Testosterone Administration Decreases Generosity in the Ultimatum Game," PLOS ONE 4, no. 12 (2009), http://dx.doi.org/10.1371/journal.pone.0008330.

3. This experiment was commissioned by the BBC and performed May 29, 2011.

4. P. J. Zak, The Moral Molecule: The Source of Love and Prosperity (New York: Dutton, 2012).（※邦訳：ポール・J・ザック著、柴田裕之訳、『経済は「競争」では繁栄しない―信頼ホルモン「オキシトシン」が解き明かす愛と共感の神経経済学』、ダイヤモンド社、2013 年）

5. D. McGregor, The Human Side of Enterprise. New York: McGraw-Hill, 1960.（※邦訳：ダグラス・マグレガー著、高橋達男訳、『企業の人間的側面—統合と自己統制による経営』、産能大学出版部、1970 年）
6. http://www.zanebenefits.com/blog/bid/312123/Employee-Retention-The-Real-Cost-of-Losing-an-Employee.
7. Frederick Winslow Taylor, (1911), The Principles of Scientific Management. New York and London: Harper & Brothers, 1911.（※邦訳：フレデリック W. テイラー著、有賀裕子訳、『新訳　科学的管理法』、ダイヤモンド社、2009 年）
8. T. A. Judge, R. F. Piccolo, N. P. Podsakoff, J. C. Shaw, and B. L. Rich, "The Relationship Between Pay and Job Satisfaction: A Metaanalysis of the Literature," Journal of Vocational Behavior, 77 no. 2 (2010), 157–167.
9. Michael I. Norton, Daniel Mochon, and Dan Ariely. "The 'IKEA Effect': When Labor Leads to Love." Harvard Business School Marketing Unit Working Paper 11-091 (2011); D. Pink, Drive: The Surprising Truth About What Motivates Us. New York: Riverhead Books, 2011.
10. Laszlo Bock, Work Rules! Insights from Inside Google That Will Transform How You Live and Lead (New York: Twelve, 2015).（※邦訳：ラズロ・ボック著、鬼澤忍、矢羽野薫訳、『ワーク・ルールズ！—君の生き方とリーダーシップを変える』、東洋経済新報社、2015 年）

第 2 章

1. Note that the annual turnover rate for retail full-time employees is 27 percent. http://blogs.wsj.com/atwork/2015/02/19/one-reasonwalmart-is-raising-pay-turnover/;http://www.businessinsider.com/walmart-target-and-tj-maxx-are-facing-a-worker-crisis-2015-10.
2. P. Godar, "Recognition: Are You Using This Powerful Tool to Connect People and Performance?," http://www.maritz.com/~/media/Files/MaritzDotCom/News%20Events%20and%20Insights/Maritz%20In%20The%20News/News-HRM-Recognition-Powerful-Tool.ashx.
3. http://www.octanner.com/blog/category/leadership.
4. http://intelispend.com/blog/23-employee-motivation-statistics-tosilence-naysayers/.
5. 5/1/2011.
6. Naomi I. Eisenberger, Matthew D. Lieberman, and Kipling D. Williams, "Does Rejection Hurt? An fMRI Study of Social Exclusion." Science 302 no. 5643 (2003): 290–292.
7. "Adapting To The Realities of Our Changing Workforce," Workforce Mood Tracker, Spring 2014, http://go.globoforce.com/rs/globoforce/images/Spring2014MoodTrackerGloboforce.pdf.
8. Rainer Strack, Jean-Michel Caye, Thomas Gaissmaier, et al, "Creating People Advantage 2014–2015: How to Set Up Great HR Functions: Connect, Prioritize, Impact," December 1, 2014, https://www.bcgperspectives.com/content/articles/human_resources_creating_people_advantage_2014_how_to_set_up_great_hr_functions/.
9. Edward L. Deci, "Effects of Externally Mediated Rewards on Intrinsic Motivation." Journal of personality and Social Psychology 18 no. 1 (1971): 105; Edward L. Deci and Richard M. Ryan. "The general Causality Orientations Scale: Self-determination in Personality." Journal of Research in Personality 19 no. 2 (1985): 109–134; Andreas, Mojzisch and Stefan Schulz - Hardt, "Being Fed Up," Annals of the New York Academy of Sciences 1118 no. 1

(2007): 186–205.; D. Pink, Drive: The Surprising Truth About What Motivates Us, New York: Riverhead Books, 2011.
10. Bob Chapman (Barry-Wehmiller CEO), interview with the author, April 25, 2013, St. Louis, MO.
11. Bob Chapman (Barry-Wehmiller CEO), interview with the author, April 23, 2013, St. Louis, MO.
12. http://www.trulyhumanleadership.com/?page_id=36.

第3章

1. "43 percent of highly engaged employees get weekly feedback: The 2014 Global Workforce Study Driving Engagement Through a Consumer-Like Experience," TowersWatson, 2014. https://www.towerswatson.com/en-US/Insights/IC-Types/Survey-Research-Results/2014/08/the-2014-global-workforce-study.
2. Bill Turque. "Rhee: Election Result 'Devastating' for D.C. Schoolchildren". Washington Post, September 16, 2010, http://voices.washingtonpost.com/dcschools/2010/09/rhee_election_result_devastati.html.
3. Sewell Chan, "The Highest Per-Pupil Spending in the U.S.," New York Times, May 24, 2007, http://empirezone.blogs.nytimes.com/2007/05/24/the-highest-per-pupil-spending-in-the-us/?_r=0.
4. "IMPACT: An Overview," District of Columbia, Public Schools 2014, http://dcpsdc.gov/page/impact-overview, http://articleswashingtonpost.com/2009-10-01/news/36910694_1_teacherperformance-rhee-district-teachers; http://www.documentcloud.org/documents/05699-incentives-selection-and-teacher-performance.html.
5. B. Turque, "Fenty's Political Fortunes Tied to Success of D.C. School Reforms," Washington Post, August 19, 2010.
6. http://usatoday30.usatoday.com/news/education/2011-03-28-1Aschooltesting28_CV_N.htm.
7. https://news.tn.gov/node/11644.
8. D. R. Forsyth, "Performance," in Group Dynamics (5th ed.), ed. D.R. Forsyth, (Belmont: CA, Wadsworth, Cengage Learning, 2006), 280–2309.
9. Alan G. Ingham, George Levinger, James Graves, and Vaughn Peckham, "The Ringelmann Effect: Studies of Group Size and Group Performance," Journal of Experimental Social Psychology 10, no. 4 (July 1974): 371–384.
10. Google People Dev group interview with the author, Mountain View, CA, February 25, 2015.
11. Meghan Busse, Jeroen Swinkels, and Greg Merkley, Enterprise Rent-A-Car, Kellogg School of Management Case KEL612, 2012. http://www.kellogg.northwestern.edu/kellogg-case-publishing/casesearch/case-detail.aspx?caseid=%7BE966E1B9-061D-499C-B8FFD248F003BD3A%7D.
12. "No. 5 Enterprise: A Clear Road to the Top," Business Week, September 18, 2006.
13. https://hbr.org/2011/06/defend-your-research-what-makes-ateam-smarter-more-women.
14. Teresa Amabile and Steven J. Kramer, "The Power of Small Wins," Harvard Business Review, May 2011, https://hbr.org/2011/05/thepower-of-small-wins/ar/1; Nicholas Christakis and James Fowler, Connected: The Surprising Power of Our Social Networks and How They Shape Our Lives—How Your Friends' Friends' Friends Affect Everything You Feel, Think, and Do (New York: Little, Brown, 2011).（※邦訳：ニコラス・A・クリスタキス、ジェイムズ・H・ファウラー著、鬼澤忍訳、『つながり―社会的ネットワークの驚くべき力』、講談社、2010年）
15. Max Nisen, "Why GE Had to Kill Its Annual Performance Reviews After More Than Three Decades," August 13, 2015 http://qz.com/428813/ge-performance-review-strategy-shift/.

16. Dov Eden, "Leadership Expectations' Pygmalion Effect," Leadership Quarterly, 3 no. 4, 271–305 (1992). A. S. King, "Self-Fulfilling Prophecy in Training the Hard-Core: Supervisor Expectations and the Underprivileged Workers' Performance," Social Science Quarterly, 52 (1971); 369–378; A. S. King, "Expectation Effects in Organization Change," Administrative Science Quarterly, 19 (1974), 221–230.; D. Eden and A. B. Shani,"Pygmalion goes to boot camp: Expectancy, Leadership, and Trainee Performance," (1982). Journal of Applied Psychology, 67, 195–199.
17. C. A. O'Reilly, New United Motors Manufacturing, Inc.(NUMMI). Stanford Graduate School of Business (1998).
18. John Shook, "How to Change a Culture: Lessons from NUMMI," MIT Sloan Management Review (January 1, 2010).
19. http://www.epa.gov/lean/environment/studies/gm.htm.
20. "Fun and Games at Work," The Drucker Exchange, January 13, 2014, http://thedx.druckerinstitute.com/2014/01/fun-and-games-atwork/.
21. http://intelispend.com/blog/23-employee-motivation-statistics-tosilence-naysayers.
22. Ethan R. Mollick, and Nancy Rothbard, "Mandatory Fun: Consent, Gamification and the Impact of Games at Work." The Wharton School research paper series (2014).

第4章

1. Bob Chapman, interview, April 25, 2013.
2. Rachel Feintzeig, "Flexibility at Work: Worth Skipping a Raise?" October 31, 2014, http://blogs.wsj.com/atwork/2014/10/31/flexibility-at-work-worth-skipping-a-raise/.
3. Rick Wartzman, "The Difference Between Work-Life Integration and Workaholism," Fortune, February 18, 2015, http://fortune.com/2015/02/18/work-life-time-management/.
4. Kevin Freiberg, and Jackie Freiberg Guts!: Companies that Blow the Doors off Business-as-Usual, (New York: Doubleday, 2004), 80.（※邦訳：ケビン・フライバーグ、ジャッキー・フライバーグ著、小幡照雄訳、『破天荒！』、日経 BP 社、1997 年）
5. Dennis Campbell, Marc J. Epstein, and F. Asis Martinez-Jerez, "The Learning Effects of Monitoring," Accounting Review 86, no. 6 (November 2011): 1909–1934.
6. Erin Griffith, "Amazon CEO Jeff Bezos: 'I've made billions of dollars of failures,' " Fortune http://fortune.com/2014/12/02/amazon-ceo-jeffbezos-failure/.
7. Linda A. Hill, Greg Brandeau, Emily Truelove, and Kent Lineback, Collective Genius: The Art and Practice of Leading Innovation (Cambridge: Harvard Business Review Press, 2014).（※邦訳：リンダ・A・ヒル、グレッグ・ブランドー、エミリー・トゥルーラブ、ケント・ラインバック著、黒輪篤嗣訳、『ハーバード流　逆転のリーダーシップ』、日本経済新聞出版社、2015 年）
8. C. Argyris and D. Schön, Organizational Learning: A Theory of Action Perspective (Reading, MA: Addison-Wesley, 1978).
9. C. Argyris, Increasing Leadership Effectiveness (New York: Wiley, 1976).
10. W. Bachman, "Nice Guys Finish First: A SYMLOG Analysis of U.S. Naval Commands," in The SYMLOG Practitioner, ed. R. B. Polley, A. P. Hare, and P. J. Stone, (New York: Praeger, 1988), 133–153.

11. Liz Riggs, "Why Do Teachers Quit?," Atlantic, October 18, 2013, http://www.theatlantic.com/education/archive/2013/10/why-doteachers-quit/280699/.

12. Bruce D. Kirkcaldy, Roy J. Shephard, and Adrian F. Furnham, "The Influence of Type A Behaviour and Locus of Control Upon Job Satisfaction and Occupational Health," Personality and Individual Differences 33 (2002): 1361–1371.

13. Zappos colleague, communication to the author, June 28, 2016.

14. Michael R. Kukenberger, John E. Mathieu, and Thomas Ruddy, "A Cross-Level Test of Empowerment and Process Influences on Members' Informal Learning and Team Commitment," Journal of Management (September 11, 2012): doi: 1177/0149206312443559.

15. Kamalini Ramdas and Ravindra Gajulapalli, HCL Technologies, "Employee First, Customer Second," Darden School Case UV1085. 2008.

16. Alan MacCormack, Fiona Murray, and Erika Wagner, "Spurring Innovation Through Competitions," MIT Sloan (Fall 2013).

17. General Stanley McChrystal, My Share of the Task: A Memoir. (New York: Penguin, 2013).

18. As quoted in: J. L. Elkhorne, Edison—The Fabulous Drone, in Amateur Radio 73 Vol. XLVI, No. 3 (March 1967): 52–56 .

19. Seth Stevenson, "Don't Go to Work," Slate, May 11, 2014, http://www.slate.com/articles/business/psychology_of_management/2014/05/best_buy_s_rowe_experiment_can_results_only_work_environments_actually_be.html.

20. Ibid.

21. Monique Valcour, "The End of 'Results Only' at Best Buy Is Bad News," Harvard Business Review, March 8, 2013, http://blogs.hbr.org/2013/03/goodbye-to-flexible-work-at-be/; Thomas Lee, "Best Buy Ends Flexible Work Program for its Corporate Employees," Star Tribune, December 13, 2013, http://www.startribune.com/no-13-best-buy-ends-flexible-work-program-for-its-corporateemployees/195156871/.

22. Mary S. Logan and Daniel C. Ganster, "The Effects of Empowerment on Attitudes and Performance: The Role of Social Support and Empowerment Beliefs," Journal of Management Studies 44, no. 8 (2007): 1523–1550.

23. Conscious Capitalism 2014, April 10, San Diego, CA.

第5章

1. Gary Hamel, "First, Let's Fire All the Managers." Harvard Business Review 89 no. 12 (2011): 48–60.

2. P.J. Zak, The Moral Molecule: The Source of Love and Prosperity. (New York: Dutton, 2012)（※邦訳：ポール・J・ザック著　柴田裕之訳、『経済は「競争」では繁栄しない─信頼ホルモン「オキシトシン」が解き明かす愛と共感の神経経済学』、ダイヤモンド社、2013年）; Chris Rufer (Morning Star Company ownerfounder), interview with the author, August 11, 2011, Los Banos, CA.

3. "What People Earn 2016," Parade, April 10, 2016, 6–9.

4. The HOW Report: A Global, Empirical Analysis of How Governance, Culture, and Leadership Impact Performance, 2015. LRN.

5. http://www.businesswire.com/news/home/20120215005284/en/Intelligent-Office-Survey-Finds-People-Don't-Corporate#.VWIW12DWvpj.

6. J. Reeve and C. M. Tseng, "Cortisol Reactivity to a Teacher's Motivating Style: The Biology of Being Controlled Versus Supporting Autonomy," Motivation and Emotion, 35 no. 1 (2011): 63–74; P. Lindfors and U. Lundberg, "Is Low Cortisol Release an Indicator of Positive Health?," Stress and Health 18, no. 4 (2002): 153–160.

7. James E. Maddux, ed. Self-Efficacy, Adaptation, and Adjustment: Theory, Research, and Application, Plenum Series in Social/Clinical Psychology (New York: Springer, 1995).

8. Carol D. Ryff and Corey Lee M. Keyes, "The Structure of Psychological Well-Being Revisited." Journal of Personality and Social Psychology 69 no. 4 (1995): 719.

9. C. Dormann, D. Fay, D. Zapf, and M. Frese, "A State-Trait Analysis of Job Satisfaction: On the Effect of Core Self-Evaluations," Applied Psychology: An International Review 55, no. 1 (2006): 27–51.

10. Mihaly Csikszentmihalyi, Finding Flow (New York: Basic Books, 1997).（※邦訳：M. チクセントミハイ著、大森弘訳、『フロー体験入門─楽しみと創造の心理学』、世界思想社、2010 年）

11. Valve Corporation Employee Handbook, 2012, 9.

12. Ibid., 20.

13. Claire Suddath, "Why There Are No Bosses at Valve," Bloomberg Businessweek, April 27, 2012. http://www.businessweek.com/articles/2012-04-27/why-there-are-no-bosses-at-valve.

14. http://www.nucor.com/story/chapter4/.

15. Robert Heller, "Company Management the Nucor Way," Management Issues, June 22, 2007 http://www.management-issues.com/opinion/4292/company-management-the-nucor-way/.

16. Albert Bandura, "Moral Disengagement in the Perpetration of Inhumanities," Personality and Social Psychology Review 3 no. 3 (1999): 193–209.

17. Bourree Lam, "Why Are So Many Zappos Employees Leaving?" Atlantic, January 15, 2016, http://www.theatlantic.com/business/archive/2016/01/zappos-holacracy-hierarchy/424173/.

18. http://www.washingtonpost.com/business/a-company-that-profitsas-it-pampers-workers/2014/10/22/d3321b34-4818-11e4-b72ed60a9229cc10_story.html.

19. Ricardo Semler, "Managing Without Managers," Harvard Business Review September–October 1989.

20. Bill McKinney of Strategy and Long Term Development at Thrivent Financial, interview with the author, June 2013, Claremont, CA, and email confirmation, June 2015.

21. http://firstround.com/review/bureaucracy-isnt-inevitable-hereshow-airbnb-beat-it/.

22. G. Hamel, "First, let's fire all the managers," Harvard Business Review, 89 no. 12 (2011), 48–60.

23. A. D. Stajkovic and F. Luthans, "Self-Efficacy and Work-Related Performance: A Meta-Analysis," Psychological Bulletin 124, no. 2 (1998): 240–261.

24. Bradley L. Kirkman and Benson Rosen, "Beyond Self-Management: Antecedents and Consequences of Team Empowerment," Academy of Management Journal 42, no. 1 (February 1999): 58–74; G. P. Latham and C. A. Frayne, "Self-Management Training for Increasing Job Attendance: A Follow-Up and a Replication," Journal of Applied

Psychology 74, no. 3 (1989): 411–416.

25. G. P. Latham, “The Motivational Benefits of Goal-Setting,” The Academy of Management Executive, 18 no. 4 (2004), 126–129.

26. http://hbswk.hbs.edu/item/is-the-time-right-for-self-management.

27. S. S. Nandram, Organizational Innovation by Integrating Simplification. (Switzerland: Springer International Publishing, 2015), 135–162.

28. Karen Monsen, and Jos deBlok, Buurtzorg Nederland American Journal of Nursing, 113 no. 8 (2013): 55–.

29. David Marquet, “Why Motivating Others Starts with Using the Right Language,” 99U, n.d.,http://99u.com/articles/25567/whymotivating-others-starts-with-using-the-right-language?

30. Michael Tsonis (lieutenant commander, U.S. Navy), conversation with the author, April 2, 2015, Claremont, CA. The opinions expressed do not represent those of the Strategic Studies Group or the U.S. Navy.

31. Alicia Ciccone, “Bad Bosses Cause Employee Stress, Poor Health,” Huffington Post, August 6, 2012, http://www.huffingtonpost.com/2012/08/06/bad-bosses-employee-stress_n_1747565.html .

32. http://pages.lrn.com/how-report.

33. http://www.druckerinstitute.com/2013/12/its-not-you-its-me/.

34. A. Gostick, and C. Elton, All In: How the Best Managers Create a Culture of Belief and Drive Big Results. (New York: Simon and Schuster 2012).（※邦訳：エイドリアン・ゴスティック、チェスター・エルトン著、匝瑳玲子訳、『「一緒に仕事できて良かった！」と部下が喜んで働くチームをつくる 52 の方法』、日本経済新聞出版社、2013 年）

35. Freek Vermeulen, “What Happens When All Employees Work When They Feel Like It,” Harvard Business Review, December 17, 2014.

36. “Progress: Responding to Global Changes,”Global Citizenship Report, http://www.citigroup.com/citi/about/data/corp_citizenship/2014-citi-global-citizenship-report-en.pdf.

37. Nicholas Bloom, James Liang, John Roberts, and Jenny Ying, “Does Working from Home Work? Evidence From a Chinese Experiment,” (No. w18871). National Bureau of Economic Research, February 2013; American Psychological Association, “Telecommuting Has Mostly Positive Consequences for Employees and Employers, Say Researchers,” press release, November 19, 2001, http://www.apa.org/news/press/releases/2007/11/telecommuting.aspx.

38. http://www.pcworld.com/article/2038639/why-yahoos-telecommuting-ban-is-still-bad-for-business.html.

39. http://www.diw.de/documents/publikationen/73/diw_01.c.510143.de/diw_sp0768.pdf.

40. Andrea Tyler, “This Weird Management Style Turned Around My Small Business, ”CBS Small Business Pulse, October 19, 2015, http://cbspulse.com/2015/10/19/indinero-success-unique-managementstyle/.

41. Alana Semuels, “The Happier Workplace, Atlantic, November 30, 2014, http://www.theatlantic.com/business/archive/2014/11/the-happier-workplace/383137/.

42. Veronika Alexander and Paul J. Zak, “How Open Office Design Affects Teamwork: A Neurophysiological Field Study,” in review.

43. Tim Brown (CEO of IDEO), conversation with the author, San Francisco, August 19, 2015

44. http://www.fastcompany.stfi.re/3056662/the-future-of-work/shecreated-netflixs-culture-and-it-ultimately-got-her-fired?sf=xpejke.

45. Steve Chawkins, "Andrew Kay dies at 95; inventor pioneered compact computers," Los Angeles Times, September 10, 2014.

46. https://hbr.org/2015/06/are-we-more-productive-when-we-havemore-time-off.

47. Y. Chouinard, Let My People Go Surfing: The Education of a Reluctant Businessman. (New York: Penguin, 2006).（※邦訳：イヴォン・シュイナード著、森摂訳、『社員をサーフィンに行かせよう―パタゴニア創業者の経営論』、東洋経済新報社、2007 年）

第 6 章

1. https://open.bufferapp.com/introducing-open-salaries-at-bufferincluding-our-transparent-formula-and-all-individual-salaries/.

2. David A. Garvin, "How Google Sold Its Engineers on Management," Harvard Business Review, December 2013.

3. David A. Garvin, Alison Berkley Wagonfeld, and Liz Kind. "Google's Project Oxygen: Do Managers Matter." HBSP Case study (2013).

4. "State of the American Manager: Analytics and Advice for Leaders," http://www.gallup.com/services/182138/state-american-manager.aspx.

5. Justin Brady, "The Air Force General Who Channels a Mellow CEO's Leadership Style," Washington Post, May 14, 2014.

6. Michael E. Palanski, Surinder S. Kahai, and Francis J. Yammarino, "Team Virtues and Performance: An Examination of Transparency, Behavioral Integrity, and Trust," Journal of Business Ethics, 99 no. 2 (2011): 201–216, doi: 10.1007/s10551-010-0650-7. 7.

7. Emiliano Huet-Vaughn, "The Unexpected Benefit of Telling People What Their Coworkers Make," Atantic, April 8, 2014.

8. Jerre Stead (former CEO of NCR Corp.), conversation with the author, Feb. 6, 2004, Claremont, CA.

9. http://blog.hubspot.com/blog/tabid/6307/bid/34234/The-HubSpot-Culture-Code-Creating-a-Company-We-Love.aspx.

10. Ethan Bernstein, "The Smart Way to Create a Transparent Workplace: Openness Can Raise Productivity—and Undermine It," Wall Sreet Journal, February 22, 2015.

11. Laszlo Bock, Work Rules! Insights from Inside Google That Will Transform How You Live and Lead (New York: Twelve, 2015).（※邦訳：ラズロ・ボック著、鬼澤忍、矢羽野薫訳、『ワーク・ルールズ！―君の生き方とリーダーシップを変える』、東洋経済新報社、2015 年）

12. HCL Technologies, "Employee First."

13. Clive Thompson, "The See-Through CEO," Wired, April 4, 2007, http://www.wired.com/2007/04/wired40-ceo/.

14. J. Choi, "How Radical Transparency Kills Stress," Fast Company, July 15, 2013, http://www.fastcompany.

com/3014160/how-to-be-a-success- at-everything/how radical-transparency-kills-stress.
15. https://www.qualtrics.com/blog/radical-transparency-leads-highemployee-engagement/.
16. John Mackey (Whole Foods CEO), interview with the author, December 10, 2010, Lake Arrowhead, CA.
17. P. LeBarre, "Forget Empowerment—Aim for Exhilaration," Management Innovation eXchange, April 2012, http://www.managementexchange.com/blog/forget-empowerment-aimexhilaration; R. Semler, "Managing Without Managers," Harvard Business Review, September-October, 1989.
18. http://www.des.wa.gov/SiteCollectionDocuments/About/Lean_culture/Lean_Culture_at_DES.pdf.

第7章

1. Bob Chapman, interview, April 25, 2013.
2. Scott Leibs, "Putting People Before the Bottom Line (and Still Making Money)," Inc, May 2014, http://www.inc.com/audaciouscompanies/scott-leibs/barry-wehmiller.html.
3. Chapman, interview, April 25, 2013.
4. Leibs, "Putting People."
5. http://www.shrm.org/legalissues/stateandlocalresources/stateandlocalstatutesandregulations/documents/12-05372012jobsatisfaction_fnl_online.pdf.
6. Sigal Barsade and Olivia (Mandy) O'Neill, "Employees Who Feel Love Perform Better," Harvard Business Review, January 13, 2014.
7. T. Rath, Vital Friends: The People You Can't Afford to Live Without (New York: Gallup Press, 2006).
8. K. Nowack and P. J. Zak, "The Neuroscience of Building High Performance Trust Cultures," Talent Magazine, in press.
9. P. J. Zak, Moral Molecule: The Source of Love and Prosperity (New York: Dutton 2012).（※邦訳：ポール・J・ザック著　柴田裕之訳、『経済は「競争」では繁栄しない―信頼ホルモン「オキシトシン」が解き明かす愛と共感の神経経済学』、ダイヤモンド社、2013年）
10. http://www.fastcompany.com/3008976/leadership-now/jerryseinfeld-on-the-perfection-of-the-coffee-meeting.
11. P. J. Kolesar, "Vision, values, milestones: Paul O'Neill starts total quality at Alcoa," California Management Review, 35 no. 3, (1993): 133–165.
12. Those numbers are per 200,000 work hours," http://emeetingplace.com/safetyblog/2008/06/05/workplace-safety-a-prespective-frompaul-oneill/Data: from 1.86 per 100 workers in 1987 to 0.14 per 100 workers in 2001.
13. http://www.archcoal.com/aboutus/safety.aspx.
14. Onwuham C. Akpa interview with author, Feburary 15, 2015.
15. http://www.medscape.com/features/slideshow/lifestyle/2013/public?src=soc_tw_lifest.
16. https://www.advisory.com/daily-briefing/2013/12/03/whencleveland-clinic-staff-are-troubled-they-file-code-lavender.
17. http://experiahealthblog.com/category/code-lavender/.
18. Saima Naeem and Asad Zaman, "For Love or Money? Motivating Workers," Pakistan Institute of Development

Economics Working Paper (2013): 90.

19. Zak, Moral Molecule.（※邦訳：ポール・J・ザック著　柴田裕之訳、『経済は「競争」では繁栄しない―信頼ホルモン「オキシトシン」が解き明かす愛と共感の神経経済学』、ダイヤモンド社、2013 年）

20. http://www.tatasteel.com/about-us/heritage/century-of-trust.asp21.

21. https://www.equitymaster.com/help/press-releases/Tata-voted-the-Most-Trustworthy-Corporate-Group.html.

22. Frauke Rost, interview with the author, April 2015, Claremont, CA.

23. Adam Grant, Give and Take: Why Helping Others Drives our Success. (New York: Penguin, 2013).（※邦訳：アダム・グラント著、楠木建監訳、『GIVE & TAKE「与える人」こそ成功する時代』、三笠書房、2014 年）

24. https://hbr.org/2013/12/how-google-sold-its-engineers-onmanagement.

25. Daina Beth Solomon, "Amazon Report Sparks Debate," Los Angeles Times, August 18, 2015, C3.

26. Teresa Amabile, Colin M. Fisher, and Julianna Pillemer, "IDEO's Culture of Helping," Harvard Business Review, January 2014.（※邦訳：テレサ・アマビール、コリン M・フィッシャー著、ジュリアナ・ピルマー著、有賀裕子訳、「IDEO の創造性は助け合いから生まれる　コラボレーション型支援を実現する組織のつくり方」、ダイヤモンド社、『ハーバード・ビジネス・レビュー』2014 年 6 月号）

27. http://www.ted.com/talks/tim_brown_on_creativity_and_play#t-216303.

28. D. H. Thom and B. Campbell, "Patient-Physician Trust: An Exploratory Study," Journal of Family Practice 44, no. 2 (1997): 169–177.

29. H. Riess, J. M. Kelley, R. W. Bailey, E. J. Dunn, and M. Phillips, "Empathy Training for Resident Physicians: A Randomized Controlled Trial of a Neuroscience-Informed Curriculum," Journal of General Internal Medicine 27, no. 10 (2012):1280–1286; Sandra G. Boodman, "How to Teach Doctors Empathy," Atlantic, March 15, 2015, http://www.theatlantic.com/health/archive/2015/03/how-toteach-doctors-empathy/387784/.

30. "2015 Employee Benefits: An Overview of Employee Benefits Offerings in the U.S. Society for Human Resource Management," 2015. https://www.shrm.org/hr-today/trends-and-forecasting/research-and-surveys/Documents/2015-Employee-Benefits.pdf.

31. http://www.aboutmcdonalds.com/mcd/corporate_careers/benefits/highlights_of_what_we_offer/balance_work_and_life.html.

32. John Waggoner, "Morningstar's Mansueto: Quiet Guide, Driving Force," USA Today, June 27, 2013, 3B.

33. Keith Richards and James Fox, Life, (New York: Back Bay Books, 2011).

34. Andrew Park, "What You Don't Know About Dell," Businessweek, November 2, 2003 http://www.businessweek.com/stories/2003-11-02/what-you-dont-know-about-dell.

35. http://www.druckerinstitute.com/2014/01/what-peter-druckerwould-be-reading-87/.

36. Tim Worstall, "Apple's Tim Cook Voluntarily Forgoes $75 Million Payout," Forbes.com, June 22, 2013 http://www.forbes.com/sites/timworstall/2012/05/25/apples-tim-cook-voluntarily-forgoes-75-million-payout/.

37. Jeff Vrabel, "Why Are There So Many Bad Bosses? Some People Are Natural-Born Leaders. Others Are Cruel, Inhuman Monsters," Success, Towers Watson Global Workforce Study, 2012.

38. http://www.futureofbusinessandtech.com/education-and-careers/business-guru-jim-goodnights-innovative-

approach-to-leadership.

39. http://blogs.sas.com/content/sastraining/2011/12/07/mmm-dr-gand-the-mms/.

40. Wayne Cascio, John Boudreau, Alison Davis, Jane Shannon, and David Russo, HR Strategies for Employee Engagement (Collection). (Upper Saddle River, NJ: FT Press, 2011).

41. James M. Kouzes, and Barry Z. Posner. The Truth About Leadership: The No-Fads, heart-of-the-Matter Facts You Need to Know. (New York: John Wiley & Sons, 2010).（※邦訳：ジェームズ・M・クーゼス、バリー・Z・ポズナー著、渡辺博訳、『リーダーシップの真実―どんな時代でも人々がリーダーに求めていること』、生産性出版、2011 年）

42. Bock, Work Rules!（※邦訳：ラズロ・ボック著、鬼澤忍、矢羽野薫訳、『ワーク・ルールズ！―君の生き方とリーダーシップを変える』、東洋経済新報社、2015 年）

43. T. Louie, Lululemon Athletica: Organizational Analysis Using The Ofactor Framework. PSYCH350ee 2015 final project, Claremont Graduate University.

44. Work with Google . Nov 10, 2014, https://www.youtube.com/watch?v=DGqzRUfH52o.

45. Gregory G. Hennessy, "An Exploration of the Relationship Between Organizational Culture and Daily Experience" (master's thesis, Claremont Graduate University, May 2015).

46. "Sales Force Effectiveness: A 'Street Level' View Research Report," Forum Corporation. 2016. http://www.forum.com/wp-content/uploads/2016/03/Sales-Force-Effectiveness-A-Street-Level-View.pdf.

47. Joshua Freedman, "The Business Case for Emotional Intelligence," Six Seconds, 2016, http://www.6seconds.org/case/business-case-ebook/.

48. Zak, Moral Molecule（※邦訳：ポール・J・ザック著　柴田裕之訳、『経済は「競争」では繁栄しない―信頼ホルモン「オキシトシン」が解き明かす愛と共感の神経経済学』、ダイヤモンド社、2013 年）; H. Y. Weng, A. S. Fox, A. J. Shackman, D. E. Stodola, J. Z. Caldwell, M. C. Olson, and R. J. Davidson, "Compassion Training Alters Altruism and Neural Responses to Suffering," Psychological Science 24, no. 7 (2013): 1171–1180.

49. http://www.bloomberg.com/bw/magazine/content/10_38/b4195058423479.htm#p5.

50. P. F. Drucker, "They're Not Employees, They're People," Harvard Business Review, 80 no. 2, 70–7.

51. Gretchen Spreitzer and Christine Porath, "Creating Sustainable Performance," Harvard Business Review, January–February 2012.

第 8 章

1. Colman Lydon, "Why Should Employers Invest in Continuous Learning?," Modern Workforce, December 24, 2014, https://www.geteverwise.com/talent-development/why-should-employersinvest-in-continuous-learning/.

2. Josh Bersin, "The Year of the Employee: Predictions For Talent, Leadership, And HR Technology," Forbes, December 19, 2014.

3. Spherion Staffing Services, "Skills Gap, Turnover Are Top Talent Concerns," Emerging Workforce Study, conducted by Harris Poll, 2015, http://www.shrm.org/hrdisciplines/staffingmanagement/articles/.

4. Accenture, US College Graduate Employment Study, 2015.

5. Robert Kegan et al. "Making Business Personal." Harvard Business Review 92 no. 4 (2014): 44–52.
6. Deloitte, "Global Human Capital Trends 2015: Leading in the New World of Work," Deloitte University Press, http://www2.deloitte.com/content/dam/Deloitte/at/Documents/human-capital/hctrends-2015.pdf.
7. Laurie Miller, "ASTD 2012 State of the Industry Report: Organizations Continue to Invest in Workplace Learning," TD Magazine. November 8, 2012, https://www.td.org/Publications/Magazines/TD/TD-Archive/2012/11/ASTD-2012-State-of-the-Industry-Report.
8. Carol D. Ryff and Corey Lee M. Keyes. "The structure of Psychological Well-Being Revisited." Journal of Personality and Social Psychology 69 no. 4 (1995): 719–727.
9. http://www.dailymail.co.uk/news/article-3061354/Havingchallenging-job-prevent-dementia-helps-brain-active-slows-ratedecline-memory-thinking-study-says.html; http://www.nytimes.com/2012/04/22/magazine/how-exercise-could-lead-to-a-better-brain.html.
10. Philip Kotler, "Why Investing in Workers Makes Companies Richer," Business Insider, April 13, 2015.
11. Steven E. Scullen, Michael K. Mount, and Maynard Goff, "Understanding the Latent Structure of Job Performance Ratings." Journal of Applied Psychology 85 no. 6 (2000): 956.; James K. Harter, Frank L. Schmidt, and Theodore L. Hayes., "Business-Unit-Level Relationship Between Employee Satisfaction, Employee Engagement, and Business Outcomes: A Meta-analysis." Journal of Applied Psychology 87 no. 2 (2002): 268.
12. Matthew Klein (L&D Business Partner, People Operations), interview with the author, February 25, 2015, Mountain View, CA.
13. Marcus Buckingham and Ashley Goodall, "Reinventing Performance Management," Harvard Business Review, April 2015.
14. http://www.wsj.com/articles/SB10001424052702303410404577466852658514144.
15. Laszlo Bock, Work Rules! Insights from Inside Google That Will Transform How You Live and Lead (New York: Twelve, 2015).（※邦訳：ラズロ・ボック著、鬼澤忍、矢羽野薫訳、『ワーク・ルールズ!―君の生き方とリーダーシップを変える』、東洋経済新報社、2015年）
16. C. Peterson, A Primer in Positive Psychology (Oxford: Oxford University Press, 2006).（※邦訳：クリストファー・ピーターソン著、宇野カオリ訳、『ポジティブ心理学入門―「よい生き方」を科学的に考える方法』、春秋社、2012年）
17. Chip Conley, Peak: How Great Companies Get Their Mojo from Maslow, (New York: John Wiley & Sons, 2007).（※邦訳：チップ・コンリー著、『ザ・ピーク―マズロー心理学でモチベーションの高い会社を作る方法』、ダイレクト出版、2011年）
18. http://www.businessweek.com/managing/content/apr2011/ca2011046_719401.htm.
19. T. Brower, Bring Work to Life by Bringing Life to Work: A Guide for Leaders and Organizations, (New York: Routledge 2014).
20. Beth Kowitt and Colleen Leahey, "Lululemon: In an Uncomfortable Position" Fortune, August 29, 2013, http://fortune.com/2013/08/29/lululemon-in-an-uncomfortable-position/.
21. Max Nisen, "How Facebook's Fancy New York Office Explains Its Management Philosophy," Quartz, July 29, 2014,

http://qz.com/229542/facebook-office/.

22. http://talent.linkedin.com/blog/index.php/2014/11/why-did-ditchits-job-postings-and-is-the-strategy-working.

23. Melissa Reiff (The Container Store president), interview with the author, June 29, 2011, Dallas, TX.

24. http://online.wsj.com/news/articles/SB10001424052702303912104575164573823418844?http://clomedia.com/articles/viewups-promoting-learning.

25. Amanda MacMillian, "Insomnia Costs U.S. $63 Billion Annually in Lost Productivity," CNN, September 1, 2011, http://www.cnn.com/2011/09/01/health/insomnia-cost-productivity/.

26. Tom Stafford, "How Sleep Makes You More Creative," BBC online, December 5, 2013, http://www.bbc.com/future/story/20131205-how-sleep-makes-you-more-creative.

27. Joe Pinsker, "Corporations' Newest Productivity Hack: Meditation," Atlantic, March 19, 2015.

28. Rob Quinn, "Bad News for Those Who Work More Than 55 Hours a Week," Fox News, August 20, 2015.

29. Keith Ferrazzi, "7 Ways to Improve Employee Development Programs," Harvard Business Review, July 31, 2015, https://hbr.org/2015/07/7-ways-to-improve-employee-development-programs; "The Human Era @ Work: Findings from The Energy Project and Harvard Business Review, 2014," http://uli.org/wp-content/uploads/ULI-Documents/The-Human-Era-at-Work.pdf.

30. http://www.nytimes.com/2014/06/01/opinion/sunday/why-youhate-work.html?_r=0.

31. Stephanie Kirchgaessner, "Pope Francis Makes Scathing Critique of Vatican Officials in Curia Speech," Guardian, December 22, 2014, http://www.theguardian.com/world/2014/dec/22/pope-francisscathing-critique-vatican-officials-curia-speech.

32. http://www.theatlantic.com/business/archive/2015/06/all-thehappy-workers/394907/; http://www.businessfightsaids.org/news/newsletters/2012/july/case-study-of-the-month-unilever/.

33. R. Feinzeig, "Companies Try 'Firm 40' Workweeks," Wall Street Journal, October 14, 2015.

34. Cathleen Benko and Anne Weisberg "The Journey Toward a Lattice Organization," HBR Press Book Chapter #: 3885BC-PDF-ENG, September 20, 2007, https://hbr.org/product/the-journey-toward-alattice-organization-implementing-the-principles-of-mass-careercustomization/3885BC-PDF-ENG; Jeffrey Pfeffer, SAS Institute: The Decision to Go Public, (Stanford Graduate School of Business, 2000).

35. J. Pfeffer, "Kent Thiry and DaVita: Leadership Challenges in Building and Growing a Great Company.". Stanford Graduate School of Business Case OB-64, February 23, 2006.

36. Decurion Corp., 2016, http://www.decurion.com/dec/.

第 9 章

1. Randall Beck and Jim Harter, "Managers Account for 70% of Variance in Employee Engagement," Gallup Business Journal, April 21, 2015, http://www.gallup.com/businessjournal/182792/managers-account-variance-employee-engagement.aspx.

2. https://hbr.org/2015/05/how-to-earn-respect-as-a-leader.

3. http://www.nytimes.com/2016/02/28/magazine/what-googlelearned-from-its-quest-to-build-the-perfect-team.

html.
4. P. J. Zak, The Moral Molecule: The Source of Love and Prosperity. (New York: Dutton, 2012).（※邦訳：ポール・J・ザック著　柴田裕之訳、『経済は「競争」では繁栄しない―信頼ホルモン「オキシトシン」が解き明かす愛と共感の神経経済学』、ダイヤモンド社、2013 年）
5. Adam Bryant, "Steven Mollenkopf of Qualcomm: If You Don't Know, Just Say So," New York Times, September 20, 2014.
6. http://gladwell.com/blink/why-do-we-love-tall-men/.
7. Steven Berglas, "The Entrepreneurial Ego: Pratfalls. A Clinical Psychologist Explains Why It's Good for Every Leader to Stumble Through Pratfalls," Inc., September 1, 1996, http://www.inc.com/magazine/19960901/1796.html.
8. E. Aronson, B. Willerman, and J. Floyd, "The Effect of a Pratfall on Increasing Interpersonal Attractiveness," Psychonomic Science 4 (1966): 227–228.
9. http://www.brainyquote.com/quotes/keywords/admit.html.
10. Nate Boaz and Erica Ariel Fox, "Change Leader, Change Thyself," McKinsey Quarterly, March 2014.
11. Alexandra Wilson Pecci, "Physician Burnout Heavily Influenced by Leadership Behaviors," HealthLeaders Media, April 28, 2015.
12. http://mashable.com/2014/10/30/tim-cook-industry-reactions/.
13. http://www.netpromotersystemblog.com/2016/04/25/setperfection-as-the-goal-leadership-lessons-from-former-vanguardceo-jack-brennan/.
14. Lauren Weber, "Changing Corporate Culture Is Hard: Here's How Lenovo Did It," Wall Street Journal, August 25, 2014.
15. Andrew Bary, "World's Best CEOs," Barron's, March 25, 2013. http://www.barrons.com/articles/SB5000142405274870483620457836254287065551 4.
16. Kevin Freiberg, and Jackie Freiberg, "Nuts!: Southwest Airlines' crazy recipe for business and personal success," (New York: Broadway, 1996).（※邦訳：ケビン・フライバーグ、ジャッキー・フライバーグ著、小幡照雄訳、『破天荒 !』、日経 BP 社、1997 年）
17. Abby Ohlheiser, "Today's Lunch Special in the Vatican Cafeteria: Pope Francis!," Washington Post, July 25, 2014.
18. https://www.linkedin.com/pulse/i-were-22-never-cut-cornersintegrity-everything-lowell-mcadam.
19. Anita E. Kelly, "Study: Telling the Truth May Actually Improve Your Health," Psychology Today Blogs, Aug 9, 2014, https://www.psychologytoday.com/blog/insight/201408/study-telling-the-truthmay-actually-improve-your-health.
20. http://knowledge.wharton.upenn.edu/article/why-strongleadership-is-all-about-trust.
21. https://hbr.org/2015/05/the-leadership-behavior-thats-mostimportant-to-employees.
22. Melissa Korn and Rachel Feintzeig, "Is the Hard-Nosed Boss Obsolete?," Wall Street Journal, May 22, 2014.
23. https://www.washingtonpost.com/news/on-leadership/wp/2013/09/19/whats-the-right-ratio-for-ceo-to-worker-pay/.

24. https://www.glassdoor.com/research/ceo-pay-ratio/.

25. Jena McGregor, "On Leadership: Costco Chief Executive Jim Sinegal," Washington Post, September 10, 2011. https://www.washingtonpost.com/business/on-leadership-costco-chief-executive-jim-sinegal/2011/09/07/gIQAQ59SIK_story.html.

26. Chip Conley, Peak: How Great Companies Get Their Mojo from Maslow, (New York: John Wiley & Sons, 2007), 62.（※邦訳：チップ・コンリー著、『ザ・ピーク―マズロー心理学でモチベーションの高い会社を作る方法』、ダイレクト出版、2011 年）

27. Susan Adams, "The Highest-Paid CEOs Are the Worst Performers, New Study Says," Forbes, June 16, 2014.

28. Ketchum, "Leadership Communication Monitor," https://www.ketchum.com/2015-leadership-communication-monitor.

29. Robert L. Gandt, Skygods: The Fall of Pan Am (New York: William Morrow & Company, 1995).

30. Transport Canada, Human Factors for Aviation—Advanced Handbook, TP 12864 (E), 93–94.

31. Robert K. Greenleaf and Larry C. Spears, Servant Leadership: A Journey into the Nature of Legitimate Power and Greatness. (Mahwah, NJ: Paulist Press, 2002)（※邦訳：ロバート・K・グリーンリーフ、金井壽宏監訳、金井真弓訳、『サーバントリーダーシップ』、英治出版、2008 年）; Blanchard, Ken, and Phil Hodges. Servant Leader (Nashville, TN: Thomas Nelson, 2003).

32. Sendjaya, Sen, and Andre Pekerti. "Servant Leadership as Antecedentcof Trust in Organizations." Leadership & Organization DevelopmentcJournal 31 no. 7 (2010): 643–663.

33. Kevin Kruse, "100 Best Quotes On Leadership," Forbes, October 16, 2012.

第 10 章

1. http://www.forbes.com/sites/stevedenning/2013/06/26/the-originof-the-worlds-dumbest-idea-milton-friedman/#19002a5b214c.

2. Steve Denning, " The Origin of 'The World's Dumbest Idea' : Milton Friedman," Forbes, June 26, 2013, http://www.forbes.com/sites/stevedenning/2013/06/26/the-origin-of-the-worlds-dumbest-ideamilton-friedman/#719c2880214c.

3. Ibid.

4. P. J. Zak, The Moral Molecule: The Source of Love and Prosperity. (New York: Dutton, 2012).（※邦訳：ポール・J・ザック著　柴田裕之訳、『経済は「競争」では繁栄しない―信頼ホルモン「オキシトシン」が解き明かす愛と共感の神経経済学』、ダイヤモンド社、2013 年）

5. P. E. Schmuck and K. M. Sheldon, Life Goals and Well-Being: Towards a Positive Psychology of Human Striving (Boston: Hogrefe & Huber, 2001).

6. https://www.youtube.com/watch?v=tnlNUZqFzgY.

7. V. E. Frankl, "Man's search for meaning," (New York: Simon and Schuster, 1985).（※邦訳：ヴィクトール・E・フランクル著、池田香代子訳、『夜と霧 新版』、みすず書房、2002 年）

8. Peter Drucker, The Practice of Management, (New York: Harper, 1954): 327.（※邦訳：P.F. ドラッカー著、上田惇

生訳、『ドラッカー名著集 13　マネジメント［上］』、ダイヤモンド社、2008 年）

9. Andreas Widmer, The Pope & the CEO: John Paul II's Leadership Lessons to a Young Swiss Guard (Steubenville, OH: Emmaus Road Publishing, 2011).

10. Deloitte Development LLC, Culture of Purpose: A Business Imperative, 2013 Core Beliefs & Culture Survey, 2013.

11. Personal interview, San Francisco, CA Feb 25, 2015.

12. J. A. Barraza, V. Alexander, L. E. Beavin, E. T. Terris, and P. J. Zak, "The Heart of the Story: Peripheral Physiology During Narrative Exposure Predicts Charitable Giving," Biological Psychology 105 (2015): 138–143.

13. James C. Collins and Jerry I. Porras, "Building Your Company's Vision," Harvard Business Review, October 1, 1996, 65.

14. Paul J. Zak, "Why Inspiring Stories Make Us React: The Neuroscience of Narrative." Cerebrum: The Dana Forum on Brain Science. vol. 2015, Dana Foundation, 2015.

15. Doug Rauch (Trader Joe's former CEO), interview with the author, 2012, Claremont, CA.

16. Paul Zak, "Why Your Brain Loves Good Storytelling." Harvard Business Review, October 28, 2014, https://hbr.org/2014/10/whyyour-brain-loves-good-storytelling.

17. Adam Grant, Give and Take: Why Helping Others Drives Our Success. (New York: Penguin, 2013).（※邦訳：アダム・グラント著、楠木建監訳、『GIVE & TAKE「与える人」こそ成功する時代』、三笠書房、2014 年）

18. http://www.ocregister.com/articles/disney-707478-disneyland-year.html.

19. Zak, Moral Molecule.（※邦訳：ポール・J・ザック著　柴田裕之訳、『経済は「競争」では繁栄しない―信頼ホルモン「オキシトシン」が解き明かす愛と共感の神経経済学』、ダイヤモンド社、2013 年）

20. http://www.sfgate.com/news/article/Apple-layoffs-Painful-butnecessary-3130407.php, and B. Schlender, Becoming Steve Jobs.

21. Verne Harnish, "5 Ways to Get More from Your PR Efforts," Fortune, March 1, 2015, 38.

22. Maritz Global Events, http://www.maritzglobalevents.com/About-Us/Giving-Back.

23. Ty Montague, "The Rise of Storydoing: Inside the Staggering Success of Toms Shoes," Fast Company, August 5, 2013, http://www.fastcompany.com/3015209/leadership-now/the-rise-of-storydoinginside-the-staggering-success-of-toms-shoes.

24. T. Montague, True Story: How to Combine Story and Action to Transform Your Business (Cambridge: Harvard Business Review Press, 2013).

25. http://www.storydoing.com/conversation.

26. https://hbr.org/product/monsanto-helping-farmers-feed-theworld/510025-PDF-ENG.

27. Bruce N. Pfau, "How an Accounting Firm Convinced Its Employees They Could Change the World, "Harvard Business Review, October 6, 2015.

28. Robert Hackett, "KPMG's Viral Morale Meme," Fortune, February 19, 2015.

29. Angela Jeffs, "Calling on the Right Brain for Creative Strategy," Japan Times, December 9, 2006, http://www.japantimes.co.jp/community/2006/12/09/general/calling-on-the-right-brain-forcreative-strategy/#.V8MkN1fw_n8.

30. “Richard Branson on Why Making Employees Happy Pays Off,” Entrepreneur, April 7, 2014.

31. S. M. Schaefer, J. M. Boylan, C. M. Van Reekum, et al., “Purpose in Life Predicts Better Emotional Recovery from Negative Stimuli,” PloS one, 8 no. 11 (2013), e80329.

32. Emily Esfahani Smith, “There’s More to Life Than Being Happy,” Atlantic, January 9, 2013.

33. J. L. Brown, D. Sheffield, M. R. Leary, and M. E. Robinson, “Social Support and Experimental Pain,” Psychosomatic Medicine 65, no. 2 (2003): 276–283.

34. ! Insights from Inside Google That Will Transform How You Live and Lead (New York: Twelve, 2015).

35. https://workplacedemocracy.com/tag/davita/.

36. Ashoka, “To Win the War for Talent, Give Them Purpose, Not Just a Paycheck,” Forbes, September 17, 2014.

37. http://www.theguardian.com/sustainable-business/2015/jan/23/benefit-corporations-bcorps-business-social-responsibility.

38. Peter F. Drucker, “What Business Can Learn from Nonprofits, Harvard Business Review, July–August 1989.

39. Peter F. Drucker, The Age of Discontinuity (New York: HarperCollins Publishers, 1969).

40. Cosette Cornelis, Elizabeth T. Terris, Mitchell J. Neubert, et al., “Social Purpose Increases Direct-to-Borrower Microfinance Investments,” manuscript, Center for Neuroeconomics Studies, Claremont Graduate University.

41. Alexander and Zak, “How Open Office Design Affects Teamwork: A Neurophysiological Field Study,” manuscript in review.

42. Correlation coefficent r = .77 > 0 at p = .00001.

43. Rajendra Sisodia, Jagdish N. Sheth, and David Wolfe, Firms of Endearment: How World-Class Companies Profit from Passion and Purpose (Upper Saddle River, NJ: FT Press 2007), 14.

44. Jim Stengel, “Grow: How Ideals Power Growth and Profit at the World’s Greatest Companies,” (New York: Crown Business, 2011).（※邦訳：ジム・ステンゲル著、池村千秋訳、『本当のブランド理念について語ろう―「志の高さ」を成長に変えた世界のトップ企業 50』、CCC メディアハウス、2013 年）

45. D. S. Yeager, M. D. Henderson, D. Paunesku, et al., “Boring But Important: A Self-Transcendent Purpose for Learning Fosters Academic Self-Regulation,” Journal of Personality and Social Psychology, 107 no. 4 (2014): 559.

46. Veronika Alexander, Jesse R. Kluver, and Paul J. Zak, “Neurophysiology of Organizational Culture at a Major Retailer,” manuscript, Center for Neuroeconomics Studies, Claremont Graduate University, 2014.

47. J. Carpenter and E. Gong, “Motivating Agents: How Much Does the Mission Matter?” Journal of Labor Economics, 34 no. 1 (2016): 211–236.

48. http://www.goodreads.com/quotes/772887-the-only-way-to-dogreat-work-is-to-love.

49. http://www.theatlantic.com/magazine/archive/2016/04/quit-yourjob/471501/.

第 11 章

1. Data from Veronika Alexander, Jesse R. Kluver, and Paul J. Zak, “Neurophysiology of Organizational Culture at a Major Retailer, ” manuscript, Center for Neuroeconomics Studies, Claremont Graduate University, 2014.

2. Alexander and Zak, “How Open Office Design Affects Teamwork: A Neurophysiological Field Study,” manuscript in

review.

3. The correlation r = 0.26 is statistically significant at p >.01.

4. We copied the apple-peeler idea from my friend and colleague Panagiotis Mitkidis at Aarhus University. It was first used in Panagiotis Mitkidis, Michael Bang Petersen, Paul J. Zak et al., "Alienation from: A Lack of Shared Knowledge Decreases Cooperativen Cooperation ess Towards Second and Third Parties," manuscript in review.

5. Oasis Kodila-Tedika and Julius Agbor Agbor, "Does Trust Matter for Entrepreneurship: Evidence from a Cross-Section of Countries," Munich Personal RePEc Archive, University of Kinshasa, Brookings Institution, Stellenbosch University, October 29, 2012, http://mpra.ub.uni-muenchen.de/46306/8/MPRA_paper_46306.pdf.

6. T. M. Amabile, S. G. Barsade, J. S. Mueller, and B. M. Staw, "Affect and Creativity at Work," Administrative Science Quarterly, 50 (2005): 367–403.

7. Shana Lynch, "Why Your Workplace Might Be Killing You," Stanford Business Insights, February 23, 2015.

8. The correlation r = 0.23 is statistically significant at p = .05.

9. R. Z. Goetzel et al., "Health, Absence, Disability, and Presenteeism Cost Estimates of Certain Physical and Mental Health Conditions Affecting U.S. Employers," Journal of Occupational and Environmental Medicine 46 (April 2004): 398–412.

10. http://www.forbes.com/sites/brucejapsen/2012/09/12/u-sworkforce-illness-costs-576b-annually-from-sick-days-to-workerscompensation/#efce5a37256f.

11. http://kff.org/health-costs/report/2015-employer-health-benefitssurvey/.

12. https://osha.europa.eu/en/tools-and-publications/publications/literature_reviews/calculating-the-cost-of-work-related-stressand-psychosocial-risks; https://www.uml.edu/Research/Centers/CPH-NEW/stress-at-work/financial-costs.aspx; https://www.gsb.stanford.edu/insights/why-your-workplace-might-be-killing-you.

13. Using a 6 percent discount rate.

14. R. Goffee, and G. Jones, "Creating the best workplace on earth," Harvard Business Review, 91 no. 5 (2013): 98–106.

15. http://intelispend.com/blog/23-employee-motivation-statistics-tosilence-naysayers.

16. A. Edmans, "Does the Stock Market Fully Value Intangibles? Employee Satisfaction and Equity Prices," Journal of Financial Economics 101 (2011): 621–640.

著者

ポール・J・ザック　Paul J. Zak

クレアモント大学院大学の経済学・心理学・経営学教授。同大学の神経経済学研究センターの創設者であり、所長でもある。オキシトシンと信頼の関係を初めて解明した科学者チームの一員であり、同テーマについて語ったTED Talksの再生回数は100万回を超える。CNN、Fox Businessの番組のほか、人気テレビ番組「ABC World News Tonight」などの出演も多い。邦訳された著書に『経済は「競争」では繁栄しない―信頼ホルモン「オキシトシン」が解き明かす愛と共感の神経経済学』（柴田裕之訳、ダイヤモンド社）がある。

訳者

白川部 君江（しらかわべ きみえ）

津田塾大学国際関係学科卒。コンピュータメーカー勤務後、フリーの産業翻訳者に。現在は、IT系情報サイト「TechRepublic Japan」の記事翻訳を担当。訳書に『リセット―Google流 最高の自分を引き出す5つの方法』（ゴーピ・カライル著、あさ出版）がある。

TRUST FACTOR
トラスト・ファクター
最強《さいきょう》の組織《そしき》をつくる新《あたら》しいマネジメント

2017年12月1日　初版第1刷発行

著者	ポール・J・ザック（Paul J. Zak）
翻訳	白川部 君江（しらかわべ きみえ）
翻訳協力	株式会社トランネット　http://www.trannet.co.jp/
解説	石川 善樹
挿画	ほりいあつし
装幀	小林 剛（UNA）
発行者	古川 絵里子
発行所	株式会社キノブックス 〒163-1309 東京都新宿区西新宿6-5-1 新宿アイランドタワー9階 電話　03-5908-2279　http://kinobooks.jp/
印刷・製本	図書印刷株式会社

定価はカバーに表示してあります。
万一、落丁・乱丁のある場合は送料小社負担でお取り替えいたします。
購入書店名を明記して小社宛にお送りください。

Printed in Japan
ISBN 978-4-908059-84-1 C0034